리추얼

KB142718

세상의 방해로부터 나를 지키는
혼자만의 의식

리추얼

메이슨 커리 | 강주헌 옮김

책읽는수요일
Books
on Wednesday

레베카를 위하여

누가 예술가적 기질의 흔적인
본질을 풀어낼 수 있겠는가!
누가 규율과 무절제의 무의식적이고
직관적인 융합을 이해할 수 있겠는가!
_토마스 만, 〈베네치아에서의 죽음〉"

삶의 의미는 어떻게 얻어지는가?

김정운 (문화심리학자. 여러가지문제연구소장)

인생에서 가장 중요한 심리학적 가치는 재미와 의미다. 재미있어야 내 인생이다. 우리의 삶이 힘든 이유는 남의 삶을 살기 때문이다. 내가 재미있어 하는 일을 하지 못하고 남이 시키는 일만 한다는 이야기다. 내가 재미있으면 히말라야 산꼭대기 오르는 일도 즐겁다. 마라톤을 하며 숨이 막혀 죽을 것 같아도 재미있다. 내가 선택한 일이기 때문이다. 그러나 재미만 추구하면 꼭 문제가 생기게 된다. 말초적 재미는 금방 싫증나기 때문이다. 아무리 재미있어도 삶의 의미가 없으면 지속될 수 없다. 그래서 재미와 의미는 동전의 양면이다.

의미가 있는 삶이 지속가능한 삶이다. 죄다 지속가능한 경영만 이야기하지, 지속가능한 삶은 별로 이야기하지 않는다. 그러나 100세까지 사는 인생이다. 이 100년의 시간을 의미 있게 지속가능한 삶으로 만들 수 있어야 진짜 성공한 삶이다. 의미 없는 삶은 지속가능하지 않다. 아무리 돈이 많아도, 아무리 높은 지위에 올라가도 삶의 의미가 주어지지 않으면 허무해지는 거다.

의미는 도대체 어떻게 만들어지는가? '리추얼'을 통해서다. 리추얼은 일상의 반복적인 행동패턴을 말한다. 사소하고 단조로운 반복으로 보이지만 자신이 의미 있는 존재로 확인되는 것이다. 그 삶의 사소함에서만큼은 내가 삶의 주인이기 때문이다. 주체로서의 삶을 일상의 리추얼에서 확실하게 경험된다. 삶의 의미는 올림픽 메달 수여식과 같은 대단한 세리모니를 통해 얻어지는 것이 아니다. 그런 세리모니는 평생 한두 번이면 족하다. 팝스타, 영화배우들이 알코올중독, 마약 등으로 망가지는 이유는 그런 특별한 행사를 통해서만 삶의 의미를 만들고, 일상을 살아가는 법을 배우지 못했기 때문이다.

일상의 사소한 반복을 가치 있게 여길 줄 알아야 한다. 우리는 거대한 세리모니나 이벤트를 이어가며 살 수 있는 게 아니기 때문이다. 반복되는 일상에 진정한 삶이 있다. 우리는 이제까지 결과와 성취만을 강조하는 세상에서 살아왔다. 그러다 보니 일상에서 사소하게 진행되는 '과정'의 소중함을 잊고 살았다. 그 일상을 가치 있게 만들 줄 알아야 한다. 리추얼은 바로 무의미한 듯 반복되는 일상을 의미 있게 만드는 기술이다.

이 책은 바로 이 사소한 일상을 의미 있게 만드는 리추얼에 관한 이야기다. 어찌 보면 너무 사소해서 허탈하기까지도 한 삶의 반복되는 패턴이 얼마나 중요한가를 보여주는 책이다. 위대한 예술가, 작가들은 바로 이 일상을 의미 있게 만드는 리추얼을 통해 남들과는 다른 특별한 삶을 살았기 때문이다. 에피소드 하나하나가 너무나 흥미롭다. 유명인들의 구체적인 일상을 훔쳐보는(?) 재미에 책을 놓지 못하게 된다. 아하, 하면서 무릎을 치는 통찰도 있다. 자신의 삶에서 의미를 찾고자 하는 모든 이들에게 권하고 싶다.

그대가 무엇을 먹는지 말해보시오, 그럼 당신이 어떤 사람인지 말해주겠소

나는 1년 반 동안 평일에는 거의 매일 새벽 5시 30분에 일어나 이를 닦고 커피를 끓였다. 그리고 책상에 앉아, 지난 400년을 살았던 위대한 작가들이 어떻게 똑같은 일을 해냈는지에 대한 글을 썼다. 다시 말하면, 그들이 최고의 걸작을 쓰기 위해서 어떻게 하루하루를 보냈고, 창조적이고 생산적이기 위해서 어떻게 시간표를 짰는지에 대한 글을 쓴 것이다. 내가 대상으로 삼은 작가들의 일상적인 삶, 예컨대 그들이 언제 잠들고 언제 밥을 먹었으며, 언제 작업을 하고 언제 고민했는지 등과 같은 시시콜콜한 면들을 밝힘으로써 그들의 성격과 이력에 대한 새로운 관점을 제시하고, 작가의 재밌고 사소한 모습들을 그려내고 싶었다. 프랑스의 식도락가 앙텔름 브리야사바랭은 "그대가 무엇을 먹는지 말해보시오, 그럼 당신이 어떤 사람인지 말해주겠소"[2]라고 말했다. 나도 독자들에게 이렇게 말하고 싶다. 당신이 언제 식사를 하는지,

또 식사 후에는 꼬박꼬박 한잠을 자는지 말해보시오.

나에겐 일상의 방해를 극복하고
나만의 시간을 지키는 리추얼이 있는가

이 책은 창조적 행위의 주변에 대한 책이지, 창조적 행위의 산물은 아니다. 의미보다 제작 과정을 다룬 책이다. 매우 사적인 책이다. 존 치버는 업무를 위한 편지를 쓸 때도 내면의 자아가 약간은 드러나는 법이라고 생각했다. 맞는 말 아닌가? 나는 평생 씨름하던 문젯거리들을 이 책에 담아내려 애썼다. 창조적이고 의미 있는 작품을 쓰면서 어떻게 먹고살 수 있을까? 하나의 과제에 온전히 집중하는 게 나을까, 매일 조금씩 해결해가는 게 나을까? 모든 것을 멋지게 끝내기에 충분한 시간이 없다면 잠이나 소득, 집 청소 같은 걸 포기해야만 할까? 우리도 일을 압축해서 하는 법을 배울 수 있을까? 다시 말하면 적은 시간에 더 많은 일을 해낼 순 없을까? 아버지는 항상 내게 말했다. "열심히 일하지 말고 영리하게 일해라." 여기서 한 걸음 더 나아가 편하게 지내면서 창조력을 발휘할 수 있을까? 반대로 일상의 안락을 적잖이 포기해야 창조적인 작업을 유지할 수 있을까?

　이 책의 제목은 '리추얼(Daily Rituals)'이지만, 주된 소재는 예술가들의 습관(routine)이다. 이 단어에 감춰진 뜻은 반복되는 일상적인 행위이며, 심지어 생각의 부재(不在)이기도 하다. 습관을 따른다는 것은 무의식적으로 행동한다는 뜻이다. 그러나 일상의 습관은 하나의 선택 혹은 일련의 선택이다. 습관은 제한된 자원, 예컨대 시간(가장 한정된 자원)은 물론이고 의지력과 자제력, 낙천적인 마음까지 최대한 활용하기 위해 정교하게 조정된 메커니즘일 수 있다. 견실한 습관은 정신적 에너지를 몸에 밴 반복 행위에 쏟고, 감상의 폭정이 끼어들 틈을 차단하는 데 도움을 준다. 습관은 윌리엄 제임스가 즐겨 말하던 소재 중 하나였다. 제임스의 생각에 따르면, 우리는 삶의 일부가 무의식적으로 이루어지기를 원하는 존재이다. 때문에 제임스는 우리에게 좋은 습관을 형성함으로써 "정신의 억압에서 벗어나 정말로 흥미로운 세계를 경험할 수 있다."[3]라고 말했다.

그들은 쉬지 않고 공부하고 연구했다
그들은 1분도 허투루 보내지 않았다

2007년 7월 어느 일요일 오후, 나는 조그만 건축 전문 잡지사의 먼지 자욱한 사무실에 혼자 앉아 이튿날까지 보내야 할 원고를 쓰고 있었다. 나는 전형적인 '아침형 인간'이어서 오전에 상당한 집중력을 발휘하지만 점심 식사 후에는 쓸모없는 인간으로 전락했다. 그날 오후, 나는 이런 불편한 습관(매일 새벽 5시 30분에 잠자리에서 일어나고 싶은 사람이 어디 있겠는가?)을 자위해보려고 다른 작가들의 일하는 방법을 찾아 인터넷을 뒤적거렸다. 그에 관련된 정보는 쉽게 찾을 수 있었고 무척 재밌었다. 그래서 나는 작가들의 작업 습관과 관련된 일화들을 모아야겠다는 생각을 떠올렸고, 바로 그날 오후 '일상의 습관(Daily Routines)'이란 제목으로 블로그를 개설했다(잡지사에 보낼 원고는 이튿날 아침 마감 시간을 코앞에 두고 겨우 완성했다). 그 결과물이 바로 이 책이다.

자료들을 정리하여 책으로 꾸미는 내내 V. S. 프리쳇이 1941년에 발표한 수필의 한 구절이 뇌리에서 떠나지 않았다. 프리쳇은 에드워드 기번(Edward Gibbon, 1737~1794, 영국의 역사학자, 《로마 제국 쇠망사》를 썼다 – 옮긴이)을 다룬 수필에서, 그 위대한 역사학자의 남다른 근면함을 강조했다. 기번은 군대에 복무하는 동안에도 학문적 연구를 게을리하지 않았다. 그는 행군 중에도 호라티우스를 읽었고, 야영지에서도 이교도와 기독교 신학에 관한 책들을 읽었다. 프리쳇은 "조금만 깊이 파고들면, 위대한 인물들은 한결같은 공통점이 있다. 그들은 쉬지 않고 공부하고 연구했다. 1분도 허투루 보내지 않았다. 우리처럼 평범한 사람을 낙담하게 만드는 근면함이다"[4]라고 썼다.

포부가 큰 작가나 예술가라면 누구나 이런 느낌을 받지 않았을까? 위대한 작가가 남긴 업적을 살펴보면 때로는 우리에게 용기를 북돋워주고 때로는 우리의 기를 꺾어놓지 않는가. 그러나 프리쳇의 지적이 정확한 것은 아니다. 우리처럼 평범한 사람들을 끝없이 괴롭히는 확신의 위기와 자기 의혹에서도 자유로웠던 근면한 기번 같은 학자도 있었지만, 시간을 헛되이 보내며 충격적인 자극제를 덧없이 기다렸던 윌리엄 제임스나 프란츠 카프카 같은 작가들도 있었다. 그들은 사방이 꽉 막힌 듯한 정체의 시간을 고통스럽게 견디며 의혹과 불안에 시달렸다. 이 책에서 소개하는 대부분의 작가가 그 중간쯤의 어딘가에 위치한다. 그들은 일상의 작업에 충실하지만 자신의 성장을 확신하지 못하고, 작업이 제대로 진척되지 않아 팽팽한 긴장감이 풀리지 않도록 항상 노심초사하는 사람들이었다. 그래도 그들 모두 어떻게든 자기만의 시간을 내어 작업을 완성했고, 그런 목적을 이루기 위해 삶을 꾸려간 방법은 무한할 정도로 다양하다.

이 책은 그와 같은 다양성을 이야기한 책이다. 독자들이 이 책에서 기가 꺾이지 않고 용기를 얻기 바란다. 나는 책을 쓰는 동안 카프카가 사랑하던 여인 펠리체 바우어(Felice Bauer)에게 1912년에 보낸 편지의 한 구절을 가끔 떠올렸다. 카프카는 갑갑한 삶의 상황과 짜증나는 생업에 좌절해서 "시간은 짧고 내 힘은 부족하고, 사무실은 끔찍스럽고 집은 시끄럽습니다. 아름답고 굴절 없는 삶이 가능하지 않은 사람은 예술 작품을 통해 그 어려움을 헤쳐나가야만 할 것입니다"[5]라고 푸념했다. 불쌍한 카프카! 그러나 아름답고 굴절 없는 삶을 살고 싶지 않은 사람이 어디 있겠는가? 우리 대부분에게 많은 시간은 지루하고 힘겨운 시간이다. 카프카가 언급한 예술 작품은 최후의 방책이 아니라 숭고하고 이상적인 목표이다. 부디 그 어려움을 헤쳐나갈 수 있기를!

차례

햇빛과 달빛에서 떠올린 영감

절제된 일상에서 얻은 상상력

즉흥적이고 규칙 없는 삶

혼자만의 시간과 공간

치명적 중독에서 만난 길

직업의 시간과 작업의 시간

창작의 고통을 줄여주는 소소한 행복

게으름과 나태함이 주는 기쁨

심신의 평화를 주는 독특한 취향

영감이라는 지름길과의 작별

햇빛과 달빛에서
떠올린 영감

la Lune

정직한 예술가는
밤에 일하지 않는다

위스턴 휴 오든
Wystan Hugh Auden[1]

"똑똑한 사람에게 습관은 야망의 증거이다."[2] 오든은 1958년에 이렇게 말했다. 이 말이 맞다면, 오든은 그 세대에서 가장 꿈이 큰 사람 중 하나였다. 시인 오든은 강박적으로 시간 약속을 지켰고, 평생 엄격한 시간표에 따라 살았다.

언젠가 오든을 방문한 손님 하나는 이렇게 말했다.

그는 몇 번이고 손목시계를 확인했다. 먹고 마시는 시간, 글 쓰는 시간, 쇼핑하는 시간, 십자말풀이를 푸는 시간, 심지어 우체부가 도착하는 시간까지 모든 것을 분 단위로 맞췄고, 그에 따라 습관적으로 행동했다.[3]

오든은 정확히 시간을 지켜야 하는 군대처럼 시상을 자신의 시간표에 맞춤으로써 창조력을 발휘할 수 있다고 믿었다. 따라서 그는 "요즘의 금욕주의자는 끓어오르는 열정을 가장 확실하게 억제하는 방법이 시간을 엄격하게 다스리는 것이란 걸 알고 있다. 다시 말하면 우리가 그날 무엇을 하려 하고, 무엇을 해야 하는지 결정한 후에 매일 정확히 똑같은 시간에 어김없이 행하면 열정에 휘둘릴 틈이 없다"[4]라고 말했다.

오든은 아침 6시에 잠자리에서 일어나 커피를 끓였고, 곧바로 십자말풀이의 한 줄을 풀고는 글 쓰는 작업을 시작했다. 그의 직관력이 오전 7시부터 11시 30분까지 가장 민감해서 그 시간을 활용하지 않은 적이 거의 없었다. 오든은 올빼미형 인간을 경멸하며 "세상을 어지럽히는 히틀러들만 밤에 일하지 정직한 예술가는 결코 그렇지 않다"[5]라고 말했을 정도였다.

점심 식사 후에도 다시 작업을 시작해서 늦은 오후까지 계속하는 경우가 다반사였다. 칵테일 시간은 정각 6시 30분에 시작됐다. 오든은 독한 보드카 마티니를 직접 만들어 손님들에게 나눠주었다. 그 후에는 저녁 식사였다. 엄청난 양의 포도주가 곁들여졌고, 식사가 끝난 후에도 포도주를 마시며 대화가 이어졌다. 오든은 11시를 넘겨 잠자리에 든 적이 없었다. 나이가 들면서는 더욱 앞당겨져서 9시 30분쯤 잠자리에 들었다.

오든은 체력과 집중력을 유지하기 위해 복합 비타민제를 복용하듯 매일 아침 벤제드린을 복용했다. 밤에는 숙면을 취하려고 세코날 같은 진정제를 복용했다. 오든은 이런 습관 ― 오든 자신의 표현을 빌리면 "화학적인 삶" ― 을 20년 동안 계속해서[6] 나중에는 그런 약물에서 어떤 효과도 얻지 못했다. 오든은 암페타민을 알코올과 커피와 담배와 더불어 "정신의 부엌"에서 "노동을 덜어주는 기구"로 생각했지만,[7] "그 약물들이 지독하게 조악해서 조리사를 해치고 끝없이 허물어뜨릴 수 있다"는 걸 잘 알고 있었다.

위스턴 휴 오든 1907~1973. 영국 태생의 미국 시인. W. H. 오든이라 불리며, 초기에는 좌파적 시각에서 자본주의 사회의 병폐를 분석하며 전체주의의 발흥에 대해 경고했지만 후기에는 종교적 시각에서 현대사의 문제와 인간의 근원적 한계를 탐구했다. 대표작으로 《아킬레스의 방패》, 《바다의 경치》 등이 있다.

글을 쓰려면
햇빛이 있어야 한다

권터 그라스
Günter Grass[1]

낮에 글을 쓰느냐 밤에 글을 쓰느냐는 질문에 그라스는 야간작업에 진절머리가 난다는 듯 대답했다. "밤에는 절대 글을 쓰지 않습니다. 밤에 글을 쓰는 게 좋다고 생각하지 않습니다. 경험적으로, 밤에 쓴 글을 아침에 읽어보면 그다지 마음에 들지 않습니다. 글을 쓰려면 햇빛이 있어야 합니다. 그래서 나는 9시부터 10시까지 글을 읽고 음악을 들으면서 아침 식사를 느긋하게 합니다. 아침 식사 후에 일을 시작하고, 오후에 커피를 마시면서 잠깐 휴식을 취합니다. 그리고 다시 작업을 시작해서 저녁 7시에는 끝냅니다."

권터 그라스 1927~ , 독일에서 현존하는 가장 유명한 작가이며 1999년 노벨 문학상을 수상했다. 행동하는 지성인 혹은 비판적인 지성인으로 불리기도 한다. 대표작으로 《양철북》, 《넙치》, 《게걸음으로 가다》, 《텔크테에서의 만남》 등이 있다.

그리스도께서
이른 새벽에 일어나신 것처럼

조너선 에드워즈
Jonathan Edwards[1]

18세기의 신학자 조너선 에드워즈는 대각성 운동(Great Awakening)을 주도한 핵심 인물로서, 〈분노한 신의 손아귀에 잡힌 죄인들〉이란 설교로 유명했다. 에드워즈는 아침 4시나 5시부터 서재에서 매일 열세 시간을 보냈다. 그는 일기에 "그리스도께서 무덤에서 이른 새벽에 일어나신 것으로 판단하건대 우리에게도 아침 일찍 일어나라고 충고하신 듯하다"[2]라고 썼다. 서재에서 보내는 긴 시간 때문에 몸이 약해지는 걸 막기 위해 신체 활동을 하루도 거르지 않았는데 겨울에는 장작을 팼고, 날씨가 좋으면 산책하거나 말을 탔다. 산책을 나갈 때도 펜과 잉크를 갖고 다니며, 번뜩 떠오르는 생각들을 빠짐없이 기록했다. 말을 탈 때는 기억술을 활용했다. 전기 작가 조지 W. 마즈던(George W. Marsden)은 에드워즈의 기억술을 이렇게 설명했다. "떠오르는 영감을 기억해두려고 에드워즈는 그 영감과 관련된 옷의 특징 부분에 작은 종이를 핀으로 꽂아두었다. 집에 돌아와서는 종이를 하나씩 뽑아내며 그와 관련된 생각을 써내려갔다. 때문에 며칠간 의 여행을 다녀오면 에드워즈의 옷은 작은 종잇조각으로 뒤덮여 있을 때 가 많았다."[3]

조너선 에드워즈 1703~1758, 미국이 낳은 위대한 복음주의 신학자. 회중교회 목사의 가정에서 태어나 열세 살이 되기도 전에 예일 대학교에 입학했다. 대학을 졸업할 때쯤 회심을 경험하고 신학을 공부하여 회중교회 사 역자가 되었다. 엄격한 칼뱅주의 입장에서 설교했는데, 그 힘과 영향력이 대단했다. 대표적인 저서로 《영적 감정 을 분별하라》, 《순전한 헌신》, 《참된 신자가 되어라》 등이 있다.

체조로 시작하는
매일의 아침

펠럼 그렌빌 우드하우스
Pelham Grenville Wodehouse[1]

우드하우스는 생애의 마지막 10년 동안에도 매일 작업하며, 평생 90권 이상의 책을 썼다. 그즈음에는 롱아일랜드의 여름 휴양지 렘젠버그에서 아내 에설과 하인들의 도움을 받으면서 다섯 마리의 고양이와 네 마리의 개를 기르며 살았다. 1971년 〈뉴요커〉의 허버트 워런 윈드(Herbert Warren Wind)가 렘젠버그를 방문해서, 우드하우스의 두 가지 남다른 특징이 근면함과 천성적으로 유쾌한 성품이라 말하자, 우드하우스는 "나는 주변 환경에 적응하는 데 상당히 능숙한 듯합니다"[2]라고 대답했다.

당시 여든아홉이었던 우드하우스는 매일 정각 7시 30분에 일어나서, 뒤 베란다로 나가 1919년 미국에서 처음 알게 된 이후 하루도 빠짐없이 실시한 맨손 체조를 했다. 그때까지 그의 부인은 위층에서 여전히 꿈나라를 여행 중이어서, 우드하우스가 토스트를 굽고, 커피 케이크와 차로 아침 식사를 준비했다. 그는 아침 식사를 하면서, "아침 식사용 책"이라 부르던 책을 읽었다. 나이오 마시(Ngaio Marsh, 뉴질랜드의 탐정소설가 - 옮긴이)나 렉스 스타우트(Rex Stout, 미국의 탐정소설가 - 옮긴이) 같은 작가들의 탐정소설이나 가볍고 유머러스한 책이었다. 아침 식사를 끝낸 뒤에는 파이프 담배를 피우며, 개들을 데리고 짧은 거리를 산책했다. 그리고 9시부터 자리 잡고 앉아 글을 쓰기 시작했다. 윈드는 우드하우스의 삶을 다음과 같이 기록했다.

우드하우스는 서재에서 글을 쓴다. 송판을 벽에 덧댄 널찍한 서재는 1층에 있으며 뒷마당이 내다보인다. 눈에 띄는 가구는 가죽을 덧씌운 안락의자(느긋하게 앉아 생각에 잠기기에 적합하다)와 0.9×1.5미터 크기의 나무 책상이다. 책상 위에는 사전 하나와 파이프를 청소하는 칼 그리고 우드하우스가 1934년 이후로 사용한 큼직한 로열 타자기가 놓여 있다. 우드하우스의 글쓰기 방식은 예나 지금이나 똑같다. 초고는 종이에 연필로 쓴다. 그후 로열 타자기 앞에 앉아, 타이핑하는 과정에서 상당한 양을 수정하며 문장을 가다듬는다. 요즘에는 작업이 순조롭게 진행돼도 하루에 1,000단어 남짓을 쓰지만, 젊었을 때는 2,500단어를 너끈히 써냈다. 그의 기억에 따르면 1933년의 어느 날에 가장 많은 글을 써냈다. 《고마워요, 지브스》를 끝낸 날에는 자신도 놀랄 정도로 무려 8,000단어를 써냈다. 언젠가 우스터와 지브스를 주인공으로 한 소설을 쓰기 시작하면서 딕터폰을 실험적으로 사용한 적이 있었다. 한 페이지 분량의 원고를 구술한 후 녹음 상태를 점검하려고 뒤로 돌렸다. 끔찍할 정도로 재미없게 들려서, 곧바로 딕터폰을 끄고 다

시 종이와 연필로 돌아갔다고 한다.³⁾

집에서 점심 식사를 하고, 2시쯤 우드하우스의 이웃이며 오랜 친구인
가이 볼턴(Guy Bolton)이 그를 데리러 와서, 개를 끌고 함께 한 시간 정도
다시 산책을 했다. 우드하우스는 3시 30분에 서재로 돌아와, 한 회도 놓
치지 않던 〈밤의 끝자락〉이란 범죄 미스터리 시리즈를 보았다. 그 후
에 부인과 함께 전통 영국 차를 마셨다. 전기 작가 로버트 매크럼(Robert
McCrum)에 따르면, "(아내와 차를 마신 뒤) 우드하우스는 안락의자에 앉아
잠깐 눈을 붙였고, 목욕한 후에 다시 작업을 했다. 6시에 아내와 함께 일
광욕실에 앉아 정원을 내려다보며, 아내는 셰리주, 그는 독한 마티니로
칵테일을 마셨다. 그리고 곧바로 아내와 단둘이서 이른 시간에 저녁 식사
를 했다. 조리사가 일찍 퇴근하여 가족과 함께 시간을 보내게 해주려는
배려였다. 저녁 식사를 마치고 나선 주로 책을 읽었지만, 아내와 브리지
게임을 하기도 했다. 우드하우스는 아내와 함께하는 브리지 게임이 그가
나이 먹었다는 걸 말해주는 습관인 듯하다고 웃으면서 말하곤 했다".⁴⁾

펠럼 그렌빌 우드하우스 1881~1975. 영국 태생의 미국 소설가·시인. '신사 중의 신사' 지브스(Jeeves)를 만들
어낸 작가로 유명하다. 90권 이상의 책을 펴냈으며, 30편 이상의 희곡과 뮤지컬을 공저했고 20편 이상의 영화
대본도 썼다. 흔히 P. G. 우드하우스로 불린다. 대표작으로 《왼발이 두 개인 사나이》, 《고마워요, 지브스》 등이 있
다.

그림의 세계로 빠져드는
관찰의 시간

발튀스
Balthus[1]

.

수수께끼 같은 이 화가는 열두 살 때 자신의 첫 책을 발표했다. 당시 어머니의 연인이던 라이너 마리아 릴케(Rainer Maria Rilke)가 쓴 고양이에 대한 이야기를 그린 40장의 소묘집이었다. 이후 80대 노인이 될 때까지 매일 그림을 그렸다. 80대가 되었을 때 발타자르 클로소브스키 드 롤라, 즉 발튀스는 스위스 알프스의 웅장한 저택에서 아내와 하인들 및 고양이들에 둘러싸여 귀족 같은 삶을 살며 노후를 즐겼다.

발튀스는 9시 30분에 일어나 아침 식사를 하면서 우편물을 읽었고, 그 후에는 아침의 밝은 자연을 면밀히 관찰하며 "오늘 그림을 그려야 할지, 또 미스터리한 그림의 세계로 강렬하게 빠져들 수 있을지를 판단했다".[2] 늦은 아침이나 점심 식사를 끝내면 발튀스는 마을 외곽의 작업실로 향했다. 처음에는 지팡이에 의지해서 혼자 다녔지만, 나중에는 일본인 아내세츠코가 밀어주는 휠체어에 의지해야 했다. 그림을 그리는 날, 발튀스는 항상 기도로 시작했고, 캔버스를 앞에 두고 몇 시간씩 명상에 잠겼다. 때로는 붓질 한 번 하지 않고 이런 식으로 하루를 보내는 경우도 있었다. 이런 상태에서도 흡연은 꼭 따라붙었다.

나는 항상 담배를 물고 그림을 그렸다.'젊은 시절의 사진에서도 이런 습관은 확인된다. 나는 흡연이 집중력을 높여주며 캔버스에 몰입하도록 해준다는 걸 직관적으로 깨달았다. 요즘엔 몸이 약해져 담배를 덜 피우지만, 진행 중인 그림 앞에서 담배를 입에 물고 묵상하는 시간은 어떤 일이 있어도 그냥 넘길 수 없다. 그래야 그림 속으로 더 깊이 들어갈 수 있기 때문이다. 물론 식사 후에 담배를 피우며 누리는 행복한 시간도 무시할 수 없다. 내가 점심 식사를 하는 식탁 옆 작은 탁자엔 항상 담배가 있다. 담배를 피우는 시간은 행복하다. 보들레르가 그랬던가? "기분 좋은 시간"이다.³⁾

오후 4시 30분이나 5시에는 집으로 돌아가, 아내와 함께 전통적인 방식으로 차를 마셨다. 따라서 잼과 프루트케이크, 초콜릿 파이가 곁들여졌다. 8시에 저녁 식사를 끝낸 부부는 도서관에 앉아 대형 텔레비전으로 영화를 감상했다. 발튀스는 액션 영화, 서부극, 오페라를 좋아했다.

발튀스 1908~2001. 프랑스의 화가. 본명 발타자르 클로소브스키 드 롤라. 1930년대부터 초현실주의자들과 어울렸으며. 관능성을 띤 백일몽과 같은 그림으로 유명하다. 풍경화, 정물화, 초상화를 20세기의 독특한 화풍으로 되살렸지만 개인적이고 환각적인 상상력 때문에 종종 초현실주의로 분류되기도 한다.

불면증의 지배를
받은 삶

루이즈 부르주아
Louise Bourgeois[1]

루이즈 부르주아는 1993년의 한 인터뷰에서 "내 삶은 줄곧 불면증의 지배를 받았습니다. 도무지 이해할 수 없었지만 이제는 그런 삶을 받아들이고 있습니다"[2]라고 말했다. 하지만 부르주아는 그처럼 잠을 잘 수 없는 시간을 생산적으로 활용하는 방법을 터득했다. 침대에 일어나 앉아 음악을 듣거나 창밖에서 자동차들이 윙윙거리는 소리를 들으며 그림일기장을 펼쳤다.

하루하루가 새롭다. 따라서 하나하나의 그림과 뒷면에 쓰인 글은 내가 무엇을 어떻게 하고 있는지 알게 해준다. 지금 일기장에는 110장의 그림이 그려져 있지만 앞으로 몇 장은 없애버릴지도 모르겠다. 나는 이런 일기들을 '부드러운 강박'이라 칭하고 싶다.[3]

부르주아는 또 다른 인터뷰에서는 낮 시간에 대해 언급하며 "나는 벌처럼 부지런히 일하지만, 거의 아무것도 이루지 못한 기분이다"[4]라고 겸손하게 말했다.

루이즈 부르주아 1911~2010. 프랑스의 조각가. 남녀 관계를 암시하는, 추상적이면서도 유기체를 연상시키는 기념비적인 작품으로 유명하다. 미국인 미술사학자 로버트 골드워터와 결혼한 후 뉴욕에 정착했고, 그곳에서 초현실주의 경향을 보여주는 작품을 전시하기 시작했다. 1993년에는 베니스비엔날레에 미국 대표로 참가했다.

한밤의
낭만적 사색가

조르주 상드
George Sand[1]

조르주 상드는 성인이 된 후에 매일 밤 20페이지 이상의 원고를 써냈다. 상드는 항상 밤늦게 작업했는데, 병든 할머니를 돌보던 10대부터 몸에 익힌 습관이었다. 게다가 어린 그녀에게는 밤이야말로 혼자 사색할 수 있는 유일한 시간이었다. 성인이 된 후에도 잠든 연인의 침대에서 살그머니 빠져나와 한밤중에 새로운 소설을 시작하는 경우가 적지 않았다. 그러나 아침이면 무엇을 썼는지 기억하지 못하는 때가 많았고, 심지어 "책꽂이에 내 책들을 꽂아두지 않으면 내가 어떤 책을 썼는지도 기억하지 못할 것이다"[2]라고 말하기도 했다.

상드는 남장(男裝)을 하고, 남성의 필명을 사용하며, 남자뿐만 아니라 여자와도 많은 염문을 뿌렸다. 때문에 그녀의 페르소나는 허황된 면이 있었지만, 작업 습관만은 상당히 금욕적이었다. 상드는 책상 위에 초콜릿을 놓아두고 조금씩 뜯어 먹는 걸 좋아했고, 기민한 정신을 유지하기 위해서 손으로 만 담배나 시가를 주기적으로 피웠다. 그러나 약물에는 의존하지 않았으며, 자서전에서 다음과 같이 말했다.

커피나 알코올 혹은 마약을 남용하는 예술가가 적지 않다고 한다. 나는 이런 소문을 곧이곧대로 믿지 않았다. 자신의 도취된 생각보다 그런 물질의 영향을 받아 창작해서 간혹 예술가가 즐거움을 얻더라도, 나는 예술가들이 각성제를 지속적으로 사용했다거나 그 효과를 자랑스레 떠벌렸다고는 생각하지 않는다. 상상력을 동원하는 작업은 그 자체로도 흥미진진하고 자극적이다. 나는 약간의 우유나 레모네이드만으로 상상력을 충분히 북돋울 수 있었다. 이런 점에서 나는 바이런과 닮지 않았다. 하지만 나는 바이런이 술에 취한 상태에서 그처럼 아름다운 시구(詩句)를 써냈다는 걸 믿지 않는다. 영감은 정적에 싸인 숲 속이나 질펀한 술판에서 똑같이 스쳐 지나갈 수 있다. 그러나 당신이 서재에 틀어박혀 있든 무대 위에서 공연을 하고 있든 간에, 당신 생각을 구체적으로 표현해야 할 때 당신의 주인은 바로 당신 자신이어야 한다.[3]

조르주 상드 1804~1876. 프랑스 낭만주의 시대를 대표하는 여성 작가로, 남장 차림과, 시인 뮈세와 음악가 쇼팽과의 모성적 연애 사건이 유명하다. 루소풍의 연애소설에서 출발하여, 인도주의적 사회소설과 소박한 농민의 생활을 그린 전원소설들을 남겼다. 대표작으로 《앵디아나》, 《마의 늪》, 《소녀 파데트》 등이 있다.

방해받지 않는 작업 시간과 일요일의 휴식 시간

마크 트웨인
Mark Twain[1]

1870년대와 1880년대, 마크 트웨인 가족은 여름이면 고향인 코네티컷의 하트퍼드에서 서쪽으로 320킬로미터쯤 떨어진 뉴욕 주의 쿼리팜에서 보냈다. 트웨인은 이때, 특히 농장 주인이 그를 위해 자그마한 개인 서재를 지어준 1874년 이후 문학적으로 가장 왕성한 성과를 거두었다. 한 예로 1874년 여름, 트웨인은 《톰 소여의 모험》을 쓰기 시작했다. 트웨인의 일상은 단순했다. 푸짐한 아침 식사를 끝내면 서재에 가서, 저녁 식사가 있는 오후 5시까지 두문불출했다. 점심 식사를 걸렀고, 가족들은 서재 근처에 얼씬도 하지 않았기 때문에(트웨인에게 급히 볼일이 있으면 나팔을 불어 알렸다), 트웨인은 아무런 방해도 받지 않고 오랜 시간을 작업에 몰두할 수 있었다. 트웨인이 한 친구에게 말했듯이, "푹푹 찌는 날에는 서재의 창문을 활짝 열고, 원고들을 벽돌 조각으로 눌러두었다. 그리고 얇은 리넨

으로 지은 옷을 입고 바람을 맞으며 글을 썼다".[2]

저녁 식사 후에는 그날 쓴 글을 가족들에게 읽어주었다. 트웨인은 가족들이 자기 글을 들어주는 걸 좋아했고, 그의 이런 저녁 공연은 언제나 가족들의 환호를 받았다. 일요일이면 트웨인은 일을 하지 않고 아내와 자식들과 함께 지내며 휴식을 취했다. 또 농장의 그늘진 곳에서 책을 읽거나 공상에 잠겼다. 트웨인은 일을 할 때나 그렇지 않을 때나 입에서 시가를 떼지 않았다. 그의 절친한 친구이자 작가였던 윌리엄 딘 하우얼스(William Dean Howells)는 트웨인의 집을 방문했던 때를 회상하면서 "그가 아침 식사를 할 때부터 잠자리에 들 때까지 온 집안을 돌아다니며 시가를 피워대는 바람에 자주 환기해야 했다"[3]라고 말했다. 하우얼스는 트웨인이 밤에 쉽게 잠들지 못하고 뒤척였다는 사실도 기록에 남겼다.

당시 트웨인은 불면증에 시달렸다. 더 정확히 말하면, 졸려 하면서도 잠들지는 못해, 불면증을 떨쳐내려고 다양한 방법을 동원했다. 처음에는 잠자리에 들기 직전에 샴페인을 마셨다. 그래서 우리는 트웨인에게 샴페인을 보내주었다. 그런데 얼마 후 보스턴에서 라거 맥주 네 병을 사 들고 나타나, 라거 맥주야말로 깊이 잠들게 해주는 유일한 것이라고 말해서 우리는 라거 맥주를 보내주었다. 다시 얼마 후, 하트퍼드로 그를 찾아갔을 때는 수면제로 고려할 만한 가치가 있는 유일한 것이 뜨겁게 데운 스카치위스키라는 걸 알게 되었고, 스카치위스키가 찬장에 어엿하게 한 자리를 차지하고 있었다. 그로부터 꽤 오랜 시간이 지난 어느 날, 요즘에도 잠들기 전에 뜨겁게 데운 스카치위스키를 마시느냐고 묻자 트웨인은 이제는 아무것도 먹지 않는다고 대답했다. 그 이유가 재밌었다. 한동안 트웨인은 욕실 바닥에서 자면 수면제 효과가 있다는 걸 알게 되었다. 그 후 어느 날 밤엔 10시쯤 침대에서 휴식을 취하는 중에 푹 잠이 들었다. 이후로 그렇게 행동했고 비슷한 효과를 얻었다는 것이었다, 물론 그 효과에 트웨인은 만족했다. 그런데 트웨인은 심각한 일이든 즐거운 일이든, 심지어 그에게 악영향을 끼친 일까지도 즐겁게 받아들이는 사람이었다.[4]

마크 트웨인 1835~1910. '미국 현대 문학의 아버지'로 불린다. 남북전쟁 이후의 사회 상황을 풍자한 소설을 썼고, 미국의 제국주의적 침략을 비판하며 반제국주의, 반전 활동에도 열성적으로 참여했다. 대표작으로 미시시피 3부작으로 알려진 《톰 소여의 모험》, 《허클베리 핀의 모험》, 《미시시피 강의 추억》과 《왕자와 거지》, 《인간이란 무엇인가》 등이 있다.

어둠 속에서
써내려간 글들

크누트 함순
Knut Hamsun[1]

1908년 한 잠재적 번역가에게 보낸 편지에서, 크누트 함순은 자신의 창작 과정을 어렴풋이 밝혔다.

내 글의 대부분은 밤에 쓴 겁니다. 밤에 두 시간 정도만 자고 일어나면 머리가 맑고, 감성까지 풍부해집니다. 또 침대 옆에 항상 연필과 종이를 놓아두고, 뭔가 내 가슴속을 흘러가는 느낌이 들면 불을 켜지도 않고 어둠 속에서 곧바로 써내려가기 시작합니다. 어느덧 이런 행동이 습관이 되어, 아침에 일어나 어둠 속에서 쓴 글을 읽어내는 데 아무런 어려움이 없습니다.[2]

함순은 나이가 들면서 깊은 잠을 취하지 못하고, 하루 종일 반수면 상태로 지냈다. 수면 부족 때문에 힘이 부족했고, 그로 인해 오랫동안 작업하기도 힘들었다. 그런 상황을 만회하기 위해 함순은 어떤 영감이든 떠오르면 곧바로 종잇조각에 적어두었다가, 나중에 그 종잇조각들을 탁자에 펼쳐놓고 줄거리나 등장인물의 실마리로 쓸 만한 것을 추려냈다.

크누트 함순 1859~1952. 노르웨이의 소설가. 반사회적이고 도시 문명을 혐오하는 극단적인 개인주의자와 방랑자를 주인공으로 한 소설들을 발표했으며, 1920년에 노벨 문학상을 받았다. 나치에 협력한 죄로 생전에는 평판이 좋지 않았으나, 사후에 새롭게 조명되어 국제적인 독자층을 얻었다. 대표작으로 《굶주림》 등이 있다.

맨해튼 밤거리의
화가

빌럼 데 쿠닝
Willem de Kooning[1]

데 쿠닝은 평생 동안 아침에 일찍 일어나는 데 애를 먹었다. 대체로 10시나 11시경에 일어나 진한 커피를 서너 잔 마셨고, 저녁 식사 때나 방문객을 만나느라 잠시 휴식하는 경우를 제외하면 낮은 물론이고 밤에도 작업을 계속했다. 그림이 제대로 그려지지 않으면 잠을 자지 않고 밤마다 맨해튼의 어두운 길거리를 돌아다녔다. 이 습관은 1942년 동료 화가이던 일레인 프라이드(Elaine Fried)와 결혼한 후에도 변하지 않았다. 데 쿠닝의 전기를 펴낸 마크 스티븐스와 애널린 스완은 다음과 같이 썼다.

데 쿠닝 부부는 아침 늦게 일어났다. 아침 식사는 우유를 섞기는 했지만 진한 커피가 대부분이었다. 그러나 그들은 냉장고가 없어 우유를 겨울에는 창문턱에 보관했다. 하기야 1940년대 초에도 냉장고는 사치품에 속했다(가정용 전화도 마찬가지여서, 데 쿠닝 부부는 1960년대 초까지 전화가 없었다). 이후 그들은 공동으로 사용하던 작업실로 향했다. 작업실 한구석은 빌럼의 공간이었고, 반대편은 일레인의 공간이었다. 빌럼이 네덜란드에서 배운 식대로 직접 끓여 만든 커피를 마시고 담배를 피우느라 잠깐잠깐 중단되었지만, 그들은 상당히 늦게까지 이젤 앞을 떠나지 않았다. 먹을 것을 구하려고 외출하거나, 타임스스퀘어까지 걸어가 영화를 보며 쉬는 경우가 있었지만, 빌럼 데 쿠닝은 작업을 중단하는 걸 싫어해서, 일레인 혼자 파티나 연주회에 가게 하고 자신은 저녁 식사 후에도 작업을 시작하여 한밤중까지 이어가는 때가 많았다. 마저 뤽스(Marjorie Luyckx)는 당시를 이렇게 회상했다. "작업실 옆을 지나다가 불이 켜지는 걸 꽤 자주 보았다. 그들의 작업실은 상업용 건물에 있어 오후 5시에는 난방이 꺼졌다. 빌럼은 코트를 입고 모자를 쓴 채 그림을 그리곤 했다."[2]

빌럼 데 쿠닝 1904~1997. 네덜란드 태생의 미국 화가. '액션 페인팅'이라 불리는 추상표현주의 양식의 대표적 인물로, 20세기 미술사에서 중요한 위치를 차지하고 있다. 〈여인〉 연작은 발표 당시 뉴욕 미술계에 논란을 불러 일으켰다.

잠이 깬 밤은
훔친 시간과 같다

메릴린 로빈슨
Marilynne Robinson[1]

메릴린 로빈슨은 2008년 〈파리 리뷰〉와의 인터뷰에서 "나는 자제력이 부족한 사람입니다"라며 다음과 같이 덧붙였다.

뭔가 나를 강력히 옥죌 때 나는 글을 씁니다. 글을 쓰고 싶지 않을 때는 정말 아무것도 쓰고 싶지 않습니다. 나는 그런 생각을 두 번 정도 실천에 옮겼습니다. 그렇다고 글 쓸 가능성을 완전히 포기했다는 뜻은 아닙니다. 하지만 정말 쓰고 싶은 뭔가가 마음속에 꿈틀거리지 않으면 내가 싫어하는 것을 쓰는 경향이 있습니다. 그렇게 쓴 글에 크게 낙담한 나머지, 그런 글은 다시 두 번 쳐다보고 싶지도 않습니다. 그 글이 소실되어 굴뚝으로 사라질 때까지 기다리고 싶지도 않습니다. 이런 게 자제력의 문제일까요, 기질의 문제일까요? 나는 모르겠습니다.

당연한 말이겠지만, 로빈슨에게는 특별한 작업 습관이 없다. 그러나 잦은 불면증을 유익한 방향으로 이용한다고 했다. "다행히 나에게는 불면증이 있습니다. 밤에 잠을 깨면 머리가 초자연적으로 맑습니다. 사방이 조용합니다. 글을 읽고 쓸 수도 있습니다. 마치 훔친 시간처럼 느껴집니다. 내가 하루에 28시간을 가진 듯한 기분입니다."

메릴린 로빈슨 1943~ , 미국의 소설가. 1981년에 발표한 첫 소설 《하우스키핑》으로 헤밍웨이 재단/펜클럽 상을 받았고, 버락 오바마가 가장 감명 깊게 읽었다고 말한 소설 《길리아드》로는 픽션 부문 퓰리처상을 수상했다.

돈으로 살 수 없는 글쓰기의 즐거움

윌라 캐더
Willa Cather[1]

1921년 문예지 〈북맨〉의 편집자가 뉴욕 그리니치빌리지의 아파트로 윌라 캐더를 방문하여, 얼마 전에 출간한 단편집과 '대평원 3부작'의 마지막 편으로 수년 전에 발표한 《나의 안토니아》 등 최근작들에 대해, 또 그녀의 창작 과정과 습관에 대해 이야기를 나누었다. 캐더는 편집자에게 "나는 하루에 두 시간 반이나 세 시간 정도 작업한다"라며 다음과 같이 덧붙였다.

더 이상은 작업하지 않습니다. 그 이상을 작업해도 얻는 게 별로 없으니까요. 내가 글을 쓰는 유일한 이유라면, 지금까지 경험한 어떤 일보다 글쓰기가 가장 재밌기 때문입니다. 말을 타는 것도 좋아하고, 오페라와 공연장에 가는 것도 좋아합니다. 서부를 여행하는 것도 좋아하고요. 하지만 전반적으로 생각해보면 글쓰기만큼 재밌는 것이 없습니다. 내가 글쓰기를 따분한 일로 받아들인다면 내 열정도 금세 식어버릴 겁니다. 그래서 글쓰기를 매일매일 시도하는 모험이라 생각합니다. 몇몇 뛰어난 연주자와 성악가의 공연을 듣는 특권을 제외하면, 내가 돈을 주고 살 수 있는 어떤 것보다 글쓰기에서 훨씬 큰 즐거움을 얻습니다. 그런 공연을 듣는 것도 아침의 글쓰기 작업만큼 나에게는 큰 즐거움을 주니까요.

나는 아침이 글쓰기에 가장 좋은 시간이라 생각합니다. 오후와 저녁 시간에는 집안일을 하고, 센트럴파크를 산책합니다. 물론 공연장에도 가고 친구들을 만나기도 합니다. 건강을 유지하려고 노력하는 편입니다. 글을 쓰려면 노래하는 것만큼이나 건강해야 하니까요. 글을 쓰지 않을 때는 머릿속에서 글을 완전히 지워버리려고 애씁니다.[2]

윌라 캐더 1873~1947. 미국의 여성 소설가. 개척 시대의 생활과 자연을 소재로 한 작품을 많이 썼다. 대표작으로 《나의 안토니아》, 《대주교에게 죽음이 오다》 등이 있다.

엄격한 오전과
종잡을 수 없는 오후

르코르뷔지에
Le Corbusier[1]

스위스 태생의 건축가 샤를 에두아르 잔느레(Charles Edouard Jeanneret) —
1920년대 초에 르코르뷔지에로 개명했다 — 는 건축가로 활동하는 내내
엄격한 시간표를 지켰는데, 보통 사람은 감당하기 힘든 살인적인 시간표
였다. 6시에 일어나면 45분 동안 유연 체조를 한 후 아내에게 모닝커피
를 갖다주었고, 8시에 부부가 함께 아침 식사를 했다. 아침 식사를 끝내면
르코르뷔지에는 그림과 설계 및 글쓰기에 아침 시간을 할애했다. 아침이
그에게는 창의력이 가장 활발한 시간이었다. 건축과 관계없는 그림을 그
리며 보냈고, 그 그림들을 아내 이외에는 누구에게도 보여주지 않았지만,
르코르뷔지에는 아침 시간을 이처럼 예술적 사색으로 보낸 덕분에 건축
가로 성공한 것이라 생각했다.

　　르코르뷔지에가 사무실에서 일하는 시간은 상당히 짧았다. 그는 택시

나 지하철을 이용해 오후 2시 정각에 사무실에 도착하여, 아침에 떠올린 아이디어들을 직원들에게 전해주며 구체화해보라고 독려했다. 그리고 5시 30분쯤 집으로 돌아갔지만, 시간의 흐름을 잊는 경우가 적지 않았다. 한 동료 건축가는 그에 대해 이렇게 묘사했다.

집으로 돌아가는 과정에서 르코르뷔지에의 성격이 드러났다. 작업이 제대로 진행되면, 또 자신의 스케치가 마음에 들고, 무엇을 해야 하는지 확신이 서면 르코르뷔지에는 시간이 흐르는 걸 까맣게 잊고 저녁 식사에 늦게 집에 돌아가기 일쑤였다. 그러나 작업이 제대로 진행되지 않고, 자신의 생각에 확신이 서지 않고 설계도 마음에 들지 않으면 신경과민이 되었다. 그래서 그의 큼직한 손에는 어울리지 않게 작은, 심지어 여성스러운 모양의 손목시계를 만지작거렸고, 결국에는 "어려워, 건축은 정말 어려워!"라고 투덜거리며, 연필이나 목탄을 제도판에 던져버리고는 직원들을 곤경에 빠뜨려서 부끄럽다는 듯 슬그머니 사무실을 빠져나갔다.[2)]

르코르뷔지에 1887~1965. 스위스 태생의 프랑스 건축가. 이른바 국제주의 건축의 제1세대로서 건축의 합리적·기능적 조형을 중시하여 철근 콘크리트를 사용한 주택, 공공 건축, 도시 계획을 발표했다. 대표적인 저서로 《건축을 향하여》, 《인간의 집》이 있고, 대표적인 건축물로는 국제 연합 본부, 마르세유 아파트 등이 있다.

절제된 일상에서
얻은 상상력

속도가 느려도
한 번에 한 걸음씩 나아가기

토마스 만
Thomas Mann[1]

만은 아침 8시에 어김없이 눈을 떴다. 침대에서 일어나자마자 부인과 함께 커피를 마시고, 목욕한 후에 옷을 입었다. 8시 30분에 역시 부인과 함께 아침 식사를 시작했다. 그리고 정각 9시에 서재 문을 닫고 작업을 시작했다. 방문객은 물론 전화도 받지 않았다. 가족에게도 그의 작업을 방해하는 걸 허용하지 않았다. 때문에 만이 집중적으로 작업하는 9시부터 정오까지는 아이들도 쥐 죽은 듯 지내야 했다. 그 시간에 정신이 가장 맑았기 때문에 그는 그동안 뭔가를 써내려고 자신에게 엄청난 압박을 가했다. 그의 표현을 빌리면, "한 구절 한 구절이 '투쟁'이었고, 하나하나의 수식어가 힘겨운 결정이었다".[2] 정오까지 결정되지 않은 것은 다음 날 같은 시간까지 미루어졌다. 때문에 만은 "속도가 느려도 이를 악물고 한 번에 한 걸음씩 나아가야 했다".[3]

고되고 단조로운 오전 시간이 끝나면, 만은 서재에서 점심 식사를 하고 첫 시가를 맛있게 피웠다. 만은 작업 중에도 담배를 피웠지만 하루에 열두 개비의 궐련과 두 개비의 시가로 제한했다. 그런 다음 소파에 앉아 신문과 정기간행물, 책을 4시까지 읽었고, 곧이어 침대에 누워 한 시간 동안 긴 낮잠을 즐겼다. (이때도 아이들은 쥐 죽은 듯 지내야 했다.) 만은 5시에 일어나 가족들과 함께 차를 마셨다. 그 후에는 편지나 평론을 쓰고, 신문에 기고할 글을 썼다. 이 시간에는 방문객을 받고 전화도 받았다. 그래도 시간적인 여유가 있으면, 7시 30분이나 8시에 저녁 식사를 하기 전까지 산책을 나갔다. 저녁 식사에는 때때로 손님을 초대하기도 했다. 손님을 초대하지 않은 경우에는 부인과 함께 독서를 하거나 축음기를 들으며 저녁 시간을 보냈고, 자정쯤 각자의 침실로 향했다.

토마스 만 1875~1955. 독일의 소설가·평론가. 표현주의의 선구자로, 독일의 전체적인 사회 구조를 비판하는 작품들을 썼고, 현대 독일의 양심을 대표하는 작가로 꼽힌다. 1929년에 노벨 문학상을 받았다. 대표작으로 《마의 산》, 《파우스트 박사》, 〈베네치아에서의 죽음〉, 〈토니오 크뢰거〉 등이 있다.

단어의 수로
자만심을 죽이다

어니스트 헤밍웨이
Ernest Hemingway[1]

헤밍웨이는 5시 30분이나 6시, 아침의 첫 햇살과 함께 어김없이 눈을 떴다. 전날 밤늦게까지 술을 마셨을 때에도 마찬가지였다. 그의 아들 그레고리는 아버지가 숙취에 별 영향을 받지 않았던 것 같다고 말했다. "아버지는 검은 눈가리개로 눈을 가리고, 방음 장치가 된 방에서 아기처럼 숙면을 취한 것처럼 항상 멀쩡한 모습이었다."[2] 헤밍웨이는 1958년 〈파리 리뷰〉와의 인터뷰에서 이른 아침 시간의 중요성을 이렇게 설명했다.

글을 쓸 때 나는 매일 아침 가능하면 첫 햇살과 함께 일어나 작업을 시작합니다. 방해하는 사람도 없는 데다 시원하다 못해 쌀쌀한 기운에 작업하다 보면 글을 쓰는 과정에서 따뜻해집니다. 전에 썼던 것을 읽어보고, 어떻게 이야기를 이어갈지 머릿속에 그려지면 읽기를 멈추고 거기서부터 기운이 떨어질 때까지 글을 써내려갑니다. 먹어야 한다는 생각이 밀려오면 그제야 멈추고, 다음 날 다시 글을 쓸 때까지 살아남으려고 합니다. 말하자면, 아침 6시에 시작해서 정오나 그 조금 전까지 끈질기게 글을 씁니다. 사랑하는 사람과 사랑을 나누었을 때처럼 배가 고플 때 글쓰기를 멈춥니다. 어쨌거나 배는 채워집니다. 다음 날 다시 작업을 시작할 때까지 아무 일도 일어나지 않을 수 있습니다. 정말 견디기 힘든 건 다음 날까지 기다리는 시간입니다.[3]

세상에 알려진 소문과 달리, 헤밍웨이는 매번 스무 자루의 2B 연필을 깎은 후에 글을 쓰기 시작하지는 않았다. 〈파리 리뷰〉와의 인터뷰에서 헤밍웨이는 "나는 한번에 스무 자루의 연필을 가져본 적이 없다"[4]라고 말했지만, 독특한 글쓰기 습관을 지닌 것만은 분명했다. 헤밍웨이는 타이프라이터와 나무 독서대가 포개져 놓인, 가슴 높이의 책꽂이를 마주 본 자세로 똑바로 서서 글을 썼다. 먼저 독서대에 비스듬히 놓인 얇고 부드러운 필기용 종이에 연필로 초고를 썼다. 작업이 제대로 진행되면 헤밍웨이는 독서대를 치우고 타이프라이터로 옮겨갔다. 또 "자만하지 않으려고"[5] 그날 쓴 단어의 수를 기록해두었다. 작업이 원만하게 진행되지 않으면 글쓰기를 중단하고 편지들에 답장하곤 했다. 그 시간은 그를 "글쓰기라는 끔찍한 책임감" 혹은 "끔찍한 글쓰기의 부담감"에서 해방시키는 휴식 시간이었다.[6]

어니스트 헤밍웨이 1899~1961. 미국의 소설가. 제1차 세계대전에 종군한 경험을 바탕으로, 현실과 용감하게 싸우고 패배하는 인간의 모습을 간결하고 힘찬 문체로 묘사했다. 1954년에 노벨 문학상을 받았다. 대표작으로 〈노인과 바다〉, 《무기여 잘 있거라》, 《누구를 위하여 종은 울리나》, 《해는 다시 떠오른다》 등이 있다.

똑같은 일과의 반복은
일종의 최면

무라카미 하루키
村上春樹[1]

무라카미는 소설을 쓸 때 새벽 4시에 일어나서 대여섯 시간을 쉬지 않고 일한다. 오후에는 달리기나 수영을 하고(때로는 둘 다), 이런저런 일을 하거나, 책을 읽고 음악을 듣는다. 저녁 9시에는 잠자리에 든다. 그는 2004년 〈파리 리뷰〉와의 인터뷰에서 "나는 이런 습관을 매일 별다른 변화를 주지 않고 반복한다. 그러다 보면 반복 자체가 중요한 것이 된다. 반복은 일종의 최면으로, 반복 과정에서 나는 최면에 걸린 듯 더 심원한 정신 상태에 이른다"[2]라고 말했다.

　무라카미는 한 권의 소설을 완성하는 데 필요한 시간 동안 이처럼 똑같이 반복되는 습관을 유지하기 위해서는 상당한 정신 수양이 있어야 하고, "체력도 예술적 감성만큼 필요하다"[3]라고 덧붙였다. 도쿄에서 자그마한 재즈 카페를 운영하다, 1981년 전업 작가로 나섰을 때, 무라카미는 주로 앉아서 생활하는 방식 때문에 체중이 급속히 증가했다는 걸 깨달았다. 게다가 그는 하루에 60개비 이상의 담배를 피웠다. 생활 습관을 완전히 뜯어고치기로 결심한 그는 아내와 함께 시골로 이사하고, 담배를 끊었다. 음주량도 줄이고, 채소와 생선으로 이루어진 식사를 주로 했다. 또 매일 달리기를 시작했는데, 그 습관은 사반세기 이상 꾸준히 계속되었다.

무라카미가 2008년에 발표한 수필에서 인정했듯이, 이런 자기중심적 시간표는 사교적인 삶을 허용하지 않는 단점이 있었다며 "초대를 반복해서 거절하면 누구나 불쾌하게 생각한다"라고 말했다. 그러나 무라카미는 자신의 삶에서 결코 등한시할 수 없는 관계가 독자와의 관계라고 확신하며 "내가 늘 앞선 작품보다 더 나은 신작을 발표한다면, 독자들은 내가 어떤 식으로 살든 상관하지 않을 것이다. 소설가로서 내 의무, 또 내가 가장 중요하게 생각해야 할 바는 그것이지 않겠는가?"라고 반문했다.[4]

무라카미 하루키 1949~ . 일본의 소설가. 현대 사회의 소외된 군상의 고독을 '나'라는 일인칭 시점으로 집요하게 파헤쳤다. 대표작으로 《해변의 카프카》, 《1Q84》, 《색채가 없는 다자키 쓰쿠루와 그가 순례를 떠난 해》 등이 있다.

책상 앞에 앉아
모든 걱정거리를 잊다

토니 모리슨
Toni Morrison[1]

토니 모리슨은 1993년 〈파리 리뷰〉와의 인터뷰에서 이렇게 말했다. "나는 규칙적으로 소설을 써본 적이 한 번도 없습니다. 내가 월급쟁이였기 때문일 겁니다. 나는 틈틈이 시간 나는 대로 서둘러 글을 쓰거나, 아니면 주말과 동트기 전에 글을 써야 했습니다."[2] 모리슨은 소설가로 입문한 이후에도 랜덤하우스 출판사의 편집자로 일해야 했고, 대학에서 문학을 가르치며 두 아들을 혼자 키워야 했다. 또 모리슨은 1977년의 인터뷰에서 "몹시 바쁜 삶을 살고 있다"고 인정하며 다음과 같이 덧붙였다.

그러나 중요한 것은 내가 다른 짓을 전혀 하지 않는다는 겁니다. 출판과 관련된 사교적인 삶조차 멀리합니다. 칵테일파티는 물론 디너파티에 가지도 않고 열지도 않습니다. 나에게는 저녁 시간이 절실하게 필요합니다. 그 시간이면 엄청나게 많은 작업을 할 수 있으니까요. 또 집중하기에도 좋은 시간입니다. 나는 글을 쓰려고 책상 앞에 앉으면 걱정거리를 완전히 잊습니다. 아이들과 대학 강의, 다른 일거리도 산더미처럼 많습니다. 직장을 오갈 때, 또 잔디를 깎을 때 그에 관련된 걱정을 하며 이런저런 생각을 합니다. 하지만 종이 앞에 앉으면 완전히 달라집니다. 그래서 소설을 창작해낼 수 있는 겁니다.[3]

시간이 지나면서 모리슨의 작업 시간도 달라졌다. 1970년대와 1980년대의 인터뷰에서, 모리슨은 주로 저녁 시간에 작업한다고 말했다. 그러나 1990년대에는 작업 시간을 이른 아침으로 바꾸었다며 "해가 서쪽으로 넘어간 후에는 머리가 잘 돌아가지도 않고 재기가 번뜩이지도 않으며 창의적이지도 않다"[4]라고 말했다. 작업 시간을 옮긴 후에, 모리슨은 5시경에 일어나 커피를 끓이고 "햇살이 창문에 스며드는 걸 지켜본다". 모리슨은 마지막 부분을 중요하게 생각하며, 그 이유를 이렇게 설명했다. "작가라면 누구나 뭔가와 접촉해서 자신이 통로가 되는 공간, 즉 창작 습관이란 신비로운 과정을 시작하는 공간에 다가가는 방법을 나름대로 고안한다. 내 경우에 햇빛은 그 과정이 시작되었다는 신호이다. 따라서 그 과정이 햇살에 있는 것은 아니다. 그 과정은 햇살이 스며들기 전에 시작된다. 어떤 의미에서, 이런 습관적인 과정 덕분에 나는 글을 쓸 수 있다."[5]

토니 모리슨 1931~ . 아프리카계 미국 여성 소설가. 그의 잘 짜인 소설은 국제적인 명성을 안겨주었으며, 호소력 있고 생동감 있는 소설들을 통해 흑인의 복잡한 정체성을 다루었다. 1993년 노벨 문학상을 수상했다. 대표작으로 《빌러비드》, 《타르 베이비》, 《누가 승자일까요》 등이 있다.

일정한 규칙성을
도덕적 원칙으로 승화하다

이마누엘 칸트
Immanuel Kant[1]

칸트의 전기에서는 외적인 사건을 찾아보기 힘들다. 칸트가 평생 프로이센의 외딴곳에서 살며 고향인 쾨니히스베르크 담 밖을 나간 적이 거의 없는 데다, 몇 시간 거리밖에 떨어지지 않은 바닷가조차 여행한 적이 없었기 때문이다. 평생을 독신으로 지낸 칸트는 쾨니히스베르크 대학교에서 40년 이상 철학을 강의했다. 그의 삶은 질서 정연한 규칙의 삶이었다. 훗날 칸트의 초상이 아무 개성이 없는 로봇으로 그려진 것도 이 때문이다. 독일 시인 하인리히 하이네(Heinrich Heine)는 칸트의 삶을 다음과 같이 표현했다.

칸트의 삶에 대한 이야기를 풀어 쓰기는 매우 힘들다. 그에게는 삶도 없었고 이야기도 없었기 때문이다. 칸트는 기계처럼 질서 정연하고, 추상적인 삶을 살았다. 그는 독일 북동쪽 국경 근처에 있는 오래된 도시 쾨니히스베르크의 한적한 곳에서 독신으로 살았다. 쾨니히스베르크 대성당의 커다란 벽시계도 이마누엘 칸트보다는 더 재밌고 조금은 규칙에 어긋나게 제 역할을 했을 듯싶다. 잠자리에서 일어나 커피를 마시고, 글을 쓰고 강의를 하고, 식사를 하고 산책하는 등 모든 것이 정해진 시간에 이루어졌다. 칸트가 잿빛 코트를 입고 스페인 지팡이를 손에 쥐고 집 밖으로 나오면, 이웃들이 정확히 3시 30분이라는 걸 알 수 있을 정도였다.[2]

그러나 만프레트 퀸(Manfred Kuehn)이 2001년에 발표한 전기에 따르면, 칸트의 삶은 하이네와 여러 사람이 주장한 것만큼 추상적이지도 않았고 무색무취하지도 않았다. 칸트는 사람들과 교제하는 걸 좋아했고, 타고난 이야기꾼이었으며, 싹싹하고 친절한 사람이었다. 그가 눈에 띄게 모험적인 삶을 살지 못한 이유는 건강 때문이었다. 칸트는 선천적인 골격 기형으로 가슴이 비정상적일 정도로 작아서 심장과 폐를 압박한 까닭에 체질적으로 허약했다. 이런 상황에서 수명을 연장하기 위해, 결국 건강염려증에서 비롯되는 정신적 고뇌를 가라앉히기 위해, 칸트 자신의 표현을 빌리면 "머리를 사용하는 대상과 삶의 방식에서 일정한 규칙성"[3]을 받아들였다.

이런 규칙적인 삶도 칸트가 마흔 번째 생일을 맞은 다음부터 극단적인 형태를 띠기 시작했는데, 인간의 성격에 대한 그의 독특한 견해가 반영된 결과였다. 칸트가 생각하기에, 성격은 오랜 세월의 경험을 바탕으로 합리적으로 선택한, 삶을 살아가는 방법이었다. 칸트는 인간의 성격이 마흔 살에 이르러서야 완성된다고 믿었다. 또 성격의 중심에는 좌우명, 즉 일단 형성되면 평생 동안 따라야 하는 기본적인 삶의 규칙들이 있다고 생각했다.

안타깝게도 칸트의 개인적인 좌우명이 무엇인지에 대한 기록은 전해지지 않는다. 하지만 칸트가 삶의 방식에서 '일정한 규칙성'을 단순한 습관에서 도덕적 원칙으로 승화하려고 결심했다는 것만은 분명하다. 따라서 마흔 번째 생일을 맞기 전까지 칸트는 가끔 카드놀이를 하느라 자정까지 귀가하지 않기도 했지만, 마흔 살을 넘긴 후에는 일상에서 반복되는 행위들을 예외 없이 고수했다.

칸트의 습관은 다음과 같았다. 칸트는 5시에 일어났다. 그를 오랫동안 섬긴 하인이 퇴역 군인인 까닭에 주인이 늦잠을 자도록 내버려두지 말라는 명령을 충실히 수행한 덕분이었다. 잠자리에서 일어나면 한두 잔의 옅은 차를 마시며 파이프 담배를 피웠다. 퀸에 따르면, "칸트는 하루에 파이프 담배를 한 번만 채우겠다는 나름의 원칙을 세웠지만, 시간이 지날수록 파이프의 대통이 점점 커졌다고 전해진다".[4] 묵상의 시간을 가진 후에는 그날의 강의를 준비하고 글을 썼다. 강의는 오전 7시에 시작해 11시까지 계속되었다.

교수로서의 의무를 끝내면 칸트는 식당이나 술집에 가서 점심 식사를 했는데 그가 실질적으로 배를 채우는 유일한 식사였다. 칸트는 동료 교수들뿐만 아니라 다양한 배경을 지닌 주민들과도 함께 식사를 즐겼다. 칸트는 완전히 익힌 고기에 괜찮은 포도주를 곁들인 소박한 식사를 좋아했다. 점심 식사가 3시까지 이어지는 경우가 많았고, 그다음엔 널리 알려진 산책을 시작하며, 절친한 친구 조지프 그린(Joseph Green)의 집을 방문했다. 그들은 주중에는 오후 7시까지 대화를 나누었고, 주말에는 다른 친구도 끼어들어 오후 9시까지 대화를 나누었다. 칸트는 귀가해서 글을 쓰고 책을 읽다가, 정확히 10시에 잠자리에 들었다.

이마누엘 칸트 1724~1804, 독일의 철학자. 계몽주의 사상가로, 데카르트에서 시작된 합리론과 베이컨에서 시작된 경험론을 통합했다. 인식론·윤리학·미학에 걸친 종합적이고 체계적인 작업은 이후의 철학들에 큰 영향을 주었다. 대표적인 저서로 《순수 이성 비판》, 《실천 이성 비판》, 《영원한 평화를 위하여》, 《판단력 비판》 등이 있다.

다시는 하고 싶지 않은 열다섯 시간의 글쓰기

리처드 라이트
Richard Wright[1]

1938년 리처드 라이트는 576페이지에 이르는 《미국의 아들》 초고를 단 5개월 만에 완성했다. '뉴욕 작가 프로젝트'라는 프로그램 덕분에 라이트는 전업으로 소설을 쓰며 급료를 받았다. 도심에 있던 프로젝트 사무실에 일주일에 한 번 들러 서명만 하면 되었다.

당시 라이트는 수년 전 시카고에서 친구가 된 뉴턴 부부의 브루클린 아파트에서 지내고 있었다. 허버트 뉴턴(Herbert Newton)은 주목받는 흑인 공산당원이었고, 당무로 몹시 바빠서 아침 9시에 집을 나서면 밤늦게야 귀가했다. 그의 부인 제인은 세 자녀와 함께 집에서 지냈다. 헤이즐 롤리(Hazel Rowley)가 2001년에 발표한 전기에서 밝혔듯이,[2] 라이트는 새벽 6시에 일어나면 서둘러 아파트를 나왔다. 뉴턴의 아이들이 잠에서 깨어 법석을 피우는 걸 피하고 싶었기 때문이다. 라이트는 노란 공책과 만년

필과 잉크병 등 필기도구를 챙겨 근처의 포트 그린 공원까지 걸어갔다. 그곳에서 언덕 꼭대기에 있는 벤치에 앉아 네 시간 동안 글 쓰는 데 열중했다.

라이트는 비가 오나 눈이 오나 이런 습관을 고수했고, 10시쯤 아파트로 돌아와서 ─ 비가 오는 날에는 흠뻑 젖은 채 ─ 아침 식사를 한 뒤 새벽에 쓴 글을 제인 뉴턴에게 읽어주었다. 아이들이 주변에서 시끌벅적하게 떠들어도 두 사람은 줄거리의 방향에 대해 논의했고, 때로는 입씨름을 벌이기도 했다. 그러고 나서 라이트는 위층의 침실로 올라가, 그 글을 타이핑했다. 그 후 라이트는 공공 도서관에 가거나 친구들을 만났고, 5시쯤 귀가하여 제인과 아이들과 함께 저녁 식사를 했다. 6개월 후, 뉴턴 가족이 새 아파트로 이사할 때도 라이트는 그들을 따라갔다. 구석방을 얻은 라이트는 그곳에 틀어박혀 원고를 수정하며 하루에 열다섯 시간가량 일했다. 라이트는 당시를 회상하며 한 친구에게 "다시는 그렇게 오랫동안 열심히 작업하고 싶지 않다"[3]라고 말했다.

리처드 라이트 1908~1960. 백인들의 차별 대우에 저항한 미국의 흑인 작가로, 미국 사회의 고질적 인종 문제의 병폐를 파헤친 글로 주목을 받았다. 1932년 공산당원이 되었고 시카고의 좌파 작가와 예술가들의 모임에서 활동했지만 1944년 개인적인 견해 차이로 공산당을 떠났다. 대표작으로 《미국의 아들》, 《깜둥이 소년》, 《톰 아저씨의 자식들》 등이 있다.

생존의 조건:
습관처럼 반복되는 행위

플래너리 오코너
Flannery O'Connor[1]

1951년 낭창이란 진단을 받고 앞으로 4년밖에 살 수 없다는 말을 들은 플래너리 오코너는 어머니와 함께 고향 조지아의 시골 마을 안달루시아에 있는 가족 농장으로 이주했다. 그보다 수년 전, 글쓰기 강사에게 매일 일정 시간 동안 글쓰기에 매진하라고 충고받은 오코너는 그 충고를 마음에 새겼다. 또 조지아로 돌아와서는 한 친구에게 보낸 편지에서 말했듯이, "습관처럼 반복되는 행위가 생존의 조건"[2]이라는 걸 믿게 되었다.

독실한 가톨릭 신자였던 플래너리 오코너는 매일 6시에 일어나,《성무일도서(聖務日禱書)》에 쓰인 대로 아침 기도를 한 뒤, 부엌에서 어머니와 함께 앉아 커피를 마시며 라디오의 일기예보를 들었다. 그리고 집에서 얼마 떨어지지 않은 도심의 성심 성당에 7시에 도착해 아침 예배를 드렸다. 이렇게 종교적 의무를 수행한 뒤에는 9시부터 정오까지 세 시간 동안 방에 틀어박혀 글쓰기에 몰두했다. 그렇게 작업하면 대개 3페이지의 글을 써냈지만, 한 기자에게 말했듯이 "다음 날이면 그 글들을 모두 발기발기 찢어버리기 일쑤였다".[3]

오후가 되면 오코너의 체력은 소진되었다. 시간이 지날수록 낭창 때문에 점점 빨리 피로감에 짓눌렸고, 감기 증상에 시달리며 정신마저 흐릿해져서 오코너는 현관 앞에 앉아 방문객을 맞이하고, 그림을 그리고 새를 키우는 취미 활동으로 오후 시간을 보냈다. 특히 공작을 좋아해서 직접 키우기도 했다. 그녀의 소설에 공작뿐 아니라 오리와 암탉, 거위가 자주 등장하는 이유도 여기에 있었다. 해가 넘어가기 시작하면, 오코너는 잠자리에 들 준비를 했다. "나는 9시에 잠자리에 들었고, 침대에 누우면 항상 마음이 편했다."[4] 물론 잠자리에 들기 전에도 《성무일도서》에 쓰인 대로 저녁 기도를 암송했지만, 그녀가 저녁 시간에 주로 읽은 책은 토마스 아퀴나스의 700페이지짜리 책이었다. "신학을 통해 더욱 대담하게 글을 쓸 수 있기 때문에 나는 많은 신학 책을 읽었다."[5]

플래너리 오코너 1925~1964. 미국의 소설가·수필가. 미국 남부 문학을 대표하는 작가 중 한 명이며, 서른아홉의 나이로 사망할 때까지 두 편의 장편과 39편의 단편을 남겼다. 가톨릭 신앙을 드러내며 도덕과 윤리의 문제를 제기하는 소설을 썼다. 대표작으로 장편 《현명한 피》와 단편집 《착한 사람은 찾기 어렵다》 등이 있다.

쉬지 않고 일하지 않았다면
미치광이가 됐을 것이다

잉마르 베리만
Ingmar Bergman[1]

베리만은 1964년의 인터뷰에서 "영화제작이 무엇인지 아십니까?"라고 물은 뒤 "3분의 화면을 얻기 위해 매일 여덟 시간을 힘들게 일해야 합니다. 그 여덟 시간 동안 운이 좋아도 기껏해야 10~12분 정도만 진정한 창조 행위가 가능합니다. 때로는 그런 시간조차 허용되지 않습니다. 그렇게 여덟 시간을 보내고 다시 새로운 여덟 시간을 위해 마음의 준비를 하며, 이번에는 멋진 10분이 허용되기를 기도합니다"라고 대답했다.[2] 그러나 베리만에게 영화제작은 시나리오를 쓰는 것이기도 했다. 베리만은 스웨덴의 한적한 포뢰 섬에서 틈나는 대로 시나리오를 쓸 때, 수십 년 동안 똑같은 시간표에 따라 움직였다. 8시에 기상, 9시부터 정오까지 글쓰기 작업, 그 후에 검약한 식사. 여배우 비비 안데르손(Bibi Andersson)은 이렇게 말했다. "베리만의 점심 식사 메뉴는 항상 똑같았다. 변하지를 않았다. 유산균을 넣어 신맛을 더하고 유지방이 많은 사워밀크, 무척 단 딸기 잼. 거기에 콘플레이크를 섞은 이상한 이유식 같은 것이었다."³⁾

점심 식사를 마치면 1시부터 3시까지 다시 작업했고, 그 후 한 시간 정도 낮잠을 잤다. 늦은 오후에는 산책을 하거나, 신문과 우편물을 받기 위해 나룻배를 타고 이웃 섬에 갔다. 저녁에는 책과 신문을 읽었고, 친구들을 만났으며, 소장한 필름 중 하나를 스크린에 띄우거나 텔레비전을 시청했다(베리만은 〈댈러스〉를 무척 좋아했다). 베리만은 "나는 약물이나 술을 전혀 입에 대지 않는다. 한 잔의 포도주만으로도 나는 한없이 행복하다"⁴⁾라고 말했다. 음악도 베리만에게는 "절대적으로 필요한 것"이었다. 베리만은 바흐부터 롤링 스톤스까지 온갖 종류의 음악을 즐겼다. 하지만 나이가 들자 불면증에 시달리며 밤에도 네댓 시간밖에 잠들지 못해 영화 촬영은 그야말로 악전고투였다. 그러나 1982년 영화제작에서 완전히 손을 뗀 후에도 베리만은 텔레비전용 영화를 꾸준히 제작했고, 연극과 오페라를 감독했으며, 희곡과 소설을 쓰고 회고록을 집필했다. "나는 쉬지 않고 일했다. 일은 우리 영혼이란 풍경을 휩쓸고 지나가는 홍수와 비슷하다. 홍수는 많은 것을 없애버리기 때문에 좋다. 홍수는 깨끗하게 청소를 해주지 않는가. 내가 쉬지 않고 일하지 않았다면 미치광이가 됐을 것이다."⁵⁾

잉마르 베리만 1918~2007. 스웨덴 태생의 시나리오 작가 겸 영화·연극 감독. 총 62편의 영화와 170편이 넘는 연극을 감독했으며, 대부분의 영화가 스웨덴을 배경으로 삼고 있다. 병, 배신, 광기 등 어두운 주제를 주로 다루었다. 대표작으로 〈제7의 봉인〉, 〈산딸기〉, 〈페르소나〉, 〈처녀의 샘〉 등이 있다.

예술을 위해
식음을 포기하다

마리나 아브라모비치
Marina Abramovic[1]

행위예술가로 활동한 40년 동안, 마리나 아브라모비치는 때로 충격적인 절제력과 인내심을 보여주었다. 2010년 뉴욕 현대미술관이 주최한 회고전에서 아브라모비치는 엄청나게 힘든 작품을 무대에 올렸다. '예술가가 여기에 있다'라고 이름 붙인 그 작품을 위해 아브라모비치는 전시 기간 내내 의자에 꼼짝 않고 앉아 있어야 했다. 하루에 일곱 시간(금요일에는 열 시간), 일주일에 엿새 동안 무려 11주를 관람객들은 원하면 언제라도 원하는 시간만큼 그녀의 맞은편에 놓인 의자에 앉을 수 있었다. 전시가 끝나는 날까지 아브라모비치는 총 1,565쌍의 눈동자를 마주 보았다. 그 행위를 준비하기 위해 아브라모비치는 먹지도 않고 소변을 보지도 않고 하루를 보낼 수 있도록 몸을 단련시켜야 했다. 때문에 언론에서는 그녀가 도뇨관을 삽입했거나 기저귀를 찼을 거라고 추측했지만 아브라모비치는 소변을 참았을 뿐이라고 항의했다.

개막전이 있기 3개월 전부터 마리나 아브라모비치는 일정한 시간표에 따르기 시작했다. 가장 큰 문제는 수분을 전혀 섭취하지 않으면서 하루를 버텨야 하는 것이어서 그녀는 야간에 수분을 섭취하는 섭생법을 훈련했다. 밤새 45분 간격으로 일어나 소량의 물을 마셨다. "처음에는 무척 힘들고 체력마저 고갈되었지만, 결국에는 몸이 단련되어 수면을 중단하지 않고도 물을 마실 수 있었다."

회고전이 시작된 후에는 아침 6시 30분에 일어나 목욕을 하고, 7시에 그날의 마지막 물을 마셨다. 그리고 렌즈콩과 쌀을 중심으로 한 식사를 하고 홍차 한 잔을 마셨다. 9시에 자동차가 도착해서 아브라모비치와 그녀의 조수와 사진작가를 미술관으로 데려갔다. 미술관에 도착한 아브라모비치는 옷을 갈아입고, 45분 동안 화장실을 네 번까지 들락거리며 방광을 완전히 비웠다. 그 후에 그녀는 벽에 선을 그어 전날 공연한 곳을 표시해두고, 관람객들이 입장하기 15분 전부터 의자에 혼자 앉아 있었다.

그로부터 일곱 시간이나 열 시간 뒤 아브라모비치는 집에 돌아가 가볍게 채식 위주로 식사했다. 그리고 10시쯤 잠자리에 들어 밤새 45분 간격으로 소량의 물을 마셨다. 그 기간 동안에는 전화도 받지 않았고 이메일에 답장하지도 않았다. "모든 커뮤니케이션을 끊었다. 미술관 경비원과 큐레이터, 내 조수와 사진작가를 제외하고는 누구와도 대화하지 않았다. 아무것도 하지 않았다. 모든 것을 중단했다."

아브라모비치가 일하는 방식이 그렇다. 행위를 위한 새로운 아이디어가 떠오르면 그 아이디어에 목숨을 건다. 그러나 행위를 하지 않거나 행위를 위한 준비를 하지 않을 때는 딴사람이 된다. 그녀 자신의 말을 빌리면, "개인적인 삶에서 어떤 프로젝트도 없을 때는 엄격한 자제력을 발휘할 이유가 없다". 또한 규칙적인 시간표를 따라 생활하지도 않는다며 "매일 똑같이 행동하지는 않는다. 다만 행위예술을 통해 뭔가를 표현해야 할 때 나는 그 행위에 혹독할 정도로 철저하게 집중한다"라고 덧붙였다.

마리나 아브라모비치 1946～ . 세르비아 태생의 미국 행위예술가. 1970년대부터 활동했으며 최근에는 스스로를 '행위예술의 조모(祖母)'라 칭했다. 행위자와 관람객 사이의 관계, 몸의 한계, 정신의 가능성을 탐구하는 작품을 주로 발표했다.

침묵과 질서의 무아지경

찰스 디킨스
Charles Dickens[1]

찰스 디킨스는 15편의 장편 — 그중 열 편이 800페이지가 넘는다 — 과 많은 단편소설, 수필 및 편지와 희곡을 쓴 작가였지만 일정한 조건이 갖추어지지 않으면 글을 쓰지 못했다.[2] 첫째, 주변이 무조건 조용해야 했다. 그의 서재에는 소음을 차단하기 위해 덧문이 추가로 설치되어 있을 정도였다. 둘째, 서재가 정확히 정돈되어 있어야 했다. 책상 앞에는 거울이 있어야 했고, 책상에는 그가 글을 쓸 때 사용하는 물건들, 예컨대 거위 깃펜과 푸른 잉크가 몇 가지 장식품 옆에 반듯하게 놓여 있어야 했다. 장식품으로는 생화가 꽂힌 작은 꽃병, 커다란 종이칼, 토끼가 앉아 있는 모습의 금박을 입힌 잎사귀, 두 개의 청동상(하나는 싸움질하는 한 쌍의 뚱뚱한 두꺼비, 다른 하나는 강아지들에게 둘러싸인 신사)이 있었다.

디킨스의 작업 시간은 일정했다.[3] 장남의 기억에 따르면, "시청 공무원도 아버지보다는 규칙적이거나 꼼꼼하지 않았다. 아버지는 상상과 공상의 세계를 그리면서도 시간을 엄수했고 기계처럼 규칙적으로 행동했다. 단조롭고 따분한 틀에 박힌 일을 하는 사람도 아버지만큼 정확할 수는 없었다".[4] 디킨스는 7시에 일어나 8시에 아침 식사를 했고, 9시에 서재에 들어가자마자 오후 2시까지 꼼짝하지 않았다. 그전에 휴식을 겸해 가족들과 함께 점심 식사를 했지만, 그동안에도 디킨스는 무아지경에 빠진 듯 기계적으로 식사하며 한마디도 하지 않았다. 게다가 식사를 끝내자마자 서재로 돌아갔다. 평일에는 이런 식으로 작업하며 2,000단어를 썼고, 때로 상상력에 날개가 더해지는 날에는 그보다 두 배나 많은 양을 쓰기도 했다. 하지만 한 글자도 쓰지 못하는 날도 있었다. 그런 날에도 디킨스는 예외없이 작업 시간을 준수했는데, 멍하니 창밖을 내다보며 시간을 보냈다.

정각 2시, 디킨스는 서재에서 나와 시골길이나 런던 시내를 정확히 세 시간 동안 산책하며 소설의 줄거리를 구상했다. 디킨스 자신의 말을 빌리면, "내가 표현할 그림들을 찾아다녔다".[5] 한편 디킨스 처남의 기억에 따르면, 산책에서 돌아온 "디킨스는 에너지의 화신처럼 보였다. 감춰놓은 창고에서 흘러나오듯 모든 모공에서 에너지가 흘러나오는 것 같았다".[6] 하지만 디킨스는 밤에는 철저히 휴식을 취했다. 6시에 저녁 식사를 한 후 가족이나 친구들과 시간을 보냈고, 자정에야 잠자리에 들었다.

찰스 디킨스 1812~1870. 영국이 낳은 가장 위대한 소설가로 평가되며, 가진 자에 대한 풍자와 인간 생활의 애환을 그려 명성을 얻었다. 당시 사회와 부조리를 명확히 파악하여 시대의 양심을 대변하는 작가로 인정받았다. 대표작으로 《위대한 유산》, 《올리버 트위스트》, 《크리스마스 캐럴》, 《두 도시 이야기》 등이 있다.

독서와 몽상, 고독의 시간

너새니얼 호손
Nathaniel Hawthorne[1]

1825년 보든 대학교를 졸업한 후, 너새니얼 호손은 고향인 매사추세츠의 세일럼으로 돌아가 엄격한 시간표에 따라 혼자서 문학 훈련을 시작했다. 하루의 대부분을 자기 방에 틀어박혀 엄청난 양의 책을 읽고 많은 글을 썼지만, 대부분 찢어버렸다. 1825년부터, 마침내 단편집을 발표한 1837년까지의 기간을 호손은 '은둔의 시대'라 일컫곤 했다. 문학평론가 맬컴 카울리(Malcolm Cowley)는 당시 호손의 습관을 다음과 같이 설명했다.

시간이 지나자, 호손은 가을과 겨울에는 언제나 똑같이 하루를 보내기 시작했다. 매일 아침 정오의 식사 시간이 될 때까지 글을 쓰거나 책을 읽었다. 오후에도 책을 읽거나 글을 썼지만, 때로는 블라인드 틈새로 스며드는 햇살을 멍하니 바라보거나 몽상에 빠졌고, 반대편 벽까지 느릿느릿 걷곤 했다. 해가 저물면 멀리까지 산책을 나갔고 저녁 늦게야 돌아와서 빵과 걸쭉하게 탄 코코아를 곁들여 먹었다. 그 후에는 독신이었던 두 누이 엘리자베스, 루이자와 함께 책에 관한 이야기를 나누었다. 그때가 가족과 함께하는 유일한 시간이었다. (……)

여름이 되면 호손의 일상은 조금 달라졌다. 이른 아침에 바다에서 바위 틈새를 헤엄치며 다녔고, 때로는 혼자 해변가를 떠돌며 시간을 보냈다. 또 낭떠러지에 서서 바다에 어른거리는 자기 그림자에 돌을 던지는 걸 좋아했다. 한번은 세일럼 북쪽에 있는 긴 다리에 앉아, 아침부터 밤까지 다리를 지나가는 사람을 지켜보기도 했다. 호손은 교회에 다니지 않았지만, 일요일 아침이면 자기 방 창문의 커튼 뒤에 숨어 신도들이 교회에 모여드는 모습을 훔쳐보는 걸 좋아했다.[2]

1842년 결혼한 후, 호손의 생활 방식은 자기중심적인 태도에서 벗어날 수밖에 없었다. 하지만 글을 쓰기 위해 자기만의 시간을 하루에 서너 시간씩 가졌다(호손은 따뜻한 계절에는 글을 쓸 수 없어 가을과 겨울에만 글을 썼다고 주장했다). 편집자에게 보낸 편지에서 "(내 의지와는 상관없이) 매일 아침 나는 종교적 계율을 지키듯 세상과 담을 쌓고, 점심 식사를 할 때까지 혼자만의 시간을 갖습니다"[3]라고 말한 것처럼, 결혼 후에 정착한 콩코드에서도 호손은 서재에서 이른 오후까지 자기만의 시간을 즐기다가 오후 2시경에 아내와 함께 점심 식사를 했다. 한 시간가량의 점심 식사를 끝내면 마을로 내려가 도서관과 우체국에 들렀다. 해 질 녘에야 집으로 돌아와, 아내와 강변을 잠깐 산책했다. 그들은 함께 차를 마셨고, 호손은 아내에게 한두 시간, 때로는 그 이상 자신이 쓴 글을 소리 내어 읽어주었다.

너새니얼 호손 1804~1864. 미국의 소설가. 청교도 사상과 생활 태도에 깊은 관심을 가지고 인간성의 어두운 면을 우의적이고 상징적으로 묘사했다. 대표작으로 《주홍 글씨》, 《일곱 박공의 집》 등이 있다.

쉬지 않고
일하는 사람은 바보다

카를 융
Carl Jung[1]

1922년 융은 스위스 취리히 호수 북부 지역의 볼링겐이란 자그마한 마을 근처에 한 필지의 땅을 구입하여, 2층짜리 소박한 돌집을 짓기 시작했다. 그 후 12년 동안 그 돌집을 개조하고 확장하는 과정에서 한 쌍의 보조 탑을 덧붙이고, 마당에 마련한 커다란 화덕을 담으로 쌓은 까닭에 그 돌집은 볼링겐 타워(Bollingen Tower)로 불렸다. 이렇게 계속해서 증축되었지만, 원시적인 거주지라는 볼링겐 타워의 최초 개념은 달라지지 않았다. 울퉁불퉁한 돌바닥에 카펫은 물론이고 마룻장도 깔리지 않았다. 전기도 없었고 전화도 없었다. 장작을 때서 난방했고, 조리는 석유난로를 이용했으며, 인공의 빛이라곤 등잔 불빛이 전부였다. 물은 호수에서 길어와서 끓여 사용하다가, 결국에는 수동 펌프를 설치했다. 융은 볼링겐 타워에 대해 "16세기 사람이 이 집에 온다면 등유 램프와 성냥만 보일 것이다. 그 외에는 모든 것을 어떻게 사용해야 하는지 어렵지 않게 알아낼 것이다"[2]라고 말했다.

1930년대 내내 융은 볼링겐 타워를 도시 생활로부터의 피난처로 이용했다. 도시에서 융은 하루에 8~9시간 정도 환자를 진료하고 강연과 세미나를 주최하며 그야말로 일중독자처럼 살았기 때문이다. 때문에 융의 저서 대부분은 휴일에 쓰였다. 융은 자신에게 의지하는 환자가 많았지만 휴가 내는 걸 조금도 꺼리지 않고 이렇게 말했다. "피곤에 지쳐 휴식이 필요한데도 쉬지 않고 일하는 사람은 바보다."[3]

볼링겐에서 융은 7시에 일어나 냄비와 솥과 프라이팬에 아침 인사를 건넸다. 전기 작가 로널드 헤이먼(Ronald Hayman)의 기록에 따르면, "아침 식사를 준비하며 오랜 시간을 보냈고, 아침 식사는 주로 커피와 살라미 소시지, 과일, 빵과 버터였다".[4] 융은 아침에 두 시간을 할애해 집필에 몰두했다. 그 후에는 서재에서 그림을 그리거나 명상하고, 주변 언덕들을 오랫동안 산책하고, 방문객을 만나거나, 매일 끝없이 날아드는 편지들에 답장하며 오후 시간을 보냈다. 그리고 2시나 3시경에는 차를 마셨다. 저녁에는 푸짐한 식사를 준비하는 과정을 즐겼다. 저녁 식사 전에는 '해 질 녘에 마시는 술(sun-downer)'이라고 스스로 칭한 아페리티프를 곁들이기도 했다. 10시에는 잠자리에 들었다. 융은 볼링겐에서의 생활을 이렇게 요약했다.

볼링겐에서 나는 진정한 삶의 한복판에 있으며, 나 자신에게 가장 가까워진다. ……전기 없이 살아가며, 벽난로와 난로를 직접 관리한다. 저녁에는 등잔불을 켠다. 수돗물도 없어 우물에서 물을 길어온다. 장작을 패서 먹을 것을 조리한다. 이 같은 단순한 행동들이 인간을 단순하게 만든다. 하지만 이처럼 단순하게 지내는 일이 무척 어렵다![5]

카를 융 1875~1961. 스위스의 정신의학자·심리학자. 프로이트의 정신분석학에 영향을 받아 분석심리학의 기초를 세웠고, 내향성과 외향성을 구별하는 성격 유형을 분석하였으며, 외향성·내향성 성격, 개인의 무의식과 집단의 무의식이란 개념을 제시하며, 그 원형을 신화나 민화에서 찾았다. 대표적인 저서로 《영웅과 어머니 원형》, 《무엇이 개인을 이렇게 만드는가》, 《인간과 상징》 등이 있다.

한 주에 하나의 덕목을
충실히 지켜라

벤저민 프랭클린
Benjamin Franklin[1]

프랭클린이 《자서전》에서 간략하게 설명한, "도덕적으로 완벽한 인격체"
가 되기 위한 13주 프로그램은 꽤 유명하다.[2] 절제, 청결, 중용 등과 같은
특정한 덕목에 한 주가 할애된다. 프랭클린은 이 덕목들을 위반할 때마다
달력에 표시했다. 그리고 한 주 동안 하나의 덕목을 충실히 지키면 그 덕
목을 습관으로 승화시킬 수 있다고 믿었다. 이렇게 하나의 덕목을 정복한
후에 다른 덕목으로 옮겨가는 방법을 사용하면, 덕목을 위반하는 횟수가
점점 줄어들고, 결국에는 우리 자신을 완벽하게 개조해서 그 이후에는 도
덕성을 유지하기 위한 반복 과정이 이따금 필요할 뿐이라고 믿었다.

이 프로그램은 어느 정도 효과가 있었다. 프랭클린은 이 과정을 여러
차례 시도한 뒤, 앞으로는 1년에 한 번, 그 후에는 몇 년 간격으로 한 번만
이 프로그램을 시행하면 충분할 거라고 생각했다. 그러나 '질서'라는 덕

목 — "모든 물건은 제자리에 두라. 일은 때를 정해서 하라" — 은 좀처럼 정복하지 못한 듯싶다.[3] 프랭클린은 천성적으로 서류와 물건을 정돈하는 걸 좋아하지 않았다. 그래서 정리 정돈을 무척 성가신 일로 여겨, 도중에 짜증을 내며 그만두기 일쑤였다. 게다가 인쇄 회사를 운영한 까닭에, 스스로 세운 일과표대로 움직일 수 없었다.

프랭클린은 말년에 그럴듯한 습관, 즉 '공기욕(air bath)'을 시작했다. 당시 냉수욕은 일종의 강장제로 여겨졌지만, 프랭클린은 찬물이 신체에 지나친 충격을 준다고 믿었던지 한 편지에서 이렇게 썼다.

내 몸에는 다른 방법으로 목욕하는 게 훨씬 더 낫다는 결론을 얻었네. 바로 공기욕이란 것일세. 이런 생각에 나는 매일 아침 일찍 일어나, 계절에 따라 다르지만, 30분이나 한 시간 정도 아무것도 걸치지 않은 채 방에 앉아 책을 읽거나 글을 쓴다네. 이 방법은 조금도 힘들지 않고, 오히려 기분이 좋아지네. 공기욕을 마치고, 가끔 발가벗은 그대로 침대로 돌아가 밤의 휴식을 보충하면, 인간이 상상할 수 있는 가장 만족스러운 잠에 한두 시간 정도 푹 빠져들 수 있네.[4]

벤저민 프랭클린 1706~1790, 미국의 정치가·과학자. 피뢰침을 발명했으며 과학 분야를 비롯해 고등교육 기관을 설립하여 문화 사업에도 공헌했다. 미국 독립선언문의 기초위원, 헌법 제정위원을 지냈다. 그의 《자서전》은 문학적으로도 높이 평가되고 있다.

글을 쓰기 위한
규칙적인 삶

빅터 소든 프리쳇
Victor Sawdon Pritchett[1]

제러미 트레글론(Jeremy Treglown)은 2004년에 발표한 프리쳇의 전기에서 "프리쳇은 상상력이 뛰어난 예술가였지만 무엇보다 그는 전업 작가, 즉 글을 써서 먹고사는 데 엄청난 자부심을 가진 작가였다"[2]라고 평가했다. 영국의 수필가 겸 단편 작가였던 프리쳇은 글을 써서 생활하기 위해 한결같이 규칙적인 삶을 견지했다. 아침에 일어나 책상 앞에 앉기까지 빈둥거리는 법이 없었다. 7시나 7시 30분에 차를 직접 준비해 아내와 함께 마셨고, 신문을 집어 들어 침대로 돌아가 누웠다. 〈타임스〉에서 십자말풀이의 첫 줄을 푼 뒤 다시 부엌으로 들어가 아침 식사를 준비했다. 프리쳇이 하루에 직접 조리하는 유일한 식사였는데, 주로 베이컨과 달걀 그리고 태운 토스트였다. 그런 다음 아내를 위해 다시 찻주전자를 준비해놓고, 런던의 길거리 소음으로부터 멀리 떨어진 4층의 작업실에 '출근'하려고

가파른 계단을 올라갔다.[3]

　프리쳇의 첫 번째 의식(儀式)은 파이프 담배에 불을 붙이는 것이었다. 때문에 시간이 흐르면서 프리쳇 주변에는 불탄 성냥으로 가득했다. 프리쳇은 의자 팔걸이에 낡은 반죽판을 걸치고 거기에 바인더 클립으로 종이를 고정한 뒤 글을 썼다. 그는 아침 내내 글을 썼고, 1시경에 아래층에서 점심 식사를 하며 마티니를 곁들였다. 식사를 끝내고는 십자말풀이를 잠깐 푼 뒤 서재에서 한 시간 남짓 낮잠을 잤다. 그 후에는 다시 차를 끓이고 동네를 산책했다. 그리고 7시에 저녁 식사를 하기 전까지 두 시간가량 다시 작업했지만, 저녁 식사를 끝내고 잠자리에 들기 전에도 작업에 몰두하는 경우가 많았다.

빅터 소든 프리쳇 1900~1997. 영국의 소설가·평론가. V. S. 프리쳇으로 불린다. 언론인으로 활동하면서 중산층 사람들의 생활을 생생하게 그렸다. 잡지 〈뉴 스테이츠먼〉에 평론을 기고했고 그 잡지사의 편집장을 지냈다. 대표적인 단편집으로 《눈먼 사랑 외》, 평론집으로 《신화를 만드는 사람들》, 《지식인》 등이 있다.

나는 수도원의
독방을 사랑한다

볼테르
Voltaire[1]

프랑스 계몽주의 작가이자 철학자였던 볼테르는 침대에서 일하는 걸 좋아했는데, 특히 말년에는 더욱 그랬다. 1774년 볼테르를 방문했던 한 손님은 볼테르의 습관을 이렇게 기록했다.[2]

그는 침대에서 아침 시간을 보내며 비서에게 새로운 작품을 읽어주고 받아쓰게 했다. 정오에야 침대에서 일어나 옷을 입었다. 그 후에 손님들을 맞이하거나, 손님이 없으면 자양 강장제로 커피와 코코아를 마시며 작업을 계속했다. (볼테르는 점심을 먹지 않았다.) 2시부터 4시까지는 비서실장 장루이 바니에르(Jean-Louis Wagnière)와 함께 마차를 타고 영지를 둘러보았다. 집으로 돌아와 8시까지 작업한 후에 남편을 잃은 질녀이자 오랜 연인이던 드니 부인이나 다른 사람들과 함께 저녁 식사를 했다. 그러나 볼테르의 작업은 거기서 끝나지 않았다. 저녁 식사 후에도 밤늦게까지 비서에게 받아쓰기를 시키는 경우가 많았다.

바니에르는 볼테르의 작업 시간을 모두 합하면 하루 18시간이나 20시간에 달할 거라고 추정했다.[3] 볼테르는 그 정도로 작업해야 완벽하다고 생각했던지 "나는 수도원의 독방을 사랑한다"[4]라고 말했다.

볼테르 1694~1778. 프랑스의 사상가. 본명은 프랑수아마리 아루에. 일찍이 풍자 시인으로 이름을 얻었지만, 나중에는 18세기 유럽의 전제 정치와 종교적 맹신에 저항하며, 신앙과 언론의 자유를 추구하는 합리주의적인 계몽사상가로 활약했다. 대표적인 저서로 《캉디드》, 《랭제뉘》, 《철학 사전》 등이 있다.

단조로운 일상과
투쟁했던 크루아세의 은둔자

귀스타브 플로베르
Gustave Flaubert[1]

플로베르는 프랑스 크루아세에 있는 어머니의 집으로 돌아간 직후, 즉 1851년 9월부터 《보바리 부인》을 집필하기 시작했다. 그전까지 2년을 해외에서, 정확히 말하면 지중해 지역을 여행하며 보냈다. 그 긴 여행을 통해 그는 모험과 열정을 향한 젊은 시절의 열망을 충족시킨 듯했다. 서른 번째 생일을 앞두고 어느새 올챙이처럼 배가 불룩해지고 머리카락이 급속히 가늘어져서 중년에 접어든 것처럼 보였던 플로베르는 새로운 작품을 쓰는 데 필요한 절제력을 발휘하며, 보잘것없는 소재라도 치밀하고 엄격한 산문으로 표현해낼 수 있을 것 같았다.[2]

하지만 《보바리 부인》을 쓰는 작업은 처음부터 쉽지 않았던지 플로베르는 오랜 연인이자 편지 친구였던 루이즈 콜레(Louise Colet)에게 "어젯밤 소설을 쓰기 시작했소. 어떻게 써야 할지 생각하면 벌써부터 눈앞이

캄캄하오. 단순하게 쓴다는 게 결코 쉬운 일은 아닌 듯하오"[3]라는 편지를 보냈다. 낮에는 소음으로 인해 주의가 쉽게 흐트러졌기 때문에 플로베르는 소설 집필에 집중하기 위해 매일 밤 서너 시간을 집필에 할애하는 엄격한 시간표를 짰다. 그렇다고 가족으로서의 의무를 등한시하지는 않았다. (당시 크루아세의 집에는 플로베르와 그를 맹목적으로 사랑하는 어머니 외에 다섯 살이었지만 조숙한 질녀 카롤린과 영국인 여자 가정교사가 있었고, 플로베르의 삼촌이 자주 들락거렸다.)

플로베르는 매일 아침 10시에 잠에서 깨어나면 벨을 눌러 하인을 불렀다.[4] 그러면 하인이 신문과 우편물, 냉수 한 잔 그리고 담배를 채운 파이프를 가져왔다. 가족들은 벨 소리가 들리면 플로베르를 방해하지 않으려고 돌아다니지 않았으며, 낮은 목소리로 속닥이곤 했다. 플로베르는 편지를 읽으며 냉수를 마셨고 파이프 담배를 몇 모금 피운 후에 주먹으로 벽을 두드렸다. 어머니에게 자기 방으로 와서, 잠자리에서 일어나기로 마음먹을 때까지 재밌는 이야기를 해달라는 신호였다. 플로베르는 뜨거운 물로 목욕하고 탈모를 막기 위한 화장수를 머리카락에 바르며 11시까지 아침 단장을 끝낸 뒤 늦은 아침 식사를 위해 가족들과 함께 식당에 앉았다. 플로베르는 배를 잔뜩 채운 상태에서 작업하는 것을 좋아하지 않아, 상대적으로 가볍게 식사했다. 달걀과 채소, 치즈나 과일 그리고 차가운 코코아 한 잔이 전부였다. 식사 후에는 가족들과 함께 산책을 나갔다. 집 뒤편의 언덕, 특히 센 강이 굽어보이는 곳까지 올라가곤 했다. 그곳의 작은 밤나무 숲에서 그들은 한담을 나누거나 입씨름을 벌였다.

오후 1시, 플로베르는 서재에서 카롤린을 가르쳤다. 서재는 곰 가죽이

카펫처럼 깔리고, 책들로 빼곡히 채워진 책꽂이들과 소파 하나가 있는 커다란 방이었다. 영국인 가정교사가 카롤린에게 영어를 가르쳤기 때문에 플로베르는 역사와 지리를 주로 가르쳤는데, 그 시간을 무척 중요하게 생각했다. 한 시간가량 가르친 후, 플로베르는 카롤린을 서재에서 내보내고 커다란 원탁 앞에 놓인 안락의자에 앉아 7시, 저녁 식사를 할 때까지 독서에 열중한 듯싶다. 식사를 끝낸 후에는 9시나 10시, 정확히 말해서 어머니가 잠자리에 들 때까지 담소를 나누었다. 그런 다음 본격적인 작업이 시작됐다. 모든 식구가 잠들고 나서야 '크루아세의 은둔자'는 책상 앞에 등을 구부리고 새로운 산문 형식, 즉 모든 불필요한 장식적인 표현과 지나친 감정적 표현을 배제하고 절묘하게 맞아떨어지는 단어들로만 표현된 사실주의적 소설을 창조하려고 몸부림쳤다. 이처럼 단어 하나, 문장 하나를 빚어내는 과정은 말로 표현하기 어려울 정도로 힘들었다.

피곤에 지친 내 몸뚱이에서 팔이 떨어져나가지 않는 이유, 내 뇌가 녹아 없어지지 않는 이유가 때로는 도저히 이해되지 않는다. 나는 모든 외적인 즐거움을 멀리한 채 금욕적인 삶을 살며, 일종의 끝없는 발작만이 나를 지탱해주는 듯하다. 그 발작에 나는 때때로 무력하게 눈물짓지만, 발작은 좀처럼 수그러들지 않는다. 고행자가 자신의 뱃가죽에 생채기를 내는 헤어셔츠(종교적인 고행을 하던 사람들이 입던, 털이 섞인 거친 천으로 만든 셔츠 – 옮긴이)를 사랑하듯이, 나도 광적이고 변태적인 사랑으로 내 일을 사랑한다. 헛헛한 마음이 밀려올 때, 적절한 단어가 떠오르지 않을 때, 몇 페이지를 끄적거렸지만 정작 한 문장도 쓰지 못했다는 걸 깨달을 때 나는 소파에 풀썩 주저앉고 멍하니 누워서 절망의 늪에 빠져 허우적거린다. 나 자신이 한없이 원망스러워서, 그런 망상을 열망하게 만든 덧없는 교만을 부린 나 자신을 탓한다. 하지만 15분쯤 지나면 모든 것이 달라진다. 내 가슴은 한없는 환희에 두근거린다.[5]

플로베르는 느리게 진행되는 집필 속도를 푸념하곤 했다. "보바리는 좀처럼 진척되지 않는다. 일주일에 겨우 2페이지! 때로는 낙담해서 창밖으로 뛰어내리고 싶은 심정이다."[6] 하지만 그 와중에도 원고는 조금씩 쌓여갔다. 일요일이면 친구이자 시인인 루이 부이예(Louis Bouilhet)가 찾아왔고, 플로베르는 일주일간 쓴 원고를 소리 내어 읽어주었다. 그리고 그들은 머리를 맞대고 만족할 때까지 문장을 수십 번, 심지어 수백 번 검토하고 또 검토했다.[7] 부이예의 의견과 격려에 플로베르는 자신감을 얻어 바짝 곤두선 신경을 가라앉히고, 다시 일주일 동안 힘겹게 원고를 써내려갈 수 있었다. 이러한 단조로운 일상의 투쟁이 1856년 6월까지 계속됐다.

이처럼 5년간의 힘든 진통을 겪은 후에야 플로베르는 출판사에 원고를 보낼 수 있었다. 하지만 집필 과정이 힘들었던 만큼, 플로베르에게는 여러모로 이상적인 삶이었다. 그래서 몇 년 후에는 "어쨌거나 일은 누가 뭐라 해도 삶에서 탈출하기에는 가장 좋은 방법이다!"라고 말했다.[8]

귀스타브 플로베르 1821~1880. 프랑스의 소설가. 개인의 감정이나 주관을 뛰어넘은 객관적 창작 태도를 강조하여 자연주의 문학의 기반을 마련했다. 대표작으로 《보바리 부인》, 《감정 교육》, 《성(聖) 앙투안의 유혹》 등이 있다.

나는 정확한 시간표에 따라
일하는 걸 좋아합니다

벤저민 브리튼
Benjamin Britten[1]

영국 태생의 작곡가이자 지휘자인 벤저민 브리튼은 영감이 떠오르기를 하염없이 기다리는 진부한 낭만주의적인 작업 방식을 혐오하며, 1967년 텔레비전 인터뷰에서 이렇게 말했다.

나는 그런 방식으로 일하지 않습니다. 나는 정확한 시간표에 따라 일하는 걸 좋아합니다. 그래서 전통적인 방식으로 배우고 시간표에 따라 엄격하게 공부해야 하는 학교에 다녔던 행운을 고맙게 생각합니다. 아침 9시에 책상 앞에 앉아 점심시간까지 쉬지 않고 일하는 게 나한테는 그다지 힘든 일이 아닙니다. 오후에는 편지를 쓰거나, 산책을 하면서 다음에 써야 할 것에 대한 계획을 세웁니다. 그리고 집에 돌아와서 차를 마신 뒤 작업실에 들어가 8시까지 작업에 몰두합니다. 저녁 식사를 하고 나면 잠이 몰려와서 약

간의 독서 이외에는 많은 일을 하지 못합니다. 그래서 대체로 일찍 잠자리에 듭니다.[2]

브리튼은 아침에 냉수욕을 했고, 저녁에는 더운물로 목욕했다. 여름에는 수영하는 걸 좋아했고, 주말에는 시간이 허락하면 테니스에 열중했다. 집안일에는 젬병이었다. 그의 오랜 동반자이자 협력자였던 피터 피어스(Peter Pears)는 "벤저민 브리튼은 차를 끓이고 달걀을 삶고 설거지를 그런대로 했지만 꼭 그만큼이었다. 침대를 정리한다고 나서지만 엉망으로 만들어놓기 일쑤였다"[3]라고 회상했다. 브리튼에게는 일이 곧 삶이었다. 때문에 적잖은 동료들과 소원하게 지낼 수밖에 없었다. 음악평론가 도널드 미첼(Donald Mitchell)은 "작곡가로서의 삶이 그에게는 모든 세계였다. 창작이 최우선적인 고려 사항이었다. ……그 자신을 제외한 모두가 창작 활동을 위해 희생되어야 했다"[4]라고 브리튼의 삶을 요약했다.

벤저민 브리튼 1913~1976. 현대 영국을 대표하는 작곡가·피아니스트로 현대 감각이 넘치는 신선한 작품들을 작곡했다. 특히 오페라는 헨리 퍼셀 이후 영국 최고의 오페라라는 평을 받고 있다. 대표작으로 오페라 〈피터 그라임스〉, 합창과 관현악을 위한 대규모 합창곡 〈전쟁 레퀴엠〉 및 〈청소년을 위한 관현악 입문〉 등이 있다.

기계처럼 짜여진
24시간의 일과

버러스 프레더릭 스키너
Burrhus Frederic Skinner[1]

행동주의 심리학의 창시자 B. F. 스키너는 일상의 글쓰기를 실험실의 실험처럼 생각하며, 두 가지 자기 강화 행동 — 1) 타이머의 버저 소리에 맞추어 글쓰기를 시작하고 멈추었다. 2) 글을 쓴 시간과 그 시간에 작성한 단어의 수를 그래프로 정밀하게 기록했다 — 으로 매일 아침 글을 쓰도록 자신을 조건화시켰다. 1963년의 일기에서 스키너는 그런 습관을 자세히 기록했다.

나는 침대에서 라디오 뉴스를 들은 후 6시에서 6시 30분 사이에 일어난다. 아침 식사는 콘플레이크 한 접시가 전부이고 부엌 식탁에서 끝낸다. 커피는 타이머가 달린 레인지에서 자동으로 끓는다. 아침 식사는 혼자하는데, 그때 버건과 코넬리아 에번스가 쓴 《현대 미국 어법(*Contemporary*

American Usage)》을 조금씩 읽는다. 매일 두 페이지를 빠짐없이 읽는다. 아침 신문들(〈보스턴글로브〉와 〈뉴욕타임스〉)이, 내가 아침 식사를 하는 부엌문이나 담을 통해 배달된다. 〈보스턴글로브〉를 먼저 읽고, 〈뉴욕타임스〉는 뒤로 미루어둔다.

7시 남짓해서 서재에 들어간다. 내 서재는 호두나무 벽판을 사방에 두른 지하실 방이다. 작업용 책상은 스칸디나비아풍의 길쭉한 탁자이고, 내가 직접 만든 책꽂이들이 올려져 있다. 책꽂이에는 내가 지금까지 쓴 책들, 집필 중인 책을 위한 자료들, 사전들 등이 꽂혀 있다. 왼쪽에는 독립된 스탠드에 커다란 웹스터 세계 백과사전이 있고, 오른쪽으로 덮개가 없는 서류 보관함에는 작업 중이거나 앞으로 발표할 원고들이 담겨 있다. 나는 책상에 앉으면 특수한 탁상용 스탠드를 켠다. 그와 동시에 내가 책상 앞에 앉아 있는 총 시간을 측정하는 시계가 작동한다. 시계는 열두 시간 단위로 기록되고, 누적 곡선의 기울기는 나의 전반적인 작업 생산성을 나타낸다. 책상 오른쪽에는 전자 오르간이 있다. 나는 매일 전자 오르간으로 바흐의 합창곡을 몇 분가량 연주한다.

나는 오전 늦게 사무실로 출발한다. 요즘에는 10시 전에 집을 나서기 때문에 데비가 여름학교 강의에 가는 길에 나를 태워준다. 여름이 지나고 날씨가 시원해지면 사무실까지 걸어서 갈 생각이다. 약 3킬로미터밖에 되지 않아 걸어갈 만하다. 사무실에 도착하면 우편물에 답장을 쓰고, 필요하면 사람들도 만난다. 점심 식사 시간에 맞추어 집에 도착하려고 서둘러 사무실에서 나온다. 오후 시간은 정원을 가꾸고 집에 있는 수영장에서 수영을 하며 보낸다. 여름에는 친구들이 수영을 하려고 자주 찾아와 그들과 함께 5

시부터 7시까지 때로는 8시까지 술을 마신다. 그리고 저녁 식사를 하고 가볍게 독서를 한다. 일은 거의 하지 않는다. 9시 30분이나 10시쯤 잠자리에 든다. 보통 한밤중에 일어나 한 시간 남짓 보낸다. 밤중에도 뭔가가 생각나면 기록해두려고 클립보드와 공책과 연필을 항상 준비해둔다(클립보드에는 작은 손전등이 부착돼 있다). 그렇다고 내가 불면증에 시달리는 것은 아니다. 나는 이런 밤 시간을 즐겁게 보내고 유효적절히 활용한다. 나는 혼자 잠을 잔다.[2]

스키너가 1974년 하버드 교수직에서 은퇴할 무렵, 밤 시간은 그의 일상에서 빼놓을 수 없는 부분이 되었다. 그즈음, 동틀 녘의 두 시간에 야간 작업을 위한 한 시간이 더해지면서 그의 타이머는 하루에 네 번 울렸다. 자정, 새벽 1시, 아침 5시, 아침 7시였다. 스키너는 이런 습관을 휴일까지 포함해 하루도 빠짐없이, 1990년 세상을 떠나기 며칠 전까지 기계처럼 충실하게 따랐다.[3]

버러스 프레더릭 스키너 1904~1990. 미국의 행동주의 심리학자로 교육과 심리학에 많은 영향을 끼쳤다. '스키너의 상자'로 불리는 조작적 조건화 상자를 만들었으며 이를 바탕으로 급진적 행동주의라고 부르는 과학철학을 만들어냈다. 대표적 저서로 《월든 투》, 《자유와 존엄을 넘어서》, 《행동주의》, 《노년을 즐기는 지혜》 등이 있다.

저녁 식사조차
짜여진 각본처럼

니콜라 테슬라
Nikola Tesla[1]

테슬라는 토머스 에디슨의 뉴욕 사무실에서 젊은 수습공으로 지낼 때 아침 10시 30분부터 다음 날 아침 5시까지 일했다. 에디슨조차 테슬라에게 "열심히 일하는 많은 조수가 있지만, 자네가 최고야!"[2]라고 말할 정도였다. 훗날 테슬라는 자기 회사를 창업한 후에는 정오에 출근했다. 테슬라가 출근하면 비서는 곧바로 블라인드를 내렸다. 테슬라가 어두컴컴한 곳에서 일하는 걸 좋아했기 때문이었다. 그러나 번개가 치면 블라인드를 걷었다. 테슬라가 까만 모헤어 소파에 앉아, 하늘을 가로지르는 번개를 지켜보는 걸 좋아했기 때문이었다. 테슬라는 정오에 출근하여 월도프 아스토리아 호텔 팜룸에서 8시에 저녁 식사 겸 휴식을 취한 뒤 자정까지 사무실에서 일했다.

테슬라의 저녁 식사는 치밀하게 짜여진 각본처럼 이루어졌다. 테슬라는 전화로 미리 식사를 주문하고, 언제나 혼자 식사했다. 호텔에 도착하면 항상 앉는 테이블로 안내되었는데, 식탁에는 18장의 깨끗한 리넨 냅킨이 차곡차곡 쌓여 있었다. 테슬라는 음식이 나오기를 기다리며, 반짝반짝 빛나는 은식기와 크리스털 식기를 리넨으로 다시 닦은 후 테이블 위에 하나씩 던져놓았다. 음식이 도착하면 테슬라는 음식을 먹기 전에 대략적인 체적을 머릿속으로 계산했다. 어린 시절부터 계속된 이상한 강박 현상으로, 그렇게 계산하지 않으면 어떤 음식도 맛있게 먹지 못했다.

니콜라 테슬라 1856~1943. 크로아티아 태생의 미국 전기 공학자·발명가. 교류 기기의 기초가 되는, 회전하는 자기장을 발견했다. 그가 세상을 떠났을 때, 세 명의 노벨상 수상자가 "현대의 수많은 기술적 발전을 가능하게 해준 탁월한 지성인 중 한 사람"이란 찬사를 보냈다.

미신처럼 지킨
두 시간의 산책

표트르 일리치 차이콥스키
Pyotr Ilich Tchaikovsky[1]

1885년 차이콥스키는 모스크바에서 북서쪽으로 80킬로미터쯤 떨어진 클린 지역의 자그마한 마을 마이다노보에서 별장 하나를 빌렸다. 러시아와 유럽을 수년 동안 끊임없이 돌아다닌 후, 마흔다섯 살의 작곡가 차이콥스키는 새로 마련한 거처에서 편안한 휴식을 취했다. 그의 후원자이던 나데즈다 폰 메크 부인에게 보낸 편지에서 "내 집에 있다는 게 이처럼 즐거운 줄 몰랐습니다!"라며 "제가 작업하고 독서하며 산책하는 걸 누구도 방해하지 않아 행복할 따름입니다"라고 말했다.[2] 차이콥스키는 평생을 클린과 그 근처에서 살았다.

마이다노보에 자리 잡은 이후, 차이콥스키는 하루의 시간표를 작성하고 집에서 있을 때에는 언제나 그 시간표에 따라 움직였다. 7시에서 8시 사이에 일어나 한 시간가량 차를 마시고 담배를 피우며 성경책과, 그의 동생 모데스트의 표현에 따르면 "재밌으면서도 작업에 유익한"[3] 책을 읽었다. 아마도 영어로 쓰인 책이거나 스피노자나 쇼펜하우어의 책이었을 가능성이 크다. 그 후 차이콥스키는 그날의 첫 산책을 시작했는데 45분을 넘지 않았다. 9시 30분, 차이콥스키는 본격적으로 작업에 돌입했지만, 먼저 편지에 답장하고 교정쇄를 확인하는 따분한 일들을 처리하고 나서 피아노 앞에 앉아 작곡을 시작했다. 동생의 표현을 빌리면, "형님은 재밌는 일을 시작하기 전에 불편한 일부터 서둘러 처리하는 습관이 있었다".[4]

정오에 정확히 작업을 멈추고 점심 식사를 했다. 차이콥스키는 음식에 까다롭지 않은 데다 모든 음식이 정성스레 준비된 것이라 여겨 주방장에게 칭찬을 아끼지 않았다. 점심 식사 후에는 날씨에 상관없이 오랜 산책을 나갔다. 역시 모데스트의 기록에 따르면, "건강을 유지하기 위해서는 매일 두 시간의 산책이 필요하다는 글을 어디선가 보았는지, 형님은 오후의 산책을 미신처럼 받아들이며 엄격하게 지켰다. 5분이라도 일찍 끝내면 병에 걸리고, 객관적으로 설명할 수 없는 불운이 닥칠 것처럼 정확히 두 시간 동안 산책했다".[5]

차이콥스키의 이런 미신적 믿음을 황당하다고 생각할 수만은 없을 것 같다. 산책이 창의력을 발휘하는 데 중요한 역할을 해서, 차이콥스키는 산책 중에 멋진 악상이 떠오르면 지체 없이 기록해두었다가 나중에 피아노로 구체화시켰으니 말이다. 차이콥스키는 폰 메크 부인에게 보낸 편지에서 작곡이란 창작 과정에서 발상의 중요성을 다음과 같이 언급했다.

앞으로 작곡할 악곡의 씨앗은 대체로 갑자기, 전혀 예기치 않은 상황에서 떠오릅니다. 토양이 좋다면, 다시 말해서 제가 작곡하기 알맞은 분위기에 있다면, 그 씨앗은 상상조차 할 수 없을 정도로 강력하게 뿌리를 내리고 땅을 뚫고 나와 잎과 가지를 뻗고 마침내 꽃을 피웁니다. 이런 창작의 과정을 비유적으로밖에 표현할 수 없는 걸 용서해주십시오. 그 과정에는 온갖 어려움이 있습니다. 먼저 씨앗이 있어야 하고, 그 씨앗이 호의적인 환경에 있어야 합니다. 또 이후의 모든 과정이 아주 자연스레 진행되어야 합니다. 어떤 핵심적인 발상이 떠오르고 그 발상이 구체적인 형태를 띠기 시작할 때 밀려오는 한없는 행복감과 환희를 어떻게 말로 표현할 수 있겠습니까? 모든 것이 잊히고, 제정신이 아닙니다. 내면의 모든 것이 흔들리고 몸부림치며, 악상이 꼬리를 물며 이어져 그 악상을 개략적으로 적어두기도 힘들 지경입니다.[6]

산책을 끝내면 차이콥스키는 한 시간가량 차를 마시며 신문이나 역사책을 읽었다. 그 후, 오후 5시부터 두 시간가량 다시 작업에 열중했다. 저녁 식사는 8시에 있었다. 저녁 식사를 끝내고, 손님들이 있을 때는 그들과 어울려 카드놀이를 즐겼고, 혼자일 때는 책을 읽거나 혼자서 카드놀이를 했다. 모데스트의 기록에 따르면, 차이콥스키는 저녁 시간을 혼자 보낼 때는 "항상 지루해했다".[7]

표트르 일리치 차이콥스키 1840~1893, 19세기 말 러시아를 대표하는 작곡가. 서구 음악의 형식과 기술에 러시아 민족 음악의 서정성을 가미하여, 화려한 리듬과 동양적인 선율을 살린 작품을 선보였다. 대표작 〈백조의 호수〉, 〈호두까기 인형〉, 〈잠자는 숲 속의 미녀〉는 고전 발레 음악에서 최고의 작품으로 평가받고 있다.

창조적 리듬을 만들기 위한
규칙적인 시간

헨리 밀러
Henry Miller[1]

젊은 시절 밀러는 주로 자정부터 새벽까지 글을 썼지만, 결국 자신이 아침형 인간이란 걸 깨닫고 그 습관을 바꿨다. 1930년대 초 파리에 살면서 밀러는 글 쓰는 시간을 바꿔, 아침 식사 후부터 점심 식사 전까지 글쓰기에 몰두했다. 점심 식사 후에 잠깐 낮잠을 즐긴 것 이외에는 오후 내내 글을 썼고, 때로는 밤까지 작업이 이어졌다. 하지만 나이 들어가면서 밀러는 정오 이후의 작업이 불필요하고 오히려 역효과를 불러온다는 걸 깨달았다. 실제로 한 인터뷰에서 "나는 이야기 창고가 고갈된다는 말은 믿지 않습니다. 하지만 이야기할 것이 아직 많이 남아 있어도 타이프라이터 앞에서 일어나 책상에서 멀어져야 한다고는 생각합니다"[2]라고 말했다. 그는 아침에 두세 시간 정도의 작업이면 충분하다고 말했지만, 창조적인 리듬을 만들기 위해서는 규칙적인 시간을 지키는 게 중요하다고 강조하며 "진정한 통찰의 순간들을 꾸준히 유지하기 위해서는 철저히 절제해야 합니다. 절제된 삶을 살아야 합니다"[3]라고 덧붙였다.

헨리 밀러 1891~1980, 미국의 소설가. 끝없이 자유분방한 예술가이며 성(性)을 솔직하게 표현한 자전적 소설을 발표해 20세기 중반 문학에 자유의 물결을 일으켰다. 대표작으로 《북회귀선》, 《남회귀선》, 《욕망》, 《신들의 정원》 등이 있다.

즉흥적이고
규칙 없는 삶

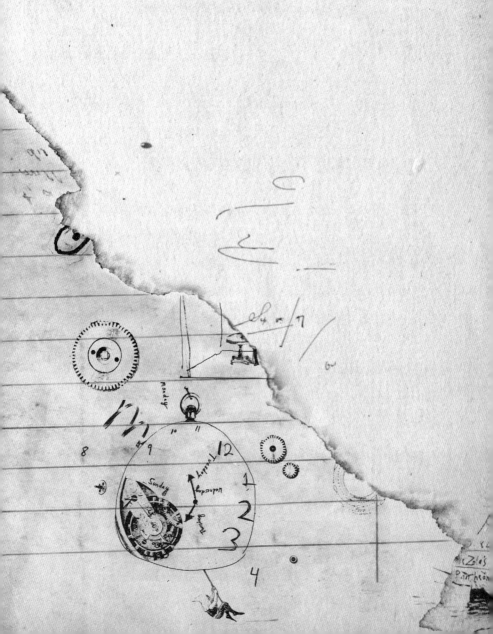

누구도 그가
작업하는 것을 볼 수 없다

프랭크 로이드 라이트
Frank Lloyd Wright[1]

미국의 위대한 건축가 프랭크 로이드 라이트를 옆에서 지켜본 친구는, 그가 잡다한 일을 하며 하루를 분주하게 보내는 것 같았지만 실제로는 건축물을 설계하는 데 몰두해 있었다고 말했다. 라이트가 제도판에서 작업하는 모습은 거의 눈에 띄지 않았다. 때문에 친구는 라이트가 언제 아이디어를 떠올리고 건축물을 설계하는지 알고 싶었다. 라이트는 친구의 질문에 이렇게 대답했다. "아침 4시부터 7시까지 작업하네. 나는 머리를 베개에 대면 곧바로 잠드네. 그럼 4시쯤 눈이 뜨이고 잠이 오질 않아. 하지만 정신은 맑아서 곧장 일어나 서너 시간을 작업하네. 그 후 다시 침대에 누워 잠깐 눈을 붙이지."[2] 오후에도 라이트는 얇은 쿠션을 덧댄 나무 의자에 누워, 심지어 콘크리트 선반에 누워 낮잠을 잤다. 라이트는 그렇게 불편한 곳에서 자야 금방 일어나게 된다고 말했다.

라이트가 설계하는 모습이 거의 눈에 띄지 않았던 또 다른 이유는, 프로젝트 전체를 머릿속으로 완전히 계획할 때까지 건물의 형태조차 스케치하지 않았기 때문이다. 게다가 중요한 고객과 회의를 하기 직전까지 설계도를 미루는 습관 때문에 동료들을 안절부절못하게 만들기도 했다. 20세기 최고의 미국 건축물로 선정된 폴링워터(Falling Water)의 경우, 두 시간 후로 약속된 회의를 위해 출발하겠다는 고객의 전화를 받은 후에야 설계도를 그리기 시작했다. 동료와 가족의 증언에 따르면, 라이트는 어떤 경우에도 서두르거나 허둥대지 않았고, 조금도 고갈되지 않는 창조적 에너지를 지닌 듯했다.

라이트의 에너지는 침실에서도 마르지 않았던 모양이다. 정력이 얼마나 넘쳐흘렀던지 세 번째 부인은 라이트의 건강을 걱정했고, 라이트가 여든다섯에도 하루에 두세 번씩 사랑을 나눌 수 있었다고 했다. "하늘나라에서 특별한 은총이라도 받은 것 같았다. 하지만 그처럼 무지막지하게 성적 에너지를 쏟아내면 건강을 해칠까 걱정하지 않을 수 없었다."[3] 그녀는 의사에게 조언을 구했고, 의사는 남자의 성욕을 억제하는 것으로 알려진 초석, 즉 질산칼륨을 먹이라고 조언해주었다. 하지만 그녀는 의사의 조언을 행동에 옮길 수 없었다며 이렇게 덧붙였다. "남편의 성욕을 억눌러, 남편에게서 그 멋진 삶을 빼앗을 수 없었다."[4]

프랭크 로이드 라이트 1867~1959, 미국의 건축가. 20세기 건축의 거장으로 시카고파의 지도적 존재이며, 기능주의 건축에 자연과의 융화를 꾀한 유기적 건축을 제창했다. 주택 건축에 특별한 관심을 보였으며, 그의 '프레리 양식'은 20세기 주택 설계의 기본이 되었다.

묵상과
산책의 시간

존 밀턴
John Milton[1]

존 밀턴은 세상을 떠나기 전의 20년을 맹인으로 살았지만 꾸준히 글을
쓰며, 1658년부터 1664년까지 집필한 1만 행의 서사시《실낙원》을 비롯
해 불후의 걸작을 빚어냈다. 밀턴은 침대에 누운 채 새벽 4시(겨울에는 5
시)부터 시작해서 아침 시간을 혼자만의 묵상에 할애했다. 먼저 조수가
30분가량 성경을 읽어주면, 밀턴은 혼자 앉아 기억에 담을 수 있을 만큼
서사시를 머릿속에 써내려갔다. 7시에 조수가 돌아와서 밀턴이 불러주는
대로 받아썼다.

　밀턴의 전기를 쓴 한 작가의 글에 따르면, 조수의 받아쓰는 속도가 느
려지면, 밀턴은 "시간을 끌어 수고비를 더 받아내려 하는 게 아니냐며 투
덜거렸다".[2] 구술이 끝난 뒤에는 조수가 점심 식사 때까지 밀턴에게 글을
읽어주었다. 점심 식사를 마치고, 밀턴은 정원을 서너 시간 정도 산책했

다. 늦은 오후와 저녁때 주로 방문객을 맞이하며 가볍게 저녁 식사를 했고, 파이프 담배를 피웠다. 그리고 9시경에는 잠자리에 들었다.

존 밀턴 1608~1674, 영국의 시인. 종교 개혁 정신의 부흥, 정치적 자유, 공화제를 지지하다 탄압을 받았고, 실명과 가정불화로 절망과 고독에 시달렸다. 그런 비운을 달래면서 《실낙원》을 썼다. 그 밖의 작품으로 《복낙원》과 《투기사 삼손》 등이 있다.

즉흥적 선율을 완벽하게
떠올리기 위한 고통의 시간

프레데리크 쇼팽
Frédéric Chopin[1]

프랑스의 소설가 조르주 상드(George Sand)와 관계를 유지하던 10년 동안, 쇼팽은 여름이면 프랑스 중부 노앙에 있는 상드의 시골 영지에서 대부분의 시간을 보냈다. 쇼팽은 전형적인 도시 사람인 까닭에 시골에서는 금세 지루해하며 침울하게 변했다. 그러나 방해하는 것이 없어 음악에 몰두하기에는 더없이 좋았다.

쇼팽은 언제나 느지막이 일어나 침실에서 아침 식사를 했다. 낮에는 작곡에 열중하면서 짬을 내어 상드의 딸 솔랑주에게 피아노를 가르쳤다. 오후 6시에는 온 식구가 모여 저녁 식사를 함께했는데, 종종 야외에서 즐기기도 했다.

그 후에는 음악과 대화 등 이런저런 여흥이 뒤따랐다. 그리고 나서 쇼팽은 잠자리에 들었지만 상드는 글을 쓰기 위해 책상 앞에 앉았다. 쇼팽은 노앙에서 어떤 역할도 강요받지 않아 마음 편히 작곡할 수 있었지만, 그의 창작 과정은 결코 쉽지 않았다. 상드는 쇼팽의 작업 습관을 이렇게 설명했다.

쇼팽의 창작 과정은 즉흥적이고 경이로웠다. 애써 뭔가를 추구하거나 골몰하지도 않고 실마리를 찾아냈다. 그의 피아노에서는 느닷없이 완벽하고 숭고한 선율이 흘러나왔고, 산책하다가 머릿속에 악상이 떠오르면 그 자리에서 콧노래로 흥얼거렸다. 그러나 가장 가슴 저미는 고통의 시간은 그 후에 시작됐다. 조금 전에 들었던 음을 완벽하게 되살리기 위한 분투, 즉 망설임과 조바심이 이어졌다.

쇼팽은 한 덩어리로 인식한 선율을 철저히 분석해서 음표로 써내기를 바랐지만, 그 선율을 명확하게는 다시 찾아낼 수 없다는 안타까움에 그는 절망에 빠져들었다. 그럴 때마다 며칠이고 방 안에 틀어박혀 꼼짝하지 않으며 흐느꼈고, 안절부절못하며 서성거렸고, 애꿎은 펜들을 부러뜨렸다. 악보의 소절을 나누는 선을 수없이 그었지만 다시 고쳤고, 몇 번이고 썼다가 지워버렸다. 그리고 다음 날, 세심하고 필사적인 끈기로 다시 시작했다. 쇼팽은 첫 악상을 머릿속에 떠올리고, 6주가 지난 후에야 한 페이지의 악보를 완성해냈다.[2]

상드는 처음의 영감을 믿으라고 쇼팽을 설득하려 애썼지만, 쇼팽은 상드의 조언을 마뜩잖게 여겼고 작업이 순조롭게 풀리지 않으면 화까지 냈다. 그래서 상드는 "내 생각을 고집하지 않았다. 쇼팽은 화가 나면 심상치 않았다. 끓어오르는 분노를 억누르는 그의 모습을 보면 금방이라도 숨이 막혀 죽을 것만 같았다"³⁾라고 말했다.

프레데리크 쇼팽 1810~1849, 폴란드 태생의 프랑스 작곡가·피아니스트. 섬세하고 화려한 피아노곡으로 '피아노의 시인'이라 불렸다. 특히 가장 위대한 피아노곡 작곡가 중 한 사람으로 꼽힌다. 수많은 협주곡과 소나타곡을 남겼다.

내게 필요한 것은
튼튼한 탁자와 타이프라이터뿐

애거서 크리스티
Agatha Christie[1]

자서전에서 크리스티는 열 권의 소설을 발표한 후에도 자신을 '진짜 작가'로 여기지 않았다는 걸 인정했다. 또 직업을 묻는 설문지를 작성할 때도 '가정주부'란 단어밖에 생각나지 않았다며, "재밌게도 결혼한 후에는 내가 쓴 책들을 거의 기억하지 못한다. 나는 평범한 삶을 즐겁게 받아들여, 글쓰기를 단숨에 폭발적으로 해내는 일이라 생각한 듯싶다. 나만의 방이란 공간이나, 글을 쓰기 위해 특별히 마련한 공간을 가져본 적이 없었다"[2]라고 덧붙였다.

이런 이유에서 애거서 크리스티는 책상에 앉은 작가의 모습을 사진에 담고 싶어 하던 기자들과 끝없는 실랑이를 벌여야 했다. 하지만 크리스티에게 그런 공간은 없었다. 그녀의 자서전에서 "내게 필요한 것은 튼튼한 탁자와 타이프라이터가 전부였다. 대리석을 위에 덧댄 침실의 세면대는 글쓰기에 정말 좋았다. 식당의 탁자도 글쓰기에는 안성맞춤이었다"[3]라며 다음과 같이 덧붙였다.

많은 친구가 내게 이렇게 말했다. "네가 소설을 언제 쓰는지 모르겠어. 네가 글 쓰는 걸 한 번도 본 적이 없거든. 심지어 글을 쓰겠다고 어디론가 떠난 적도 없잖아." 나는 개들이 뼈를 물고 사라질 때처럼 행동해야 했다. 개들은 말없이 순식간에 사라져서, 30분가량 눈에 띄지 않는다. 그리고 코에 진흙을 잔뜩 묻힌 채 수줍어하며 돌아온다. 나도 거의 똑같이 행동했다. 글을 쓰려고 사라질 때 나 자신도 약간은 쑥스러웠다. 하지만 일단 어딘가로 사라져서 문을 닫고 누구에게도 방해받지 않으면, 내가 하는 일에 몰입하여 글을 써낼 수 있었다.[4]

애거서 크리스티 1890~1976. 영국의 추리 작가. 80여 편의 추리소설을 발표하여 미스터리의 여왕으로 불린다. 그녀의 작품들은 총 1억 부 넘게 팔렸다. 대표작으로 《오리엔트 특급 살인》, 《그리고 아무도 없었다》, 《애크로이드 살인 사건》 등이 있다.

나도 규칙적으로 글을 쓸 수 있다면

아서 밀러
Arthur Miller[1]

밀러는 1999년의 인터뷰에서 이렇게 말했다. "나도 규칙적으로 글을 쓸 수 있다면 얼마나 좋겠습니까. 아침에 일어나서 작업실에 틀어박혀 글을 쓰고는 갈기갈기 찢어버립니다! 그런 일이 다반사입니다. 그런데 가끔 뭔가에 자극을 받으면 바로 그 자극에 따릅니다. 번개를 동반한 폭우를 맞으며 쇠막대를 쥐고 어슬렁거리는 사람이라 할까요?"

아서 밀러 1915~2005. 미국의 극작가. 소규모 제조업자였던 아버지를 재정적 파멸로 몰아넣은 대공황의 영향으로 어릴 때부터 현대인의 불안정한 생활을 절실하게 느낀 경험을 바탕으로, 내면의 삶에 대한 끊임없는 탐구와 사회의식을 결합한 희곡을 썼다. 대표작으로 〈세일즈맨의 죽음〉, 〈시련〉, 〈모두가 나의 아들〉 등이 있다.

지나친 무계획의
자유

존 애덤스
John Adams[1]

애덤스는 최근의 인터뷰에서 "내 경험에 따르면, 진정으로 창조적인 사람
은 그다지 특별하지 않고 무척 지루한 작업 습관을 따르는 사람"이라며
"창조력이 필요한 일, 특히 나 같은 사람이 하는 일, 예컨대 교향곡이든
오페라 음악이든 대규모 작품을 쓰는 일은 공평하고 공정하기 때문에 매
우 노동집약적이다. 조수의 도움을 받아가며 할 수 있는 일이 아니다. 혼
자서 해내야 한다"라고 덧붙였다.

　애덤스는 언제나 캘리포니아 버클리에 있는 집에 마련한 작업실에서
작업한다. (애덤스에게는 캘리포니아 해변가의 외진 숲에 또 하나의 작업실이 있
지만, 단기간 작업할 때만 그곳을 찾는다.) 애덤스는 "집에 있을 때 나는 아침
에 일어나서, 무척 부산스러운 개를 데리고 집 뒤에 있는 높은 산을 올라
간다"라고 말한다. 아침 산행을 마친 후에 작업실로 향하고, 9시부터 작

업을 시작하여 오후 4시나 5시까지 계속하며, 잠깐 휴식을 취할 때 아래층에 내려가 "녹차를 마신다". 이 습관을 제외하면, 애덤스는 창작 과정에서 반드시 지키는 특별한 의식(儀式)이나 미신이 없다며 "규칙적으로 생활하면 작가가 장애물을 만나거나 끔찍한 위기에 빠진다고는 생각하지 않는다"라고 말한다. 그렇다고 그가 작업실에서 창작에만 집중하며 지낸다는 뜻은 아니다.

나는 선(禪)을 깊이 수련한 사람도 아니고, 내가 원하는 만큼 순수한 사람도 아니다. 한 시간 정도 작업하고 나면, 이메일이나 그와 유사한 것들을 확인하고 싶은 유혹에 종종 굴복한다. 이런 경우에는 집중력을 유지하는 힘이 고갈되어 정신적인 휴식을 취하는 것이라 생각하면 된다. 하지만 누군가와 복잡한 문제로 티격태격하게 되면 그 결과는 뻔하다. 적어도 45분의 시간을 날려버리게 된다.

애덤스는 저녁에는 작업에서 완전히 벗어나려고 애쓴다. 그래서 음악도 많이 듣지 않는다. 낮 시간을 작곡하면서 보낸 것만으로 충분하다고 생각하며, "해가 저물면 나는 멋진 요리를 준비하고, 책을 읽거나 집사람과 함께 영화를 보려 한다"라고 말한다.

애덤스는 하루하루를 일과표에 따라 규칙적으로 보내지만 음악에 관련한 계획을 무리하게 세우지 않으려고 애쓴다. "엄밀하게 평가하면, 나는 무계획의 자유를 지나칠 정도로 바라는 사람이다. 내년, 심지어 다음 주에 무엇을 해야 하는지 알고 싶지 않다. 창조적인 작업에서 비롯되는 충동을 최대한 산뜻하게 유지하려면 철저히 무관심한 상태에 있어야 한다고 생각하기 때문이다." 물론 애덤스도 궁극적으로 그런 상태에서 벗어나 인위적인 노력을 해야 한다. 그러나 애덤스는 "문득 떠오르는 어떤 생각이든 편견 없이 받아들일 수 있도록 일상의 삶에서 어디에도 구속받지 않고 자유롭게 살기 위해 애쓴다"라고 말한다.

존 애덤스 1947~ , 미국의 작곡가·지휘자. 20세기 후반 들어 가장 잘 알려지고 자주 연주되는 작곡가로서 오케스트라를 위한 작품, 오페라, 비디오, 영화, 무용뿐 아니라 전자음악과 기악곡 등 광범위한 매체에 걸쳐 창작 활동을 펼쳤다. 합창 교향곡 〈하르모니움(Harmonium)〉, 〈하르모니레레〉, 오페라 〈중국에 간 닉슨〉 등이 있다.

일상에서 새롭게 느껴지는 걸
하나만 찾아내라

니컬슨 베이커
Nicholson Baker[1]

베이커의 소설은 일상의 삶에서 지극히 사소한 것들에 거의 강박적인 관심을 보인다. 그러므로 베이커가 자신의 삶에서 글쓰기를 위한 시간표와 습관에 많은 관심을 기울였다고 해서 놀랄 것은 없다. 베이커는 최근의 인터뷰에서 "나는 일상의 삶에서 새롭게 느껴지는 걸 하나만 찾아내도 유용하다는 걸 깨달았다. 그것은 마음대로 정할 수 있는 것이기도 하다. 예를 들어 '이제부터 오후 4시에 샌들을 신고 뒤 베란다에 앉아 글을 쓰겠어!'라고 마음먹을 수 있다. 그 습관이 새롭고 참신하게 느껴지면 플라세보 효과를 발휘하며 작업하는 데 도움을 줄 수 있다. 물론 아무 효과를 거두지 못할 수도 있다. 하지만 일상의 습관에서 약간만 다르게 할 부분을 찾아내도 그에 따른 흥분감은 대단하다. 나는 새로운 책을 쓸 때마다 예전과 다른 뭔가를 찾아낸다"라고 말했다.

처녀작《구두끈은 왜?》를 쓸 때 베이커는 보스턴과 뉴욕에서 사무직으로 일하고 있었다. 당시 그는 점심시간의 "순수하고 더없이 행복한 자유의 시간"을 활용하여 글을 썼다. 점심시간이 끝나면 업무에 복귀해야 하는 사무직원을 다룬 소설을 쓰기에 안성맞춤인 시간이었다. 그 후, 베이커는 보스턴 외곽에 있는 회사에 취직했고, 출퇴근을 하는 데만 각각 90분이 걸렸다. 베이커는 소형 카세트를 사서, 직접 운전하며 출퇴근하는 동안 소설과 관련된 생각들을 카세트에 녹음했다. 결국 베이커는 회사를 그만두고, 점심시간과 출퇴근 시간을 활용해 써두었던 원고들을 이리저리 짜맞추어 논리적 구조를 지닌 소설《구두끈은 왜?》를 완성했다. 하루에 8~9시간 동안 글쓰기에 집중해서 두 달 만에 만들어낸 결과물이었다.

베이커가 이후에 발표한 소설들도 치밀한 시간표에 따라 쓴 것은 아니었다. 베이커는 "나는 뭔가를 읽기 시작하면 계속 읽으려는 버릇이 있다. 그래서 때로는 오후 2시 30분쯤 돼서야 글쓰기를 시작하곤 했다"라며 "미루고 또 미루었"음을 인정했다. 결국 외부적 요인에 의해서라도 조금은 일관된 습관에 길들여지기 위해 또다시 출퇴근하는 일자리가 필요했다. 그래서 1999년부터 2004년까지 베이커는 부인과 함께 '아메리칸 뉴스페이퍼 리포지터리'라는 회사를 운영했다. 어차피 갈기갈기 찢어져 없어질 신문들을 수집하는 비영리 회사였다(베이커가 2001년에 발표한 논픽션《두 겹: 도서관과 신문에 대한 공격(*Double Fold: Libraries and the Assault on Paper*)》에서 다룬 여러 주제 중 하나였다). 낮에는 바쁘게 지내야 했기 때문에 베이커는 프랜시스 트롤럽에게 영감을 받아 이른 아침에 글을 쓰기로 결심했다. 처음에는 새벽 3시 30분에 일어나려 애썼지만, "그런 무모한 계획은 전혀 효과가 없다"는 걸 깨닫고 4시 30분으로 바꾸었다. 베이커는 "나는 그 시간이 마음에 들었다. 일찍 일어났다는 느낌이 정말 좋았다"라며 "머리가 깨끗이 정리된 기분이지만 여전히 졸려서 몽롱한 상태였다. 그래도 당시 나는 다른 식으로 글을 썼다"라고 덧붙였다.

베이커는 이른 아침의 산뜻한 느낌이 마음에 들었던지 이후로 그 습관을 고수했다. 또 최근에는 하루에서 두 번의 아침을 쥐어짜내는 전략을 고안해냈다. "나는 보통 4시나 4시 30분에 일어나 글을 쓰기 시작한다. 커피를 마시기도 하지만 그렇지 않은 경우도 많다. 어쨌거나 1시 30분쯤엔 글을 쓴다. 하지만 그때쯤 되면 정말 졸리다. 그래서 다시 잠자리에 들었다가 8시 30분에 눈을 뜬다." 그때 일어나서는 아내와 이런저런 이야기를 나누며 커피를 마시고 땅콩버터를 바른 샌드위치를 먹는다. 그렇게 배를 채운 후 다시 작업을 시작한다. 이번에는 논픽션에 관련된 글을 타이핑하거나, 인터뷰를 준비하거나 새벽에 썼던 글을 수정하면서 "햇살을 받으며 하는 일"에 집중한다. 이런 식으로 오전 내내 작업을 하다가 점심 시간이 되어서야 끝낸다. 점심 식사 후에는 개를 데리고 산책하고, 필요한 업무를 처리한다. 가끔 마감 시간에 쫓기면 밤늦게까지 작업을 하지만, 일반적인 경우에는 9시 30분에 잠자리에 든다.

니컬슨 베이커 1957~ . 미국의 소설가. 이스트먼 음악학교에서 작곡을 공부했으나, 전공을 바꿔 하버포드 대학에서 영문학을 공부했다. 사소한 것들에 대한 독창적인 글쓰기로 세계적인 명성을 쌓아가고 있으며, 2001년 미국도서비평가협회상을 받았다. 대표작으로 《구두끈은 왜?》, 《노리의 끝없는 이야기》 등이 있다.

아침에는 스릴러를,
오후에는 멜로를

그레이엄 그린
Graham Greene[1]

1939년, 제2차 세계대전의 전운이 짙어지자 그레이엄 그린은 자신의 최고 걸작이 될 것으로 확신하던 《권력과 영광》을 마무리 짓기 전에 죽음을 맞아 부인과 자식들을 가난의 수렁에 떨어뜨릴지 모른다는 생각이 들었다. 결국 그 걸작을 계속 집필하면서 자신의 또 다른 '오락거리'를 쓰기 시작했다. 예술성이 부족해도 돈벌이가 된다는 걸 알았던 멜로드라마 형식의 스릴러 소설이었다. 집에는 방해하는 게 많았기 때문에 그린은 개인 작업실을 마련했고, 부인 이외에는 누구에게도 주소와 전화번호를 알려주지 않았다. 그린은 작업실에서 아침 9시부터 오후 5시까지 작업하며, 아침에는 스릴러 소설 《밀사》를 썼고, 오후에는 《권력과 영광》을 집필하는 데 몰두했다. 동시에 두 권의 소설을 집필하는 데 따른 압박감을 완화하려고 그린은 암페타민을 잠자리에서 일어나서 한 번, 정오에 한 번, 각각 매일 두 번 복용했다. 그 덕분인지 평소 500단어밖에 쓰지 못하던 그린은 아침에만 2,000단어 가까이 써낼 수 있었다. 《밀사》는 6주 만에 완성되어 곧바로 출간되었으나, 《권력과 영광》은 그로부터 4개월 후에야 완성되었다.

그린은 작가로 활동하는 내내 이처럼 열정적으로 창작하지 않았고, 약물도 사용하지 않았다. 60대에 그린은 과거에는 하루에 500단어를 기준으로 삼았지만 나중에는 200단어로 기준을 낮추었다고 말했다. 1968년 한 인터뷰에서 "아침 9시부터 오후 5시까지" 작업하느냐는 질문을 받았을 때 그린은 "아닙니다. 요즘엔 9시부터 10시 15분까지 작업한다고 해야 맞을 겁니다"라고 대답했다.[2]

그레이엄 그린 1904~1991. 영국의 소설가. 독특한 상상력의 세계를 창조한 작가로 현대인의 불안과 허무를 묘사한 글을 썼으며, 종교적·윤리적 주제를 추구했다. 그린은 자신의 작품을 '본격소설'과 '대중소설'로 구분지었으나, 본격소설에 스릴러적 요소를 더하고 대중소설에서 내면의 깊은 문제를 다룸으로써 뛰어난 이야기꾼의 면모를 과시했다. 대표작으로 《권력과 영광》, 《조용한 미국인》, 《제3의 사나이》 등이 있다.

나에게 정해진
시간표는 없다

움베르토 에코
Umberto Eco[1]

마흔여덟 살에 발표한 첫 소설 《장미의 이름》으로 널리 알려진 이탈리아의 철학자이며 소설가인 움베르토 에코는 특별히 정해진 습관에 따라 글을 쓰지는 않는다고, 2008년의 한 인터뷰에서 말했다. "나에게는 정해진 시간표라는 것이 없습니다. 아침 7시에 글을 쓰기 시작해 새벽 3시에 끝내며, 샌드위치를 먹으려고 가끔 작업을 중단할 뿐입니다. 때로는 전혀 글을 쓰고 싶지 않기도 합니다." 하지만 인터뷰 진행자가 거듭해서 묻자, 에코는 글쓰기 습관이 항상 들쑥날쑥하지는 않다는 걸 인정했다.

몬테펠트로의 언덕 꼭대기에 있는 시골집에서 지낼 때는 일정한 습관을 따르는 편입니다. 컴퓨터를 켜면 이메일부터 확인하고, 뭔가를 읽은 후에 오후까지 글을 씁니다. 그리고 마을 술집에 내려가 목을 축이며 신문을 읽습니다. 저녁때 집으로 돌아와 11시까지 텔레비전이나 DVD를 시청하고, 밤 1시나 2시까지 좀 더 작업을 합니다. 밀라노나 대학교에 있을 때는 내 시간이라고 해서 내 마음대로 쓸 수 있는 게 아닙니다. 나에게 뭔가를 해달라고 요구하는 사람들이 언제나 있으니까요.

하지만 자유로운 시간이 없을 때도 에코는 짧은 '겨를'을 활용해 생산적인 활동을 한다고 말했다. 〈파리 리뷰〉와의 인터뷰에서 에코는 이런 예를 들었다. "오늘 아침에 당신이 아파트 앞에서 전화를 했습니다. 하지만 엘리베이터가 내려올 때까지 기다려야 했을 겁니다. 따라서 우리 집 현관에 도착할 때까지 몇 초가 흘렀습니다. 그 몇 초 동안, 나는 당신을 기다리면서, 요즘 쓰고 있는 새로운 작품에 대해 생각했습니다. 나는 화장실에 앉아서도, 기차 안에서도 작업할 수 있습니다. 수영을 하는 동안, 특히 바다에서 수영하는 동안에도 많은 것을 생각하고 구상합니다. 욕조에 앉아서는 그런 경우가 적지만, 그래도 내 머리는 멈추지 않습니다."

움베르토 에코 1932~ . 이탈리아의 기호학자이며 철학자, 역사학자, 소설가. 토마스 아퀴나스의 철학에서 퍼스널 컴퓨터에 이르기까지 다방면에 걸쳐 지식을 쌓은 학자이며, 지식계의 티라노사우루스로 불릴 만큼 엄청난 양의 독서에서 비롯된 깊이 있는 비평과 수필로 유명하다. 대표적인 소설로 《장미의 이름》, 《푸코의 진자》, 《프라하의 묘지》, 이론서로는 《일반 기호학 이론》, 《기호학과 언어 철학》 등이 있다.

언제라도 환자를 상대할 수 있는 응급실 의사처럼

필립 로스
Philip Roth[1]

1987년 필립 로스는 한 인터뷰에서 "글쓰기는 중노동이 아니라 악몽입니다"라며 다음과 같이 덧붙였다.

> 탄광 일은 중노동이지만 글쓰기는 끔찍한 악몽입니다. ……작가라는 직업에는 엄청난 불확실성이 내재해 있습니다. 지속적인 의심이 어떤 식으로든 사라지지 않습니다. 훌륭한 의사는 자기 일과 다투지 않지만, 훌륭한 작가는 자기 일과 끊임없이 전쟁을 벌입니다. 대부분의 직업에는 시작과 중간 단계와 끝이 있지만, 글쓰기에는 시작밖에 없습니다. 기질적으로 우리 작가들은 그런 새로움이 필요합니다. 글쓰기는 반복이 되풀이되는 일입니다. 실제로 모든 작가에게 필요한 재능이 있다면, 그것은 거의 변하지 않는 일을 하며 조용히 앉아 있는 능력입니다.[2]

로스는 1972년부터 그런 능력을 키웠던 것으로 보인다. 그가 코네티컷 북서 지역에서 약 24만 제곱미터의 땅에 세워진 18세기의 소박한 집으로 이주한 때부터였다. 그곳에서 로스는 과거에 손님용으로 쓰이던 두 칸짜리 오두막을 작업실로 개조해 지금까지 사용하고 있다. 매일 아침 식사를 끝내고 운동한 뒤 그곳에 가서 작업에 몰두한다. "오전 10시부터 오후 6시까지 글을 쓴다. 점심 식사를 하며 신문을 읽기 위해 한 시간 정도 휴식한다. 저녁에는 주로 책을 읽는다. 그것으로 충분하다."[3]

로스는 둘째 부인 영화배우 클레어 블룸(Claire Bloom)과 한동안 함께 살았지만, 1994년 이혼한 후로는 혼자 살았고, 그런 삶이 그에게는 더 적합한 듯했다. 2000년 〈뉴요커〉의 편집장 데이비드 렘닉(David Remnick)에게 "나는 지금 혼자 살고 있습니다. 책임져야 할 사람도 없고, 함께 시간을 보낼 사람도 없습니다"라며 다음과 같이 덧붙였다.

하루가 전적으로 나만의 시간입니다. 나는 보통 낮에 글을 씁니다. 하지만 저녁 식사를 하고 나서도 작업실에 가고 싶으면 굳이 거실에 앉아 있을 필요가 없습니다. 내가 곁에 없어, 하루 종일 혼자 외롭게 시간을 보낼 사람이 없으니까요. 그래서 작업실로 가서 두세 시간가량 더 작업합니다. 물론 꽤 드물지만 가끔 새벽 2시에 눈을 뜨고 흥미로운 아이디어가 번뜩 떠오르면, 곧바로 불을 켜고 침실에서 글을 씁니다. 사실 우리 집에는 사방에 작은 공책들이 놓여 있습니다. 또 원하면 밤늦게, 심지어 새벽까지 책을 읽습니다. 5시쯤 눈을 뜨고 잠이 오지 않으면, 게다가 작업하고 싶으면, 곧장 침실에서 나와 작업실로 갑니다. 한마디로 내가 원하면 언제라도 작업할 수 있습니다. 의사, 특히 응급실 의사와 비슷합니다. 언제라도 글 쓸 준비가 되어 있다는 의미에서 말입니다.[4]

필립 로스 1933~ . 미국의 소설가. 시카고 대학교에서 영문학을 전공했으며 졸업 후 이곳에서 문예 창작을 가르쳤다. 이후 아이오와와 프린스턴, 펜실베이니아 대학교에서 학생들을 가르치며 창작 활동을 계속하고 있다. 미국 현대 문학을 대표하는 4대 작가로 손꼽힌다. 대표작으로 앰배서더 북어워드를 수상한 《나는 공산주의자와 결혼했다》, 펜포크너상을 수상한 《휴먼 스테인》 그리고 《에브리맨》, 《울분》 등이 있다.

때로는 신교도처럼,
때로는 유럽인처럼

저지 코진스키
Jerzy Kosiński[1]

"조지 리밴터는 학생 때부터 유용한 습관을 몸에 익혔다. 오후에 네 시간을 자면 이른 새벽까지 민활한 정신과 육체를 유지할 수 있었고, 새벽에 다시 네 시간을 자고 일어나 남은 하루에 대비했다."[2] 폴란드계 미국 작가 코진스키가 1977년에 발표한 소설《블라인드 데이트》의 첫 구절이다. 코진스키가 주인공을 내세워 썼던 습관은 실제로 자기 자신의 모습이기도 했다. 1972년, 한 기자가 코진스키에게 글 쓰는 습관에 대해 "신교도처럼 엄격하게 시간표를 지키는가, 아니면 유럽인처럼 제멋대로인가"라고 물었을 때, 코진스키는 "둘 다"라고 대답하며 다음과 같이 덧붙였다.

> 지금도 8시쯤 일어나 하루를 준비하고, 오후에 다시 네 시간을 잡니다.
> 그래야 이른 새벽까지 정신적으로나 육체적으로 활력을 유지할 수 있으니

까요. 그리고 이른 새벽에 다시 잠을 잡니다. 지금까지 3분의 1가량을 신교도 세계에서 살았기 때문에 신교도적 습관을 부분적으로 받아들였을 겁니다. 물론 과거의 습관도 부분적으로 지키면서요. 내가 신교도 세계에서 받아들인 습관이 있다면, 우편물에 충실하게 답장해야 한다는 믿음입니다. 그런 믿음은 로마의 많은 지식인들이 지니지 못한 겁니다. 글 쓰는 습관에 대해 말하자면, 나는 러시아와 폴란드 지식인의 후손이라 할 수 있습니다. 다시 말해 직업적 지식인도 아니고 카페에서 죽치는 향락주의자도 아닙니다. 나는 무엇보다 글 쓰는 걸 좋아합니다. 내가 쓰는 소설 하나하나가 심장 박동처럼 내 삶과 떼어놓을 수 없는 겁니다. 그런 느낌이 들 때마다 나는 글을 씁니다. 그런데 나는 밤낮으로, 황혼 녘에도, 아무튼 언제나 그런 느낌으로 살아갑니다. 그래서 식당에서도 비행기에서도 글을 쓰고, 스키를 타고 말을 타는 동안에도, 맨해튼이나 파리 등 어떤 도시에서든 밤에 산책하면서도 뭔가를 끄적거립니다. 한밤중이나 한낮에도 잠을 깨면 기록을 해둡니다. 그래서 언제 타이프라이터 앞에 앉아 글을 쓴다고 꼬집어 말할 수가 없습니다.[3]

저지 코진스키 1933~1991. 폴란드 태생의 미국 소설가. 유대인으로 1957년 미국에 망명하여 컬럼비아 대학교에서 박사 학위 과정을 밟았고, 프린스턴과 예일 대학교에서 영어 산문과 비평을 가르쳤으며 미국 펜클럽 회장을 역임했다. 대표작으로 《페인트로 얼룩진 새》 등이 있다.

글쓰기를 방해하는
모든 것을 포기하라

앤 라이스
Anne Rice[1]

앤 라이스는 최근의 인터뷰에서 "나에게도 일정하게 지키는 습관이 분명히 있습니다. 하지만 내 삶을 돌이켜볼 때 가장 중요한 것은 그런 습관을 변화시키는 능력이었습니다"라고 말했다. 첫 소설 《뱀파이어와의 인터뷰》의 경우, 라이스는 항상 밤에 글을 썼고 낮에는 잠을 잤다면서 이렇게 덧붙였다. "정신을 집중하여 가장 창조적으로 생각할 수 있는 시간이 밤이라는 걸 깨달았습니다. 조용한 밤에 혼자만의 시간이 필요했습니다. 친구들의 전화도 걸려오지 않고, 남편이 곤히 잠든 시간, 나에게는 그런 절대적인 자유가 필요했습니다." 그러나 1978년 아들이 태어나면서 라이스는 낮에 글을 쓰는 '전격적인 변화'를 꾀해야 했고, 이후로는 줄곧 그런 습관을 유지해왔다. 특정한 소설을 쓸 때 방해받지 않기 위해서 밤 시간으로 다시 변화를 시도한 적이 있었지만, 육체적으로 너무 힘들어 야간작업을 지속할 수 없었다.

　요즘에는 아침에 신문을 읽고 페이스북을 점검하며 이메일에 답장을 쓴 뒤, 느지막이 작업한다. 라이스는 오후에도 글쓰기 작업을 계속하지만 틈틈이 휴식을 취하며 스트레칭을 하고 창밖을 내다보며, 얼음을 탄 다이어트 콜라를 마신다. 저녁에는 대체로 텔레비전이나 영화를 보며 휴식을 취한다. "요즘에는 저녁에 휴식을 취하는 게 가장 효과적인 듯합니다. 하지만 과거에도 저녁까지 글을 쓸 수 없는 때가 많았습니다. 그때에도 저녁에 휴식을 취하는 게 좋았습니다. 예나 지금이나 끊기지 않고 작업할 수 있는 서너 시간을 확보하는 게 중요합니다."

　라이스는 규칙을 엄격하게 지키는 건 큰 문제가 아니라며, 새로운 소설을 시작하면 의식적으로 계획을 세우지 않아도 자연스레 일정한 시간표에 따르게 된다고 했다. 요컨대 규칙적으로 글을 쓰기 시작하면 억지로 글을 쓰려고 애쓸 필요가 없다는 뜻이다. 하지만 사교적 약속과 그 밖의 사소한 사회적 관계를 멀리하려면 자제력이 필요하다고 했다. "약속을 지키기 위해 하루의 대부분을 써버린다면 글쓰기에 네 시간도 투자하기 어렵기 때문입니다. 글쓰기를 방해하는 모든 것을 포기해야 합니다. 그것이 가장 중요합니다."

앤 라이스 1941~ . 미국의 소설가. 흡혈귀를 색다르게 해석하여 전 세계의 인기를 모았던 영화 〈뱀파이어와의 인터뷰〉의 원작자로, 처녀작 《뱀파이어와의 인터뷰》는 딸의 죽음을 다룬 자전적인 소설이다. 대표작으로 열 권짜리 《뱀파이어 연대기》와 《어린 예수》 등이 있다.

굳은 결심이
갑자기 흔들리기 시작할 때

데이비드 포스터 월리스
David Foster Wallace[1]

데이비드 포스터 월리스는 1996년 두 번째 장편《무한한 농담》을 발표한 후, "일반적으로 나는 서너 시간씩 교대로 잠을 자고, 그사이에 다른 사람들과 함께 어울리는 재밌는 것을 합니다"라며 "말하자면 11시나 정오쯤에 일어나 2시나 3시까지 일합니다"라고 말했다.[2] 하지만 이후의 인터뷰들에서는 작업이 제대로 진행되지 않을 때에만 규칙적인 시간표에 따라 글을 썼다고 말했다. 예를 들어 1999년 한 라디오 프로그램과의 인터뷰에서 월리스는 이렇게 말했다.

일이 순조롭게 진행되기도 하지만 그렇지 않을 때도 많습니다. ……요즘 뭔가를 열심히 시도하고는 있는데 제대로 진행되지 않습니다. 허둥대고 버둥거리기 일쑤입니다. 그런 때는 일하고 싶지 않습니다. 그래서 "좋아, 오늘 아침엔 7시 30분부터 8시 45분까지, 딱 한 번만 5분 동안 쉬고 줄기차게 일하겠어!"라는 가혹한 계획을 세우기도 합니다. 정말 거창한 계획이지요. 그러나 다른 책을 쓸 때도 그랬던 것처럼 수없이 시도해보았지만 5분이나 10분, 하여간 시간이 조금 지나면, 계획대로 하겠다는 결심이 갑자기 흔들리기 시작합니다. 그때는 어떤 노력도 소용없습니다. 애초의 결심에서 흔들리지 않고, "아 참, 친구들을 만나야 하는데, 식료품점에 가야 하는데, 청구서들을 해결해야 하는데……" 등과 같은 일을 까맣게 잊고 작업에 열중하려면 자제력이 필요합니다. 그런데 내가 어떤 계획을 세우고 그 계획대로 따르려고 하면 글쓰기 자체가 헛된 짓 같고 나를 채찍질하는 것 같아서, 나는 일정한 시간표에 따라 움직이지 않습니다.[3]

데이비드 포스터 월리스 1962~2008. 미국의 소설가. 재치 있는 문체와 독특한 시적 우아함으로 많은 독자를 얻으며, 20세기 후반에 가장 영향력 있고 혁신적인 작가로 주목받았지만 우울증에 시달리다 자살로 생을 마감했다. 대표적인 저서로 《무한한 농담》, 《시스템의 빗자루》과 단편집 《망각》, 강연집 《이것은 물이다》 등이 있다.

마감 시간이 닥치기 전까지
일하지 않는다

톰 스토파드
Tom Stoppard[1]

톰 스토파드는 만성적인 무계획과 뒤로 미루는 습관 때문에 평생 고생했다. 그는 자신이 글을 쓰게 만드는 요인은 두려움뿐이라며, "마감 시간에 쫓겨 혼비백산해야만 타이프라이터 앞에 오랫동안 붙어 있게 된다"[2]라고 고백했을 정도였다. 이런 경우, 그는 가족이 모두 잠든 뒤에야 부엌에 앉아 밤새 담배를 피우면서 작업하곤 했다. 그의 전기를 쓴 이라 네이들(Ira Nadel)은 스토파드의 흡연 습관도 유별났다며 "줄담배를 피우는 골초였던 스토파드는 담배를 한두 모금만 빨고 비벼 끈 뒤 다시 새 담배에 불을 붙였다. 그런 습관 때문에 아주 긴 필터가 달린 담배를 피우는 것과 같다고 자랑스레 말하기도 했다"[3]라고 말했다.

때때로 스토파드는 작가에게는 "무익하고 비효율적인"[4] 습관을 고쳐보려고 노력했다. 그 결과로, 1980년대 초에는 오전 10시부터 오후 5시까지 책상 앞에 꼼짝 않고 앉아 있는 데 성공하기도 했지만 점차 과거의 습관으로 되돌아갔다. 1997년 스토파드는 한 기자에게 대체로 정오부터 자정까지 일한다고 말하면서 "마감 시간이 코앞에 닥치지 않으면 아침에 는 전혀 일하지 않는다"[5]라고 덧붙였다.

톰 스토파드 1937~ . 체코슬로바키아 태생의 영국 극작가. 연극의 형식적 실험을 통해 사실주의적 무대 관습을 거부하고 공연을 위한 예술로서의 연극적 상황을 창조해냈다. 대표작으로 〈로젠크란츠와 길덴스턴은 죽었다〉, 〈사랑의 발명〉, 〈대익살〉 등이 있다.

가장 절실하게 필요했던
습관조차 없던 사람

윌리엄 제임스
William James[1]

1870년 4월, 스물여덟 살의 청년 윌리엄 제임스는 자신에게 경고하듯 일기에 이렇게 썼다. "질서를 습관화할 때에야 비로소 우리는 진정으로 흥미로운 활동 분야에 뛰어들어 의지에 따른 선택을 구두쇠처럼 하나씩 축적해나갈 수 있다는 걸 반드시 기억하고, 하나의 고리가 끊어지면 모든 것을 망칠 수 있다는 걸 결코 잊어서는 안 된다."[2] 질서의 습관화라는 개념은 훗날 심리학자로 성장한 제임스에게 중요한 연구 과제의 하나가 되었다. 1892년 매사추세츠 케임브리지에서 열린, 교사들을 상대로 한 강연에서 제임스는 "(교육에서) 중요한 것은 우리 신경계를 적이 아니라 친구로 만드는 것"이라고 주장하며 다음과 같이 덧붙였다.

일상의 삶에서 힘들이지 않고 기계적으로 행동하는 부분이 많아질수록 정신의 힘이 본래의 역할에서 해방된다. 사사건건 망설이며 어떤 것도 습관적으로 행하지 못하는 사람만큼 불쌍한 사람은 없다. 담배에 불을 붙이고 술을 마실 때마다, 매일 잠자리에서 일어나고 잠자리에 들 때마다, 또 어떤 일을 시작할 때마다 심사숙고하는 사람보다 불행한 사람이 어디에 있겠는가?[3]

윌리엄 제임스는 개인의 경험을 바탕으로 글을 썼다. 따라서 위에 언급한 불행한 사람은 자기 자신을 가리키는 것이었다. 제임스 자신은 규칙적인 생활을 하지 않았고, 매사에 우유부단했으며, 무질서한 삶을 살았기 때문이다. 로버트 D. 리처드슨(Robert D. Richardson)도 2006년에 발표한 제임스의 전기에서 이렇게 말했다. "습관에 대한 제임스의 충고는 엄격한 사람의 독선적인 조언이 아니라, 실질적으로는 어떤 습관도 없는 사람, 가장 절실하게 필요했던 습관조차 없던 사람, 습관이 없는 것이 유일한 습관이었던 사람, 따라서 삶 자체가 통제되지 않고 혼란스럽기 그지없던 사람이 자신에 대해 아는 것이 거의 없다는 걸 뒤늦게야 깨닫고 처절하게 노력한 끝에 얻은 조언이었다."[4]

하지만 제임스의 성향에 대해서는 조금이나마 정리해볼 수 있다. 제임스는 적당히 술을 마셨고, 저녁 식사 전에 칵테일을 마시곤 했다. 30대 중반에 담배와 커피를 끊었지만, 가끔 원칙을 어기고 시가를 피웠다. 불면증에 시달렸는데, 특히 글을 써야 할 때는 밤잠을 제대로 이루지 못했다. 그래서 1880년대 초에는 억지로 잠을 자려고 클로로포름을 사용하기도 했다. 잠자리에 들기 전에 눈이 피곤하지 않으면 침대에 똑바로 앉아 11

시나 자정까지 책을 읽었으면서 "낮을 연장하는 기분"을 만끽했다. 말년에는 오후 2시부터 3시까지 하루도 빠짐없이 낮잠을 잤다. 제임스는 뒤로 미루는 습관이 있었다. 그 때문인지 그는 한 강의에서 "유일한 관심사가 지독히 싫어하는 형식논리학에 대한 강의 준비라는 이유로 벽난로 불을 뒤적이고, 의자를 똑바로 세우고, 바닥에 떨어진 먼지를 털고, 책상 위를 정리하고, 신문을 집어 들고, 눈에 띄는 책의 제목을 적어두고, 손톱을 정리해야 하지만 차일피일하며 아침 시간을 낭비하는 사람, 요컨대 모든 일을 무계획적으로 행하는 사람을 나는 알고 있다"[5]라고 스스로 인정할 정도였다.

윌리엄 제임스 1842∼1910. 미국의 심리학자·철학자. 절대적인 실체를 부정함으로써 실용주의를 이론적으로 심화하고 연상주의를 배격하여 기능적 심리학을 제창했다. '의식의 흐름'이란 용어를 처음 사용했고, 근대 심리학의 창시자로 일컬어진다. 대표적인 저서로 《심리학의 원리》, 《실용주의》, 《종교적 경험의 다양성》, 《인생은 살아야 할 가치가 있는가》 등이 있다.

규칙적인 시간표 그리고
알코올과의 줄타기

프랜시스 스콧 피츠제럴드
Francis Scott Fitzgerald[1]

문학의 길에 첫걸음을 내디딜 때부터 피츠제럴드는 놀라운 절제력을 보여주었다. 1917년 군에 입대하여 캔자스의 포트 리븐워스에 있는 훈련소로 배치받았을 때, 스물한 살의 프린스턴 대학교 중퇴생은 석 달 만에 12만 단어로 된 소설을 써냈다. 처음에는 저녁 공부 시간에 《보병의 사소한 문제들》 뒤에 공책을 감추고 글을 썼지만, 그런 속임수가 발각된 후에는 글 쓰는 시간을 주말로 바꾸었다. 장교 회관에서 토요일에는 저녁 10시부터 자정까지, 일요일에는 아침 6시부터 저녁 6시까지 글 쓰는 데 몰두했고, 1918년 초에 완성된 원고를 출판사에 보냈다. 훗날 대폭 수정되기는 했지만, 이 원고가 《낙원의 이편》이 되었다.

그러나 제대한 후의 집필 생활에서 피츠제럴드는 규칙적인 시간표를 따르는 데 애를 먹었다. 1925년 파리에서 살 때 피츠제럴드는 느지막이

11시쯤 일어났고, 오후 5시부터 글을 쓰기 시작해 새벽 3시 30분까지 작업했지만 불규칙했다. 젤다와 함께 카페를 순례하며 대부분의 밤을 시내에서 보냈기 때문이다. 실질적인 글쓰기는 짧은 시간 동안 집중력을 발휘해 이루어졌는데 이때 피츠제럴드는 단숨에 7,000~8,000단어를 써내기도 했다. 이 방법이 단편소설을 집필할 때는 상당한 효과가 있어, 피츠제럴드는 이처럼 즉흥적으로 글 쓰는 방법을 좋아했다. 실제로 피츠제럴드는 "단편은 길이에 따라 다르지만 단번에, 많아야 세 번 만에 써내야 가장 훌륭한 작품이 나온다. 세 번에 나눠 쓰더라도 사흘을 연속해서 쓰고, 하루 정도 수정해서 끝내야 한다"[2]라고 말했다.

장편을 쓰는 건 훨씬 더 힘들었다. 무엇보다 피츠제럴드가 자신의 창작 과정에는 알코올이 필수라고 생각했기 때문이었다. 그는 아무것도 섞지 않은 스트레이트 진을 가장 좋아했다. 술기운이 곧바로 올라와서 술 냄새를 느끼지 못하게 만들기 때문이라 생각했다. 《밤은 부드러워》를 쓸 때 피츠제럴드는 매일 약간의 시간이라도 멀쩡한 정신에서 글을 써보려 애썼지만 폭음을 계속했고, 결국 알코올 때문에 소설을 제대로 집필할 수 없었음을 인정하며, "수정할 때마다 장편의 적절한 구성이나 명철한 인식과 판단에는 술이 적합하지 않다는 걸 분명히 깨달았다"[3]라고 말했다.

프랜시스 스콧 피츠제럴드 1896~1940. 미국의 소설가. 제1차 세계대전이 끝나고 뉴욕으로 올라와, 1920년에 발표한 자전적 소설 《낙원의 이편》이 베스트셀러가 되면서 순식간에 거대한 부를 누렸다. 《위대한 개츠비》는 1925년 파리에서 완성했다. 단편집으로 《아가씨와 철학자》가 있다.

혼자만의
시간과 공간

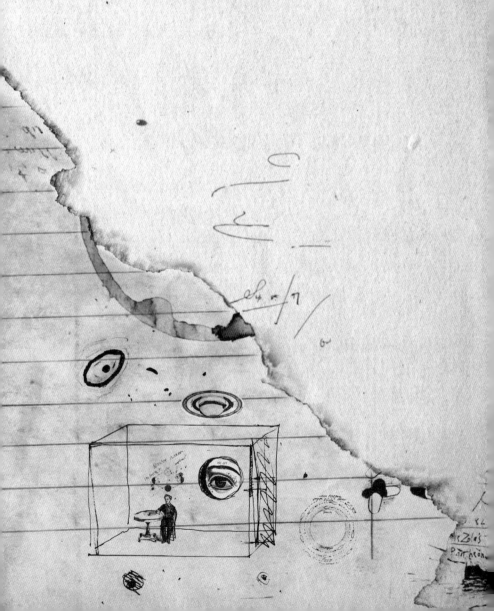

쾌적한 환경은
창조력을 질식시킨다

프랜시스 베이컨
Francis Bacon[1]

외부 관찰자에게는 베이컨이 무질서를 좋아하는 듯 보였을 것이다. 베이컨의 작업실은 그야말로 난장판이었다. 벽은 이런저런 그림으로 뒤덮였고, 바닥에는 책과 붓, 종이와 망가진 가구 등 온갖 쓰레기가 무릎 높이까지 쌓여 있었다. 베이컨은 "쾌적한 환경은 창조력을 질식시킨다"라고 말할 정도였다. 그림을 그리지 않을 때는 쾌락지상주의적인 삶을 살며, 하루에도 몇 번씩 배가 터지도록 식사를 했고 엄청난 양의 술을 마셨으며, 각성제를 닥치는 대로 복용했다. 베이컨은 그 시대의 어느 누구보다 밤늦게까지 돌아다니며 열심히 파티를 즐겼다.

하지만 전기 작가 마이클 페피아트(Michael Peppiatt)에 따르면, 베이컨은 평생 동안 거의 변하지 않은 하루 시간표에 충실했던 "습관의 피조물"[2]이었다. 물론 그림이 가장 먼저였다. 밤늦게까지 파티를 즐긴 후에도 베이컨은 어김없이 아침의 첫 햇살과 함께 잠자리에서 일어나 몇 시간 동안 작업에 열중했고 정오경에 끝냈다. 그리고 오후와 저녁 시간에는 만취할 정도로 술을 마셨다. 베이컨은 잠시도 꾸물거리는 법이 없었다. 친구가 술병을 들고 작업실을 찾아오지 않으면, 혼자서라도 마시려고 술집으로 향했다. 그렇게 술로 배를 채운 뒤에는 식당에서 오랫동안 점심 식사를 즐겼고, 식당을 나와서는 회원제 클럽들을 순례하며 또다시 술을 마셨다. 저녁이 되면, 식당에서 저녁 식사를 하고 나이트클럽을 순례했다. 때로는 카지노에 들렀고, 때로는 한밤중에 비스트로에서 다시 식사를 하는 경우도 있었다.

그처럼 긴긴밤을 보내고도 뭐가 아쉬웠던지 베이컨은 갈지자로 걸으며 비틀거리는 친구들에게 집에 가서 입가심으로 한 잔 더하자고 고집을 부렸다. 불면증과 싸워야 하는 밤의 전쟁을 조금이라도 미루어보려는 안간힘이었을까? 베이컨은 잠들기 위해 약물에 의존했고, 잠들기 전에 요리책을 읽고 또 읽으면서 긴장을 풀었다.

이런 방탕한 생활에도 불구하고 베이컨의 체력은 튼튼했다. 운동이라곤 캔버스 앞에서 조금씩 움직이는 게 전부였고, 엄청난 양의 마늘을 먹고 달걀노른자와 디저트, 커피를 멀리하는 독특한 식습관을 고수했다. 또 하루에 두 번 이상 식당에서 푸짐하게 식사하면서 여섯 병 정도의 포도주를 마셨다.

그런데도 멍청이가 되지도 않았고 허리가 굵어지지도 않았던 것으로 미루어 그런 폭식을 너끈히 소화할 정도의 신진대사 능력을 지녔던 것일까? 여하튼 음주가 결국 그의 발목을 잡은 말년이 되기 전까지는 건강에 별다른 문제를 보이지 않았다. 간혹 닥치는 숙취조차 베이컨은 좋은 벗이라 생각했다. "나는 숙취 상태에 작업하는 게 좋다. 내 머리가 활기차게 우지직거려서 내가 한층 더 또렷하게 생각할 수 있기 때문이다."[3]

프랜시스 베이컨 1909~1992. 영국의 화가. 격렬한 색채로 현대인의 고독과 공포를 표현했다. 〈거울에 비친 글 쓰는 남자〉는 2012년 소더비 경매에서 4490만 달러에 팔렸다.

벗어나려 할수록
더 깊은 슬럼프에 빠지다

앤 비티
Ann Beattie[1]

비티는 주로 밤에 작업한다. 1980년의 한 인터뷰에서는 "내 생각에는 낮에 활동하는 사람과 밤에 활동하는 사람이 있는 것 같습니다"라며 다음과 같이 덧붙였다.

나는 사람들마다 생체 시계가 다르다고 생각한다. 지금 나는 막 잠에서 깬 것 같은 기분이다. 일어난 지 겨우 서너 시간밖에 지나지 않은 기분이다. 저녁 7시까지 이런 기분이 계속되다가 그때서야 몸이 회복되기 시작하는 기분이다. 그래서 9시부터 글을 쓰기 시작한다. 내가 가장 활발하게 글을 쓰는 때는 밤 12시부터 새벽 3시까지이다.[2]

그러나 앤 비티는 매일 밤 글을 쓰지는 않는다면서, "나는 시간표에 얽매이지 않고, 그럴 마음도 전혀 없다. 슬럼프에 빠졌을 때 시간표에 따라 작업하며 슬럼프에서 벗어나려고 애써본 적이 있었다. 시간표에 따라 '앤, 이제 정신 차리고 타이프라이터 앞에 앉아!'라고 말하면서 마음을 다잡아보았지만 오히려 더 깊은 슬럼프에 빠졌다. 그래서 그냥 편한 대로 하는 게 낫다고 생각한다"[3]라고 말했다. 따라서 비티는 수개월 동안 아무것도 쓰지 않기도 한다며, "억지로 쓰려고 해서 글이 쓰이는 건 아니라는 걸 깨달았다"고 덧붙였다. 그렇다고 비티가 그 기간 동안 마냥 긴장을 풀고 마음껏 즐긴다는 뜻은 아니다. 오히려 그 시간은 작가가 영원히 견뎌내야 할 장애물과 같은 것이다. 그래서일까 비티는 1998년의 인터뷰에서 "나는 우울한 사람인 듯하다. 행복한 사람이 아닌 것만은 분명하다"[4]라고 결론지었다.

앤 비티 1947~ . 미국의 소설가. 문학성이 뛰어난 단편소설들로 2000년 펜/맬러머드 상을 받았다. J. D. 샐린저와 존 업다이크에 자주 비교된다. 대표작으로 장편 《겨울의 냉랭한 장면들》과 단편집 《뉴요커 이야기》 등이 있다.

우리는 너무 많은 시간을
허비하고 있다

데이비드 린치
David Lynch[1]

데이비드 린치는 1990년 한 기자에게 "나는 질서 정연한 걸 좋아합니다"
라며 다음과 같이 덧붙였다.

7년 동안 나는 밥스 빅보이 식당에서 식사를 했습니다. 손님들이 몰리는
시간을 피해 2시 30분쯤 그 식당에 가서 초콜릿 셰이크와 넉 잔, 아니 일곱
잔의 커피를 마십니다. 설탕을 듬뿍 넣어서요. 초콜릿 셰이크에도 설탕을
듬뿍 넣어서 걸쭉하게 만들어 마십니다. 은잔에 담아서요. 당분을 섭취하면
기분이 황홀해지면서 많은 아이디어가 떠오릅니다! 그럼 냅킨에 바로 기록
해둡니다. 나는 펜을 가져가기만 하면 됩니다. 펜이 없을 때는 웨이트리스
에게 빌린 뒤 식당을 떠나면서 잊지 않고 돌려줍니다. 나는 밥스 식당에서
많은 아이디어를 얻었습니다.[2]

린치는 1973년부터 하루도 빠짐없이 수련한 초월 명상(Transcendental Meditation)을 통해서도 아이디어를 얻었다. 그는 2006년에 발표한 책《데이빗 린치의 빨간 방: 컬트의 제왕이 들려주는 창조와 직관의 비밀》에서 "나는 지난 33년간 단 한 번도 명상을 중단한 적이 없다. 아침에 한 번, 오후에 한 번 매번 20분 정도 명상을 한다. 그러고 나서 하루 일을 시작한다"[3]라고 말했다. 영화를 촬영할 때는 하루 일과를 끝내고 세 번째로 명상하는 경우가 있다며, "우리는 잡다한 일로 너무 많은 시간을 허비하지 않는가. 거기에 명상 하나를 더해서 습관화한다면 명상도 아주 자연스럽게 우리 삶의 일부가 될 것이다"[4]라고 덧붙였다.

데이비드 린치 1946~ , 미국의 영화감독 겸 작곡가. '컬트의 왕'이라 불리며, 사회 변두리를 돌면서 악취미로 대중을 공격하는 컬트 감독으로 유명하다. 1990년 〈광란의 사랑〉으로 칸영화제 대상을 받았다. 그 밖의 작품으로는 〈엘리펀트 맨〉, 〈로스트 하이웨이〉 등이 있다.

작업을 위해
신중하게 짜여진 단순한 삶

시몬 드 보부아르
Simone de Beauvoir[1]

보부아르는 1965년 〈파리 리뷰〉와의 인터뷰에서 "나는 하루를 서둘러 시작하는 편이지만, 날이 밝는 걸 별로 좋아하지 않습니다. 아무튼 먼저 차를 마시고, 10시쯤 일을 시작해 오후 1시까지 합니다. 그 후에는 친구들을 만나고, 5시에 다시 일하기 시작해서 9시까지 계속합니다. 중단했던 일을 오후에 다시 시작하는 게 힘들지는 않습니다"[2]라고 말했다. 사실 보부아르는 일이 힘들다고 생각하지 않았다. 오히려 정반대였다. 매년 두세 달의 휴가를 받으면, 일에서 벗어나 몇 주가 지난 후에는 점점 따분해하고 힘들어 했다.

보부아르에게는 일이 가장 먼저였지만, 그녀의 일과는 장 폴 사르트르와의 관계를 중심으로 맴돌기도 했다. 그 관계는 1929년부터 시작되어, 사르트르가 세상을 떠난 1980년까지 이어졌다. (그들의 관계는 성적인 면에서는 약간 섬뜩한 부분도 있었으나 지적인 협력 관계였다. 그들이 관계를 시작할 때 사르트르가 제시한 계약 조건에 따르면, 두 사람은 다른 연인을 둘 수 있었지만 모든 것을 서로에게 솔직하게 말해야 했다.) 대체로 보부아르는 아침에 혼자 일했고 점심 식사는 사르트르와 함께했다.³¹ 오후에는 사르트르의 아파트에서 두 사람이 함께 일했는데 대화를 나누지는 않았다. 저녁에는 사르트르의 스케줄에 따라 정치적 행사나 사교 모임에 함께 참석했고, 그런 행사가 없을 때는 영화를 보거나 보부아르의 아파트에서 스카치위스키를 마시며 라디오를 들었다.

1952년부터 1959년까지 보부아르의 연인이었던 영화제작자 클로드 란즈만(Claude Lanzmann)은 사르트르와 보부아르의 일과를 직접 목격한 사람으로, 보부아르의 파리 아파트에서 동거를 시작한 첫날을 다음과 같이 설명했다.

첫날 아침, 나는 침대에 좀 더 누워 있고 싶었다. 그러나 보부아르는 벌떡 일어나 옷을 입고는 작업대로 갔다. 그리고 침대를 가리키며 말했다. "당신은 거기서 일하세요." 나는 엉거주춤 일어나 침대 모퉁이에 걸터앉아 담배를 피우며 일하는 척했다. 내 기억이 맞다면, 점심시간이 될 때까지 보부아르는 내게 한마디도 건네지 않았다. 그 후, 그녀는 사르트르를 만나 점심 식사를 함께했다. 오후에는 사르트르의 집에 가서 서너 시간을 작업한 후에 지인들을 만났다. 그리고 우리는 저녁 식사를 함께하려고 다시 만났다. 보부아르와 사르트르는 언제나 따로따로 앉았고, 보부아르는 그날 사르트르가 쓴 글을 논평했다. 그 후에야 보부아르와 나는 아파트로 돌아가 잠자리에 들었다. 파티도 없었고 환영회도 없었다. 부르주아적 가치관도 없었다. 우리는 그 모든 것을 철저히 멀리했다. 오로지 본질적인 것만 있었다. 반듯하게 정돈된 듯한 삶이었고, 보부아르가 작업에 몰두할 수 있도록 신중하게 짜여진 단순화된 삶이었다.[4]

시몬 드 보부아르 1908~1986, 프랑스의 소설가·평론가. 여성 해방 운동에 참여했고, 실존주의적 입장에서 시와 평론을 통해 철학자 사르트르와 함께 활약했다. 대표작으로 《제2의 성》, 《죽음의 춤》, 《처녀 시절》, 《여자 한창때》 등이 있다.

인터넷이 연결되지 않는
컴퓨터로 작업한다

프랜신 프로즈
Francine Prose[1]

프랜신 프로즈는 작가로 성공한 이후 창작이 더욱 더 어렵게 느껴진다며 다음과 같이 말했다.

아이들이 어리고, 지방에 사는 무명 소설가였던 시절에 나는 시간표에 따라 충실하게 행동하면서 파블로프의 이론처럼 조건반사로 행동하는 사람이었고, 그런 규칙적인 삶을 좋아했다. 통학 버스가 아이들을 데려가면 그때부터 글을 쓰기 시작했고, 통학 버스가 돌아오면 글쓰기를 중단했다. 지금은 도시에 살고 있고, 아이들도 성장했다. 게다가 세상을 그런대로 살아가려면 글쓰기보다 다른 짓을 하는 편이 나은 듯싶다. 아무튼 준(準)문학적 행위가 실제로 글을 쓰는 것보다 돈벌이에 낫고 매력적이어서 생활 방식도 무계획적으로 변해버렸다. 그래도 시간이 허락하면 며칠, 한 주 혹은 한 달 동안 글을 쓴다. 시골로 몰래 도망가서, 인터넷이 연결되지 않는 컴퓨터로 작업한다. 지금은 언제라도 어떻게든 종이에 글을 끄적거리던 시대가 아니잖은가. 글이 순조롭게 쓰이면 나는 하루 종일이라도 작업할 수 있다. 하지만 글이 제대로 쓰이지 않으면 정원을 가꾸거나, 냉장고 앞에 서서 많은 시간을 보낸다.

프랜신 프로즈 1947~ . 미국의 소설가. 고등학교 때부터 단편소설과 시를 쓰다가 래드클리프 대학교에 진학해 영문학을 전공했다. 여러 대학에서 글쓰기 수업을 진행했고, 1991년에는 구겐하임 연구 기금을 수상했다. 대표적인 저서로 《소설, 어떻게 쓸 것인가》, 《탐식》, 《매혹의 조련사, 뮤즈》 등이 있다.

나는 돈 버는 기계로
전락하지 않을 것이다

카를 마르크스
Karl Marx[1]

1849년 정치적 망명자로 런던에 도착한 마르크스는 길어봐야 몇 개월만 런던에 머물 작정이었는데, 1883년 세상을 떠나는 날까지 런던을 떠나지 못했다. 초기에는 지독한 가난에 찌들어 살면서, 개인적인 불행도 겪어야 했다. 그의 가족은 지저분한 환경에서 살아야 했고, 1855년까지 여섯 자녀 중 셋을 차례로 잃었다. 아이자이어 벌린(Isaiah Berlin)은 당시 마르크스의 습관을 이렇게 기록했다.

마르크스의 하루 일과를 보면 대영 박물관 열람실을 찾아가 아침 9시부터, 박물관이 문을 닫는 7시까지 머문 후에, 밤에도 끝없이 담배를 피워대며 작업에 몰두했다. 담배는 마르크스에게 더 이상 단순한 사치품이 아니라, 필수 불가결한 진통제였다. 지나친 흡연은 그의 건강에 지워지지 않는 악영향을 미쳤고, 마르크스는 걸핏하면 종기와 눈의 염증이 수반되는 간 질환에 시달렸다. 그때마다 마르크스는 작업을 중단할 수밖에 없었고, 체력까지 고갈되어 그렇잖아도 불확실하던 호구지책마저 방해받았다. 그는 1858년 "나는 욥처럼 괴롭힘을 받지만 하느님이 두렵지는 않다"라고 말했다.[2]

마르크스는 1858년에 이미 《자본론》을 몇 년째 집필하고 있었다. 《자본론》은 그가 평생 동안 매달린 정치경제학의 대작이었다. 마르크스는 번듯한 직업을 가진 적이 없었다.[3] 그 때문인지 1859년 "나는 어떤 고난이 있어도 내 목표를 추구해야 한다. 부르주아 사회의 어떤 압박에도 나는 돈 버는 기계로 전락하지 않을 것이다"[4]라고 썼다. (마르크스는 철도 직원 채용에 응시했지만 알아볼 수 없는 악필 때문에 낙방했다.) 마르크스는 친구이자 동지인 프리드리히 엥겔스(Friedrich Engels)가 정기적으로 보내주는 돈에 의지해 살았는데, 엥겔스가 아버지의 직물 공장 금고에서 조금씩 빼돌린 돈이었다.[5] 그러나 마르스크는 돈을 관리하는 데 재주가 없었던지 그 돈은 금방 바닥나고 말았는데 "쥐꼬리만 한 돈을 제대로 쓰는 법을 아는 사람은 없을 것"[6]이라고 변명했다. 그사이 마르크스의 종기는 점점 악화됐고, 한 전기 작가의 표현처럼 "앉아 있지도 걷지도 똑바로 서 있지도 못할 지경"[7]이 되고 말았다.

결국 마르크스는 20년이란 세월이 지난 뒤에야 《자본론》 1권을 완성할 수 있었고, 2권과 3권을 마무리 짓지 못한 채 세상을 뜨고 말았다. 그러나 마르크스에게는 한 가지 후회밖에 없었다. 1866년 동료 정치 운동가에게 보낸 편지를 보면 그 후회가 무엇인지 알 수 있다. "자네도 알다시피 나는 내 모든 것을 혁명적 투쟁에 바쳤지만 그런 삶을 조금도 후회하지 않네. 오히려 자랑스럽네. 내가 이 땅에 다시 태어나도 똑같이 할 테니까. 하지만 결혼은 하지 않을 거네. 내가 할 수만 있다면, 아내의 삶을 좌초시킨 암초에서 딸아이를 구해내고 싶으니까."[8]

카를 마르크스 1818~1883. 독일의 경제학자·정치학자·철학자. 독일 관념론, 공상적 사회주의 및 고전 경제학을 비판하며 과학적 사회주의를 창시했고, 1848년에는 엥겔스와 함께 《공산당 선언》을 썼다. 1849년 이후에는 런던에서 빈곤과 싸우며 《자본론》 집필에 몰두했다. 그 밖에도 《헤겔 법철학 비판》, 《철학의 빈곤》 등을 썼다.

의무적인 우정을 해결하는
'초대의 날'

파블로 피카소
Pablo Picasso[1]

1911년 피카소는 파리 몽마르트르에서 세탁선(洗濯船, Bateau-Lavoir)이라 불리는, 싸구려 작업실이 몰려 있던 낡은 건물을 떠나 몽파르나스 클리시 가(街)의 한층 더 고급스러운 아파트로 이주했다. 화가로서의 명성도 더해 갔지만 그의 부르주아적 성향에도 걸맞은 환경으로의 이주였다. 전기 작가 존 리처드슨의 기록을 인용하면, "영락했지만 허세를 부리던 젊은 시절과, 빈곤에 시달리던 파리의 초기 생활을 뒤로한 채 피카소는 물질적인 걱정을 덜어내고 ─ 그의 표현을 빌리면 '거지처럼 사는 게 아니라 풍족한 돈을 갖고' ─ 편안히 작업할 수 있는 생활 방식을 간절히 원했다".[2] 하지만 몽파르나스 아파트에는 여전히 자유분방한 분위기가 없지 않았다. 피카소는 통풍이 잘되는 널찍한 작업실을 마련했는데, 누구도 자신의 허락 없이 들어오는 걸 허락하지 않았다. 그의 주변에는 그림 도구들과 온갖 잡동사니들로 가득했다. 심지어 개 한 마리, 샴고양이 세 마리, 모니나라는 이름의 원숭이를 비롯해 온갖 반려동물들이 주변을 어슬렁거렸다.

피카소는 평생 동안 늦게 잠자리에 들고 늦게 일어났다. 클리시 가로 이사한 후에도 오후 2시쯤 작업실에 틀어박혀 땅거미가 내릴 때까지 작업을 했다. 그동안 피카소와 7년간 사귀었던 여자 친구 페르난데 올리비에는 혼자 남아 아파트 주변을 서성거리며, 작업을 끝낸 피카소와 함께 저녁 식사를 하려고 기다렸다. 하지만 피카소는 작업실에서 나온 후에도 좋은 동반자가 되어주지 않았다. 페르난데는 "피카소는 식사 중에 거의 말하지 않았다. 처음부터 끝까지 한마디 하지 않을 때도 있었다. 따분해 하는 듯했고 실제로 답답해했다"[3]라고 당시를 회상하며, 피카소가 그처럼 고질적으로 울적한 심기를 보인 이유를 식이요법에서 찾았다. 당시는 피카소가 건강을 지나치게 염려한 나머지 광천수나 우유만 마시고 채소와 어류, 라이스푸딩(쌀, 우유, 설탕으로 만든 디저트-옮긴이)과 포도만 먹기로 결심한 때였다.

피카소는 손님들이 있을 때는 싹싹하게 보이려고 꽤 노력했다. 그러나 손님들이 너무 자주 들락거려서 손님들과 함께하는 시간에 대해 복합적인 감정을 가질 수밖에 없었다. 예를 들어 집중적으로 작업하는 사이사이에 손님들과 잠깐 대화하는 건 좋아했지만, 작업 자체를 방해받는 건 싫어했다. 그래서 페르난데의 제안을 받아들여 일요일을 '초대의 날'(거트루드 스타인과 앨리스 토클러스에게서 빌려온 아이디어)로 정했고, "그날 오후에 우정의 의무를 그런대로 해결할 수 있었다". 그러나 리처드슨의 주장에 따르면, "피카소는 반사회적이고 폐쇄적인 삶과, 친구들과 어울리는 삶을

끊임없이 오락가락했다."⁴⁾

　하지만 그림을 그릴 때는 지루함이나 피로함을 까맣게 잊었고, 심지어 캔버스 앞에 서서 서너 시간을 작업한 후에도 전혀 피로감을 느끼지 않는다고 주장했다. 끝으로 피카소는 "이런 이유에서 화가들이 장수하는 듯하다. 나는 작업하는 동안 몸뚱어리를 문밖에 던져놓는다. 이슬람교도들이 모스크에 들어가기 전에 신발을 벗어놓듯이!"⁵⁾라고 말했다.

파블로 피카소 1881~1973. 스페인의 화가. 브라크와 함께 입체주의를 창시하고 현대 미술의 영역과 양식을 개척했으며, 평화 옹호 운동에도 적극 참가했다. 1951년에는 〈한국의 학살〉을 발표했고 유엔과 미국의 한국전쟁 개입을 반대했다. 대표작으로 〈아비뇽의 아이들〉, 〈전쟁과 평화〉, 〈게르니카〉 등이 있다.

누구도 말리지 못하는
일중독

알렉산더 그레이엄 벨
Alexander Graham Bell[1]

알렉산더 그레이엄 벨은 젊은 시절 쉬지 않고 일하며, 밤에 서너 시간의 수면만 취했다. 하지만 결혼하고 아내가 임신한 후에는 규칙적으로 생활하라는 잔소리를 숱하게 들었다. 아내 메이블은 매일 아침 8시 30분에 벨을 침대에서 끌어내 아침 식사를 하게 했지만, "쉬운 일이 아니었다. 때로는 눈물까지 쏟아야 했다".[2] 메이블은 또한 7시에 저녁 식사를 함께한 후에 서너 시간이라도 쉬라고 벨을 설득하며, 10시 이후에야 벨을 놓아주곤 했다.

이런 시간표에 조금씩 적응하면서 벨은 가족과 함께하는 규칙적인 생활이 자신의 체질에 맞는다는 걸 깨달았지만, 그런 삶을 무한정 유지하지는 못했다. 새로운 아이디어가 떠오르면 벨은 아내에게 가족의 의무에서 자신을 해방시켜달라고 간청했다. 이런 경우, 한숨도 자지 않고 22시간을 연속으로 일하는 때가 적지 않았다. 메이블의 일기에 따르면, 벨은 "머릿속이 손가락 끝까지 따끔거리는 아이디어들로 가득하면 들뜬 기분에 견딜 수가 없소. 누구도 나를 말릴 수가 없소"[3]라며 아내를 설득했다. 결국 메이블은 벨에게 작업에 집중하는 시간을 허락했지만 그때마다 분한 마음이 들었던지, 1888년 남편에게 보낸 편지에서 이렇게 썼다. "당신이 일하는 동안 내 생각을 조금이라도 하는지 궁금하군요. 그래서 당신이 하는 일이 한없이 자랑스럽지만 한편으로는 밉기도 합니다. 일이 나에게서 내 남편의 마음을 빼앗아갔고, 당신이 관심을 쏟는 것에 당신의 마음이 있을 테니까요."[4]

알렉산더 그레이엄 벨 1847~1922. 영국 태생의 미국 과학자·발명가. 자석식 전화기를 발명하여 1876년에 특허를 받았으며, 평생 동안 농아의 원인과 농아에게 말을 가르치는 기술에 대해 연구하여 '청각 장애인의 아버지'로 불렸다.

게으름과 우울함은
일을 하면 사라진다

에드워드 애비
Edward Abbey[1]

미국의 환경 운동가이자 수필가인 에드워드 애비는 1981년 자신의 작업 습관에 대한 독자의 질문에 이런 답장을 보냈다. "책을 쓸 때 나는 매일 아침 도시락을 준비한 뒤 세탁장 옆의 오두막에 가서 서너 시간 동안 숨어버립니다. 또 책들과 함께 휴가를 지낼 때는 서너 달 정도 꼼짝하지 않기도 합니다. 이때 게으름과 우울함이 최대의 적이지만 일을 시작하면 그런 적들이 사라집니다. 작가는 워낙 함께 살기가 어려운 존재입니다. 작업하지 않을 때는 우울하고, 작업에 돌입하면 거기에만 집착하니까요. 나도 마찬가지입니다."[2] 애비는 아침 작업을 시작하기 전에 옥수수 속대로 만든 파이프에 불을 붙이고, 한두 건의 편지를 쓰는 습관이 있었다. 그는 진득하게 앉아서 작업하는 걸 별로 좋아하지 않았다. 그래서 편집자에게 "나는 약속이나 의무감에 쫓겨 글을 쓰고 싶지는 않습니다. 그런 압박감을 받으며 작업하는 걸 좋아하지 않습니다"라고 말하면서 "그러나 미리 원고료를 받으면 좋겠습니다. 압박감이 있어야 작업을 하니까요"라고 덧붙였다.[3]

에드워드 애비 1927~1989. 미국의 작가. 미국 서부의 헨리 데이비드 소로로 불렸으며, 현대 자본주의 문명과 관광 산업에 대해 비판했다. 주로 자연의 아름다움을 찬미하고 환경 보존의 시급함을 호소하는 책을 썼다. 대표적인 저서로 《태양이 머무는 곳, 아치스》, 《몽키 렌치 갱》 등이 있다.

1년씩
부부의 역할 바꾸기

카슨 매컬러스
Carson McCullers[1]

카슨 매컬러스의 첫 소설은 1937년 결혼한 남편 리브스와 맺은 계약 덕분에 쓰였다.[2] 어린 신혼부부 — 당시 카슨은 스물, 리브스는 스물넷 — 는 둘 다 작가가 되기를 동경하여 계약을 맺었다. 한 사람이 글을 쓰는 동안 다른 사람은 취직해서 돈벌이를 하되 1년마다 역할을 바꾸는 것이었다. 당시 카슨은 이미 진행하던 원고가 있었고, 리브스는 노스캐롤라이나의 샬럿에서 일자리를 마련한 터라 카슨이 먼저 문학의 여정을 시작했다.

카슨은 매일 글을 썼는데, 때로는 외풍이 심한 아파트를 빠져나와 지역 도서관에서 보온병에 몰래 가지고 들어간 셰리주를 홀짝거리며 작업했다.[3] 대체로 카슨은 오후 중반까지 작업한 후에 아파트까지 걸어왔다. 아파트에 돌아와서는 요리도 하고 청소도 해보려고 노력했지만, 어린 시절 하녀들의 도움을 받았던 까닭에 그런 일에 익숙지 않았다. (훗날 카슨은 닭을 먼저 씻어야 한다는 걸 모른 채 닭을 구우려 한 적이 있었는데, 리브스가 퇴근해 집에 와서 집 안 가득한 고약한 냄새가 뭐냐고 물었을 때 카슨은 글쓰기에 몰입해 있던 까닭에 그런 냄새조차 알아차리지 못했다고 고백하기도 했다.)[1] 저녁 식사 후, 카슨이 그날 작업한 글을 읽어주면 리브스는 자신의 생각을 들려주었다. 그 후, 그들은 침대에 누워 책을 읽거나 전축을 켜고 음악을 들으며 꿈나라로 향했다.

1년 후, 카슨은 소설 출간 계약을 맺었다. 그 바람에 리브스는 문학을 향한 꿈을 다시 보류하고 돈벌이를 계속했다. 계약을 맺었음에도 불구하고, 리브스는 결혼으로 인해 전업 작가로서의 가능성을 시험해볼 기회를 갖지 못했다. 카슨의 첫 소설 《마음은 외로운 사냥꾼》은 1940년에 출간되었고, 곧바로 세상의 주목을 받으면서 카슨은 돈벌이를 위해 글쓰기를 포기할 필요가 없었다.

카슨 매컬러스 1917~1967, 미국 남부를 대표하는 작가로, 고독과 사랑을 주제 삼아 외로운 사람들의 내면세계를 다루었다. 스물아홉 살 때부터 몸의 왼쪽이 마비되어 말년을 휠체어에서 보냈다. 대표작으로 《마음은 외로운 사냥꾼》, 《불안감에 시달리는 소년》, 《고딕 소녀》 등이 있다.

블라인드로
가린 세상

진 스태퍼드
Jean Stafford[1]

1970년 《진 스태퍼드 단편집》으로 퓰리처상 수상자로 선정되고 며칠 후, 진 스태퍼드는 롱아일랜드 이스트엔드에 있던 그녀의 자그마한 농가에서 〈뉴욕포스트〉 기자를 만났다. 7년 전 세 번째 남편이 세상을 떠난 후 그녀가 혼자 살고 있는 집이었다. "지치고 인고하며 약간 슬퍼 보이는"[2] 표정으로 스태퍼드는 기자에게 꼼꼼하게 정돈된 집 ― "나는 강박관념이 있습니다. 면봉으로 구석까지 청소하곤 합니다"[3] ― 을 구경시켜주고 작업 습관에 대해서도 살짝 털어놓았다.

스태퍼드는 매일 위층 서재에서 오전 11시부터 오후 3시까지 글을 썼다. "글을 어렵게 쓰는 편입니까, 쉽게 쓰는 편입니까?"라는 기자의 질문에 스태퍼드는 "어렵게 쓰는 편입니다"라고 대답했다.[4] 그 이후에는 책을 읽거나 집에서 할 수 있는 가벼운 취미 활동 ― 정원 가꾸기, 자수 놓기, 잡동사니 수집, 고양이 키우기 등 — 으로 시간을 보냈다. 일주일에 한 번, 그녀는 손님을 저녁 식사에 초대했다. 그녀가 잘하는 요리는 줄무늬 농어 수프, 흰콩을 곁들인 바비큐 돼지갈비였다. 저녁 식사를 제외하면 그녀는 거의 먹지 않았다. 아침 식사는 커피, 점심 식사는 초콜릿 바로 끝내는 경우가 많았다.

밤에는 불면증과 싸워야 했다. 알코올 의존증이 심해지면서 불면증도 악화되었지만, 그녀는 그런 사실을 기자에게 말하지 않았다. 음주벽에도 불구하고, 1970년대 중반은 스태퍼드가 가장 왕성하게 활동하던 시기였다. 특히 1973년부터 1975년까지 그녀는 여러 잡지에 19건의 글을 기고했고, 몇몇 정기간행물에 꾸준히 서평을 발표했다. 하지만 작품이 세간의 관심을 끌며 호평을 받았을 때도 스태퍼드는 대중 앞에 나타나기를 꺼리며 은둔의 삶을 살았다. 급기야 일주일에 한 번씩 열던 저녁 식사 초대마저 중단하고, 방문객도 거부하기 시작했다. 어느 해 여름 관광철에 쓴 한 수필에서 스태퍼드는 "나는 문을 꼭 닫아걸고 블라인드도 내린 집에서 혼자 으르렁거리고 있다"[5]라며 자신의 처지를 한탄했다.

진 스태퍼드 1915~1979. 미국의 소설가. 1970년 《진 스태퍼드 단편집》으로 픽션 부문 퓰리처상을 수상했다. 〈뉴요커〉 등 여러 잡지에 글을 기고했고, 알코올 중독과 질병에 시달렸다. 세 차례의 결혼이 모두 파경에 이르며 사생활은 불운했다. 대표작으로 《보스턴 기행》, 《산사자》 등이 있다.

예민한
전업 작가로서의 삶

도널드 바셸미
Donald Barthelme[1]

첫 단편집 《돌아오라, 칼리가리 박사》를 쓰는 동안, 도널드 바셸미는 두 번째 부인 헬렌과 함께 휴스턴에서 살았다. 방충망이 쳐진 베란다가 있는 단층집이었고, 바셸미는 그 집을 사무실로도 사용했다. 1960년 그 집으로 이주한 직후, 바셸미는 전업 작가로 소설 집필에 집중하기 위해 대학 문예지를 편집하던 일자리를 그만두었다. 돈벌이는 전적으로 헬렌이 떠맡았다. 헬렌은 교사로 일하면서, 역시 집에서 자그마한 광고 회사를 운영했다. 바셸미가 전업 작가를 선언한 첫날, 그들은 일주일 내내 지켜야 할 시간표를 짰고 이후 평생 동안 그 시간표를 고수하며 살았다.

바셸미는 아침 8시나 9시부터 정오나 오후 1시까지 수동식 레밍턴 타이프라이터 앞에 앉아 작업했다. 베란다를 작업실로 사용해서, 타이프라이터 소리가 조용한 동네에 울려 퍼졌다. 일을 할 때 바셸미는 헐렁한 카키색 코듀로이 바지와 버튼다운 셔츠를 깔끔하게 갖춰 입었고, 쌀쌀한 날에는 암회색 스웨터를 덧입었다. 헬렌은 8시 30분에서 9시 사이에 베이컨이나 햄, 토스트와 주스로 아침 식사를 준비해 남편에게 갖다주고 나서 광고 일을 시작했다. 때때로 바셀미는 헬렌을 불러 단어의 철자나 함축된 의미를 물었다. 또 매일 아침 몇 번이고 헬렌에게 방금 타이핑한 구절을 보여주거나 소리 내어 읽어주면서 피드백을 바랐다.

바셀미는 글을 쓰는 동안 줄담배를 피웠다. 그래서 불을 낼까 걱정한 나머지 집필을 끝낼 때마다 재떨이를 비웠다. 바셀미는 타이핑할 때도 무척 세심해서 한 문장이나 구절을 작성한 후에는 반드시 소리 내어 읽어보았다. 그 소리가 자신의 귀에 적절하게 들리지 않으면 타이프라이터에서 통째로 뽑아내 쓰레기통에 버리고 새 종이에 다시 써내려갔다. 따라서 아침 시간이 끝날 무렵이면 버린 종이들로 쓰레기통이 넘칠 지경이었다. 글이 제대로 쓰이지 않으면 20~30분 동안 동네를 산책했다. 바셀미는 서둘러 글을 쓰려고 하지 않았다. 그 때문에 며칠 동안 고작 한두 페이지를 채우는 때가 적지 않았고, 심지어 한 문장은 고사하고 아무것도 쓰지 못할 때도 있었다. 헬렌은 당시를 회상하며 "남편의 창작은 언제나 불만스레 시작했다"[2]라고 말했지만, "전업 작가를 시작하고 처음 몇 년 동안은 무척 행복해했다"[3]고 덧붙였다.

도널드 바셀미 1931~1989. 미국의 보르헤스라 불리며 포스트모던 소설의 아버지라는 평가를 받고 있다. 한국전쟁에서 미 육군 소속 종군기자로 2년 동안 활약했다. 대표작으로 그림 형제의 동화 〈백설공주〉를 패러디하여 자본주의와 대중문화의 홍수 속에 살아가는 20세기 미국인들을 풍자한 《백설공주》, 《죽은 아버지》 등이 있다.

가난한
예술가 부부의 삶

조너선 프랜즌
Jonathan Franzen[1]

대학을 졸업한 직후, 조너선 프랜즌은 꿈 많은 소설가이던 여자 친구와 결혼해서 가난한 예술가의 삶을 시작했다. 그들은 보스턴 외곽에 월세 300달러짜리 아파트를 구한 뒤 5킬로그램들이 쌀봉지들과 엄청난 양의 냉동 닭고기를 쌓아두고 1년에 한 번, 결혼기념일에만 외식하기로 마음 먹었다. 그러나 잔뜩 보관한 음식들이 바닥나자 프랜즌은 주말마다 하버드 대학교 지진학부의 연구 보조원으로 일하며 돈을 벌어야 했다. 주중의 닷새 동안, 그들은 하루 여덟 시간씩 글을 썼고, 저녁 식사 후에도 네댓 시간 책을 읽었다. 프랜즌은 당시를 이렇게 회상했다. "나는 미친 듯이 일했다. 아침 식사를 마치면 바로 일어나 책상 앞에 앉아 어두워질 때까지 일했다. 그게 기본이었다. 부엌을 사이에 두고 식당과 침실이 있어, 한 사람은 식당에서, 한 사람은 침실에서 일했다. 신혼부부여서 그런 식으로 일할 수 있었다."²⁾ 하지만 그런 식으로 계속 일할 수는 없었다. 결국 그들은 갈라서고 말았다. 그들의 창작 능력 차이도 또 다른 이유였다. 프랜즌의 두 소설은 호평을 받았지만, 아내의 첫 원고는 출판사를 찾지 못했고 두 번째 원고는 완성조차 못했다.

그러나 이후 프랜즌의 상황도 쉽지는 않았다. 2001년에 발표한 소설 《인생 수정》을 쓰기 위해 할렘의 작업실에서 블라인드를 내려놓고 불도 켜지 않은 채 귀마개와 눈가리개를 쓰고 컴퓨터 키보드 앞에 앉아 두문불출해야 했다. 그런 상황에서 4년이란 기간 동안 수천 장의 파지를 남긴 끝에 소설을 완성할 수 있었다. 훗날 프랜즌은 한 인터뷰에서 이렇게 말했다. "어떤 의미에서 그 소설은 어느 금요일에 시작되었습니다. 한 주일 내내 집필한 글이 마음에 들지 않았습니다. 그래서 어떻게든 다듬어보려고 하루 종일 글을 다듬었습니다. 그런데 오후 4시쯤 그렇게 다듬은 글도 마음에 들지 않더군요. 5시부터 6시까지 보드카를 마셨습니다. 스트레이트로요. 완전히 취했습니다. 느지막이 저녁 식사를 했지만 실패감을 견디기 힘들었습니다. 나 자신이 정말 미웠습니다."³⁾

조너선 프랜즌 1959~ . 미국의 소설가. 1996년 문예지 〈그란타〉가 선정한 '미국 문단을 이끌 최고의 젊은 작가 20인'에 포함되었고, 같은 해 〈뉴요커〉에도 '40세 미만 최고의 젊은 작가 20인'에 선정되었다. 대표작으로 《인생 수정》, 《자유》 등이 있다.

안정감을 주는
중상층의 삶

윌리엄 스타이런
William Styron[1]

윌리엄 스타이런은 1954년 〈파리 리뷰〉와의 인터뷰에서 "까놓고 말해서 글쓰기는 생지옥이다. 글이 잘 쓰이면 기분이 정말 좋지만, 그런 즐거움마저 매일 시작해야 한다는 고통으로 이내 사라진다"[2]라고 말했다. 그런 고통을 최소화하기 위해 스타이런은 색다른 일상의 습관을 개발해냈다. 그는 정오가 되어서야 잠자리에서 일어났고, 그 후에도 침대에 누워 한 시간 남짓 책을 읽으며 사색에 잠겼다. 그리고 1시 30분에 부인과 함께 점심 식사를 했다. 이른 오후에 우편물과 이런저런 일들을 처리하며 글 쓰는 작업 준비를 서서히 시작했다. 음악 감상이 그런 분위기 전환에 중요한 역할을 했다. 실제로 스타이런은 또 다른 인터뷰에서 "기분 좋게 집필을 시작하기 위해서는 한 시간 정도 음악을 듣는다"[3]라고 말했다. 오후 4시가 되면 스타이런은 서재로 들어가 네 시간가량 집필에 몰두했지만 200~300단어 분량의 글을 써낼 뿐이었다. 8시에 서재에서 나와 가족이나 친구들과 어울리며 칵테일을 곁들여 저녁 식사를 했고, 그 후에는 새벽 2~3시까지 술을 마시고 담배를 피우며 책을 읽거나 음악을 들었다. 스타이런은 글을 쓰는 동안에는 술을 마시지 않았지만, 술이 정신적 긴장을 완화하고, 작업에 대해 생각할 때 "통찰의 순간"[4]을 불러일으키는 중요한 수단이라 생각했다.

스타이런은 코네티컷과 마서즈비니어드, 두 곳에 저택을 두고 아내와 네 자식과 함께 살았다. 또 다른 인터뷰에서, 그런 편안한 중상층의 삶이 글쓰기에 도움이 되느냐 아니면 어떤 식으로든 방해가 되느냐는 질문에 스타이런은 "중상층의 생활 수준이 나에게 안정감을 주고 중요한 역할을 하는 듯하다"라며 다음과 같이 덧붙였다.

> 나는 보헤미아에는 살 수 없을 것이다. 또 천민의 삶도 살 수 없을 것이다. 하지만 내 작품들은 나름대로 혁명적이었고, 반체제적이었다. 나는 코네티컷의 작은 서재에서 줄곧 지냈지만, 내 서재 벽에는 플로베르의 유명한 글귀가 쓰여 있다. "부르주아처럼 규칙적이고 정돈된 삶을 살아라. 그래야 격정적이고 독창적인 글을 쓸 수 있다." 나는 이 말을 굳게 믿는다.[5]

윌리엄 스타이런 1925~2006. 미국의 소설가. 북부인인 어머니와 진보적 남부인인 아버지의 영향으로 인종 문제에 관해 열린 시각을 갖게 되었고, 남부 문학의 특징으로 꼽히는 역사의식과 현대 생활의 사회적·심리적 혼란이라는 주제를 결합시킨 작품들을 썼다. 대표작으로 《소피의 선택》, 《보이는 어둠》 등이 있다.

규칙적 작업이
만성 불안감을 해소하다

찰스 슐츠

Charles Schulz[1]

찰스 슐츠는 50여년 동안 1만 7,897편의 '피너츠' 만화 하나하나를 조수
들의 도움을 받지 않고 혼자 그렸다. 일요판까지 매일 만화를 그려야 했
기 때문에 규칙적인 시간표가 필요했고, 슐츠는 일주일에 닷새씩 하루에
일곱 시간을 '피너츠'에 할애하며 회사원처럼 자신의 역할을 다해야 했
다. 주중에는 새벽에 일어나 샤워와 면도를 하고 아이들을 깨워 아침을
먹였다(그의 아내가 만든 팬케이크). 8시 20분, 슐츠는 아이들을 스테이션왜
건에 태워 학교에 데려다 주었고, 가는 길에 이웃 아이들을 태우기도 했
다. 그 이후는 집 옆에 마련한 개인 작업실에서 화판 앞에 앉아 작업을 했
다. 처음에는 연필을 만지작거리며 상상의 나래를 폈다. 그가 일반적으로
사용한 방법은 "화판 앞에 앉아 과거를 생각하며, 아쉽고 고약했던 기억
들을 끌어내는 것"[2]이었다. 아이디어가 떠오르면 곧바로 작업에 돌입했

다. 영감이 마르기 전에 놀라운 집중력을 발휘하여 그 아이디어를 종이에 옮겼다.

슐츠는 점심 식사 — 언제나 햄 샌드위치와 우유 한 잔 — 까지 작업실에서 해결하고, 아이들을 학교에서 데려와야 하는 4시까지 작업을 계속했다. 이런 규칙적인 작업 습관은 그의 기질에 맞아, 평생 그를 괴롭혔던 만성 불안감을 극복하는 데 적잖은 도움을 주었다. 언젠가 슐츠는 "만화를 그릴 수 없었다면 두려움에 휩싸여 지냈을 것이다. 만화 그리는 일을 할 수 없었다면 공허감을 이겨내지 못했을 것이다"[3]라고 말한 적도 있다.

찰스 슐츠 1922~2000. 미국의 만화가. 스누피, 찰리 브라운, 루시 등 '피너츠' 시리즈의 캐릭터들을 탄생시킨 만화계의 거장이다. 탁월한 그림 솜씨에 뛰어난 문장력으로 빚어낸 '피너츠'에는 위트와 유머, 따뜻함 그리고 삶의 지혜와 인생철학까지 담겨 있어 세계적으로 폭발적인 인기를 끌었다. 대표적인 만화집으로 《심술쟁이가 뭐 어때》, 《걱정은 걱정을 낳는다》, 《많이 컸네, 찰리 브라운》 등이 있다.

완벽한 고립 속에서의
작업

이고르 스트라빈스키
Igor Stravinsky[1]

1924년 스트라빈스키는 한 인터뷰에서 "나는 8시경에 일어나 운동을 하고, 9시부터 오후 1시까지 쉬지 않고 일한다"[2]라고 말했다. 스트라빈스키가 하루에 작곡에 할애할 수 있는 최대의 시간은 세 시간이었지만, 오후에는 상대적으로 덜 힘든 일, 예컨대 악보를 옮겨 적거나 편지를 쓰고 피아노를 연습하며 보냈다.

순회공연을 하지 않을 때는 영감이 떠오르든 떠오르지 않든 하루도 빠짐없이 작곡에 전념했다. 그는 작곡할 때는 철저하게 혼자이기를 원해서 작업을 시작하기 전에 작업실의 창문을 모두 닫았으며 "아무도 들을 수 없다는 걸 확인하지 않으면 작곡을 할 수 없었다"[3]라고 말했다.

작곡이 진전되지 않고 앞뒤가 꽉 막힌 기분이 들면, 잠깐 동안 물구나무서기를 했다. 물구나무를 서면 "머리가 휴식을 취할 수 있어 뇌가 맑아지기"[4] 때문이었다.

이고르 스트라빈스키 1882~1971, 제정 러시아 태생의 미국 작곡가. 과거의 음악 재료들을 실험해서 20세기 음악에 폭넓고 다양한 영향을 남겼다. 특히 현대 음악의 새로운 장을 연 신고전주의의 대가로 평가받고 있다. 대표작으로 3대 발레곡 〈불새〉, 〈페트루슈카〉, 〈봄의 제전〉 등이 있다.

글쓰기에 중독된 작가의 삶

서머싯 몸
Somerset Maugham[1]

전기 작가 제프리 마이어스(Jeffrey Meyers)는 2004년에 발표한 서머싯 몸의 전기에서 "몸은 글쓰기를 음주처럼 쉽게 길들여지지만 깨기는 어려운 습관이라 생각했다"라며 "몸에게 글쓰기는 소명이라기보다 중독이었다"라고 주장했다.[2] 다행히 그 중독은 몸에게 유익했던지, 92년 동안 78권의 책을 발표했다. 서머싯 몸은 하루에 1,000~1,500단어를 쓰겠다는 목표를 세우고 매일 아침 서너 시간씩 작업했다. 그는 책상에 앉기도 전에 하루의 작업을 시작했다. 다시 말하면, 욕조에 몸을 담근 채 그날 쓰고 싶은 첫 두 문장을 머릿속으로 생각했다. 목욕을 끝내고 집필을 시작하면 조금도 한눈팔지 않았다. 몸은 바깥 경치를 바라보면서 글을 쓰는 게 불가능하다고 생각하여, 책상을 하얀 벽과 마주 보게 놓고 작업했다. 게다가 정오경에 아침 작업을 끝내고 나서는 곧바로 다시 시작하고 싶어 할 정도였다. 그래서 몸은 "글을 쓸 때, 등장인물을 창조해낼 때, 그 등장인물을 항상 당신 곁에 두어야 한다. 그 등장인물만 생각해야 한다"라며 "당신의 삶에서 등장인물을 떼어내면 당신의 삶도 외롭고 쓸쓸한 삶이 된다"라고 덧붙였다.[3]

서머싯 몸 1874~1965. 영국의 소설가·극작가. 수식 없는 간결한 문체가 특징이며, 세계 곳곳을 배경으로 인간 본성에 대한 통찰이 돋보이는 작품을 썼다. 대표작으로 《인간의 굴레》, 《달과 6펜스》, 《과자와 맥주》, 《면도날》 등이 있다.

치명적 중독에서
만난 길

밤의 예술가,
알코올로 색을 창조하다

앙리 드 툴루즈 로트레크
Henri de Toulouse Lautrec[1]

로트레크는 밤에 가장 뛰어난 창조력을 발휘하며 카바레에서 스케치했고, 사창가에서 이젤을 세웠다. 세기말 파리의 밤 생활을 담아낸 그림들로 그는 명성을 얻었지만, 카바레를 중심으로 한 생활 습관이 결국 그의 건강을 해쳤다. 로트레크는 술을 입에 단 채 살았고 거의 잠을 자지 않았다. 폭음과 데생으로 긴 밤을 보낸 후에도 일찍 일어나 석판화를 찍어냈고, 카페로 달려가 점심 식사를 했다. 점심을 먹는 중에도 서너 잔의 포도주를 곁들였다. 식사를 끝낸 후에 작업실로 돌아왔지만 술기운을 이기지 못해 잠깐 낮잠을 잤고, 늦은 오후까지 그림을 그렸다. 그리고 저녁 식사 전부터 다시 술을 마셨다. 방문객이 있을 때는 자신의 악명 높은 칵테일을 만들어 몇 순배 돌렸다. 특히 로트레크는 당시 프랑스에는 거의 알려지지 않았던 미국식 칵테일, 즉 두 가지 이상의 술을 혼합해서 만드는 칵테일을 좋아하여, 자기만의 고유한 혼합법을 고안해내는 걸 좋아했다. 하지만 향을 더하기 위해서가 아니라, 강렬한 색을 빚어내고 알코올 함량을 높이기 위한 목적이었다. 그가 고안해낸 칵테일 중 하나가 메이든 블러시(Maiden Blush)로 압생트와 귤즙, 쓴 맥주와 적포도주와 샴페인을 혼합한 것이었다.[2] 로트레크는 "입안에서 공작의 꼬리"를 느끼고 싶다고 입버릇처럼 말했다.[3] 저녁 식사를 하면서는 더 많은 포도주를 마셨고, 술에 취한 채 환락의 밤을 보냈다. 로트레크는 한 지인에게 "마흔 살쯤 되면 내 몸이 완전히 타서 없어질 것 같다"고 말했지만,[4] 실제로는 서른여섯에 세상을 뜨고 말았다.

앙리 드 툴루즈 로트레크 1864~1901, 프랑스의 화가. 파리의 몽마르트르에 살면서 뛰어난 심리적 통찰력으로 1890년대 파리 사람들과 밤 풍경 및 프랑스의 연예계를 독자적 화풍으로 그렸다. 대표작으로 〈물랭 루주〉, 〈서커스단의 연기 주임 페르난도〉 등이 있다.

60개의 커피 빈,
유별난 목욕 습관

루트비히 판 베토벤
Ludwig van Beethoven[1]

베토벤은 새벽에 일어나 잠깐의 시간도 낭비하지 않고 작업에 돌입했다. 아침 식사는 직접 정성스레 준비한 커피였다. 베토벤의 기준에 따르면, 한 컵에는 60개의 커피 빈이 있어야 했다. 베토벤은 용량을 맞추려고 커피 빈을 하나씩 세기도 했다. 커피로 간단히 아침 식사를 끝내면 곧바로 책상에 앉아 2시나 3시까지 작업하면서, 간혹 휴식을 취하기 위해 집 밖을 잠깐 산책하며 창작력을 북돋웠다. (이런 이유에서 베토벤의 생산성은 따뜻한 계절에 훨씬 더 높았던 게 아닐까 싶다.)

한낮의 식사를 끝낸 후, 베토벤은 본격적인 산책에 나섰고, 남은 오후의 대부분을 산책에 할애했다. 그는 악상이 떠오르면 기록해두려고 항상 펜과 오선지 두 장을 주머니에 넣고 산책에 나섰다. 해가 저물면 선술집에 들러 신문을 읽었다. 저녁 시간은 친구들과 함께 보내거나 극장에서 보냈지만, 겨울에는 집 안에 머물며 독서하는 걸 좋아했다. 저녁 식사도 대체로 간소했다. 한낮의 식사 때 먹고 남은 것과 한 그릇의 수프가 전부였다. 베토벤은 식사를 하며 포도주를 즐겨 마셨고, 저녁 식사 후에는 한 컵의 맥주를 마시며 파이프 담배를 피웠다. 저녁에 작업을 하는 경우는 거의 없었다. 일찌감치 잠자리에 들었는데 아무리 늦어도 10시를 넘기지 않았다.

베토벤의 독특한 목욕 습관은 주목할 만하다. 그의 제자이자 비서였던 안톤 신들러(Anton Schindler)는 베토벤의 전기 《내가 알았던 베토벤》에서 스승의 목욕 습관을 이렇게 회상했다.

씻기와 목욕은 베토벤의 삶에서 결코 빼놓을 수 없는 부분이었다. 이런 점에서 베토벤은 진정으로 동양적인 사람이었다. 그는 마호메트가 과장해서 목욕 횟수를 지시하지는 않았을 거라고 생각했다. 아침 작업 시간에 잠깐 산책하려고 옷을 갖춰 입지 않을 때면 거의 벌거벗은 상태로 세면대 앞에 서서, 몇 음계를 오르내리며 고함을 지르거나 때로는 크게 콧노래를 흥얼거리며 동그랗게 모은 손에 물을 부었다. 그 후에는 눈을 굴리거나 뭔가를 응시하며 방에서 돌아다녔고, 뭔가를 끄적거린 후에 물을 붓고 큰 소리로 노래하는 과정을 다시 시작했다. 깊이 명상하는 시간으로, 두 가지 안타까운 결과가 없었다면 어느 누구도 반대하지 않았을 습관이었다. 하나는 하인들이 때때로 웃음보를 터뜨렸다는 것이다. 그때마다 베토벤은 화를 내며 하인들을 나무라기도 했지만, 그 말투 때문에 더 우스꽝스러운 주인이 되고 말았다. 다른 하나는 너무 많은 물이 자주 바닥을 적시고 아래층까지 흘러내린 까닭에 집주인과 자주 말다툼을 벌여야 했고, 베토벤이 세입자로서 환영받지 못한 주된 이유였다는 것이다. 물이 아래층까지 뚝뚝 떨어지는 걸 막기 위해 베토벤의 거실 바닥에 아스팔트를 깔아야 할 정도였다. 어쨌든 베토벤은 자신의 발밑이 물로 흥건한 것을 전혀 의식하지 못했다![2]

루트비히 판 베토벤 1770~1827. 독일의 작곡가. 낭만주의 음악의 선구자로 '악성(樂聖)'이라 불리며, 아홉 개의 교향곡과 현악 사중주곡 〈라주모브스키〉, 피아노 소나타 〈열정〉, 〈월광〉 등이 있다.

뇌까지 전해지는
달콤하고 진한 커피의 노예

쇠렌 키르케고르
Søren Kierkegaard[1]

덴마크의 철학자 키르케고르의 하루는 글쓰기와 산책으로 집약된다. 대체로 키르케고르는 아침에 글을 썼고, 정오부터는 코펜하겐 곳곳을 오랫동안 산책하고 돌아와서 늦은 오후와 저녁에 다시 글쓰기에 몰두했다. 산책하는 도중에 기막힌 생각이 떠오르면 그 생각을 잊지 않으려고 서둘러 돌아와서는 모자도 벗지 않고 지팡이나 우산을 쥔 채 책상 앞에 서서 써 내려가기도 했다.

키르케고르는 저녁 식사 후에 습관처럼 마신 커피와 한 잔의 셰리주로 체력을 유지한 듯했다. 1844년부터 1850년까지 키르케고르의 비서를 지낸 이스라엘 레빈(Israel Levin)의 기억에 따르면, 키르케고르에게는 "최소한 50세트의 잔과 받침이 있었지만 한 가지 종류의 것이었다".[2] 또 레빈은 주인에게 커피를 갖다주기 전에 그날 마음에 드는 잔과 받침을 선택해야 했고, 이상하게 들리겠지만 그렇게 선택한 이유를 키르케고르에게 합리적으로 설명해야 했다. 키르케고르의 이상한 습관은 그것으로 끝나지 않았다. 전기 작가 요아킴 가르프(Joakim Garff)는 키르케고르의 이상한 습관을 이렇게 소개했다.

키르케고르는 무척 특이한 방식으로 커피를 마셨다. 흐뭇한 미소를 지으며 설탕 봉지를 잡고, 커피 잔의 테두리를 넘어 수북이 쌓일 때까지 설탕을 부었다. 그 후, 상상을 초월할 정도로 짙은 블랙커피로 하얗게 쌓인 설탕 피라미드를 서서히 녹였다. 이 과정은 시럽처럼 끈적하게 변한 커피가 키르케고르의 배 속으로 사라질 때까지 계속됐다. 그의 배 속에 들어간 커피가 셰리주와 뒤섞이며 만들어낸 에너지가 그의 펄펄 끓고 부글거리는 뇌까지 천천히 전해졌다. 어쨌든 키르케고르의 뇌는 하루 종일 충실하게 생산력을 발휘했던지, 희미한 빛에서도 레빈은 주인의 과로에 시달린 손가락들이 컵의 가느다란 손잡이를 움켜잡을 때마다 부들부들 떨리는 걸 볼 수 있었다.[3]

쇠렌 키르케고르 1813~1855, 덴마크의 철학자. 실존의 문제를 제기하여 실존 철학과 변증법 신학에 큰 영향을 끼쳤다. 대표적인 저서로 《유혹자의 일기》, 《이것이냐 저것이냐》, 《죽음에 이르는 병》, 《불안의 개념》, 《철학적 조각들》 등이 있다.

고통은
위대한 예술 작품의 뿌리

마르셀 프루스트
Marcel Proust[1]

"한 사람의 삶 전체를 정성껏 썼더라도 한 권의 책보다 경시한다는 것은 말도 되지 않는 짓이다."[2] 프루스트는 1912년에 이렇게 토로했다. 그의 이런 불만을 진실로 받아들이기는 어렵다. 1908년부터 세상을 떠나는 날까지, 프루스트는 삶 전체를 인류 역사의 기념비적인 소설이자, 150만 단어로 이루어지고 총 7권으로 출간된 《잃어버린 시간을 찾아서》에 할애했기 때문이다. 이 소설의 집필에 집중하기 위해 프루스트는 1910년 모든 사교 생활을 등지기로 결심하고, 파리 아파트의 코르크를 두른 밀실 같은 침실에서 시간을 보내며 낮에는 잠을 자고 밤에는 작업에 열중했다. 그리고 소설을 집필하는 데 필요한 인상과 자료를 수집하기 위해서만 간헐적으로 외출했다.

프루스트는 늦은 오후 — 대체로 오후 3시나 4시쯤이었지만 때로는 6

시 — 에 잠을 깨자마자 만성적인 천식을 완화하기 위해 아편을 재료로 한 1회분의 르그라 가루에 불을 붙였다. 몇 줌의 가루에만 불을 붙일 때도 있었지만, 침실이 연기로 가득해질 정도로 몇 시간이고 연기를 피운 적도 많았다. 그런 다음에야 그를 오랫동안 돌봐준 가정부이자 신뢰하던 친구인 셀레스트에게 커피를 가져오라고 알렸다. 이후의 과정은 종교적 의식처럼 빈틈없이 진행되었다. 셀레스트는 짙은 블랙커피 두 잔 분량을 담은 은제 커피포트, 상당량의 끓인 우유를 담은 뚜껑 달린 도자기 주전자 그리고 항상 똑같은 접시에 똑같은 빵집에서 구입한 크루아상 하나를 침대 옆 탁자에 놓고 침실을 떠났다. 프루스트는 혼자 카페오레를 만들어 마셨고, 셀레스트는 부엌에서 프루스트가 다시 부르기를 기다렸다. 프루스트가 다시 부르면, 셀레스트는 항상 준비해두던 두 번째 크루아상과 끓인 우유를 담은 주전자를 갖다주었고, 프루스트는 남은 커피와 끓은 우유를 섞어 다시 카페오레를 만들어 마셨다.

프루스트는 아침에 먹은 이것으로 하루 종일 버티기 일쑤였다. 셀레스트는 프루스트와 함께한 자신의 삶을 회고한 글에서 "그가 실질적으로 아무것도 먹지 않았다고 해도 과언이 아니었다. 내가 과문한 탓인지 몰라도, 프루스트 이외에 하루에 두 잔의 카페오레와 두 개의 크루아상을 주식으로 삼았다는 사람이 있다는 이야기를 아직까지 듣지 못했다. 때로는 크루아상 하나로 버텼다!"[3]라고 말했다. (셀레스트는 몰랐겠지만, 프루스트는 때때로 저녁때 외출하여 식당에서 저녁 식사를 했고, 그때마다 엄청난 양을 먹었다는 기록들이 있다.) 아무튼 빈약한 식사와 많이 움직이지 않는 생활 습관 때문에 프루스트가 끊임없이 감기 기운에 시달렸고, 작업하는 동안 한

기를 쫓아내기 위해 뜨거운 물을 계속 마시며 '모직물', 즉 부드러운 털실로 짠 스웨터를 두 겹으로 어깨에 둘렀다고 해서 놀랄 것은 없었다.

처음 커피를 갖다줄 때 셀레스트는 우편물까지 은쟁반에 담아 갖다주었다. 프루스트는 크루아상을 커피에 담가 먹으며, 우편물을 뜯었고 간혹 몇 구절을 셀레스트에게 소리 내어 읽어주었다. 또 몇몇 일간지를 처음부터 끝까지 읽었는데, 문학과 예술에 관련된 기사뿐 아니라 정치와 경제에 관련된 기사에도 깊은 관심을 보였다. 그 후 저녁에 외출하기로 마음먹은 경우, 프루스트는 전화를 걸어 자동차를 예약하고 옷을 갖춰 입는 등 이런 저런 준비를 시작했다. 그렇지 않은 경우, 프루스트는 신문을 읽은 뒤 곧바로 작업을 시작해서, 셀레스트가 뭔가를 갖다주거나 혹은 한담을 나누자며 벨을 눌러 연락할 때까지 몇 시간이고 쉬지 않고 집필에 몰두했다. 프루스트가 외출을 다녀온 뒤나 재밌는 방문객을 맞이한 뒤에는 셀레스트와의 한담이 서너 시간씩 이어지기도 했다. 프루스트는 셀레스트와의 한담을 소설의 연습 마당으로 활용하여, 종이에 옮겨 쓸 준비가 될 때까지 어떤 대화나 만남의 미묘한 차이와 숨은 의미를 끌어내는 듯했다.

프루스트는 언제나 침대에 거의 수평으로 바싹 엎드린 채 베개 두 개로 고개를 떠받친 자세로 글을 썼다. 때문에 무릎에 놓인 연습장을 잡으려면 한쪽 팔꿈치로 온몸을 꼴사납게 지탱해야 했다. 게다가 작업할 때 방을 밝히는 불빛은 녹색 갓을 씌운 희미한 침대 옆 등불이 전부였다. 이런 식으로 오랫동안 작업하고 나면 손목이 시큰거리고 눈이 피로한 건 당연했다. 프루스트 자신의 표현을 빌리면, "10페이지쯤 쓰고 나면 기진맥진했다".[4] 집중하기 힘들 정도로 피곤해지면 프루스트는 카페인 정제(錠

劑)를 복용했고, 잠자리에 들 때는 카페인의 효력을 떨어뜨리기 위해 수면제 베로날을 복용했다. 그 때문에 한 친구가 프루스트에게 "자네는 브레이크와 액셀러레이터를 동시에 밟고 있는 거네!"[5]라고 따끔하게 충고하기도 했지만, 프루스트는 개의치 않았다. 오히려 소설 집필 과정이 고통스럽기를 바라는 듯했다. 프루스트는 어떤 고통이든 가치가 있으며, 고통이 위대한 예술 작품의 뿌리라고 생각하여,《잃어버린 시간을 찾아서》마지막 권에서는 "한 작가의 작품 수준은 고통이 심장에 파고들었던 깊이에 비례해서, 자분정(自噴井)의 물처럼 높이 치솟는 듯하다"[6]라고 말했다.

마르셀 프루스트 1871~1922. 프랑스의 소설가. '의식의 흐름' 기법을 통해 자신의 삶을 심리적·비유적으로 그린, 총 7권으로 이루어진 《잃어버린 시간을 찾아서》로 널리 알려졌다. 제1차 세계대전 후에 출간된 제2권 《피어나는 소녀들의 그늘에서》로 1919년 공쿠르상을 받았다.

잔혹한 시간표에 묶인
커피 애호가

오노레 드 발자크
Honoré de Balzac[1]

발자크는 작가로서 웅대한 문학적 야망도 있었지만, 빚쟁이들의 끝없는 등쌀에 시달리면서도 커피의 힘에 원기를 얻어가며 자기 몸을 가차 없이 학대했다. 허버트 J. 헌트(Herbert J. Hunt)가 말했듯이, 발자크는 "휴식과 쾌락을 이따금 즐기며 작업"[2]에 혼신의 힘을 쏟았다. 작업할 때 발자크의 시간표는 잔혹할 정도였다. 발자크는 저녁 6시에 가볍게 저녁 식사를 하고 곧바로 잠자리에 들었다. 밤 10시에 일어나 작업대에 앉으면 일곱 시간을 쉬지 않고 일했다. 아침 8시에 90분가량 다시 잠을 잤고, 9시 30분부터 오후 4시까지 블랙커피를 마셔가며 작업에 몰두했다. 일설에 따르면, 발자크는 하루에 50잔의 블랙커피를 마셨다. 오후 4시엔 산책을 하고 목욕을 한 후에 6시까지 손님을 맞았다. 그리고 앞에서 언급한 과정을 그대로 되풀이했다. 1830년 발자크는 "아이스크림이 햇살에 녹듯이 하루가 내 손안에서 녹아내렸다"라며 "나는 사는 게 아니다. 끔찍하게 나 자신을 갉아먹고 있다. 하지만 일을 하다 죽든 다른 짓을 하다 죽든 나에게는 다를 바 없다"[3]라고 말했다.

알코올과 약물에 의존한
광적인 철학자

장 폴 사르트르
Jean Paul Sartre[1]

언젠가 사르트르는 "굳이 오랫동안 일하지 않아도 성과를 낼 수 있다"며 "아침에 세 시간, 저녁에 세 시간, 이것이 내가 따르는 유일한 규칙이다"라고 말했다.[2] 이 말을 곧이곧대로 믿고 사르트르의 삶이 느긋했으리라 생각한다면 커다란 착각이다. 사르트르는 거의 평생 동안 광적인 창조력을 발휘하며 살았던 철학자답게, 하루 여섯 시간의 작업을 꼬박꼬박 지키면서도 푸짐한 식사와 엄청난 음주와 흡연 및 약물로 채워진 사회적 삶을 살았다.

그의 하루 일과를 살펴보면, 파리의 아파트에서 정오까지 작업한 후에, 비서가 미리 짜놓은 한 시간의 약속을 위해 외출했다. 1시 30분에는 동반자이던 시몬 드 보부아르와 친구들을 만나 점심 식사를 함께했다. 언제나 두 시간 동안 이어지는 점심 식사 중에 사르트르는 약 1리터의 적포도주를 마셨다. 정확히 3시 30분에 식당을 나와 아파트로 돌아가 다시 작업에 매달렸다. 이때는 보부아르와 함께 작업했다. 밤에는 불면증에 시달려서 신경안정제의 힘을 빌릴 수밖에 없었다.

1950년대에는 일을 지나칠 정도로 많이 하면서도 잠을 거의 자지 못했고, 포도주를 엄청 마셔대고 담배를 입에 달고 살아 거의 초주검 상태에 빠져들었다. 그런데도 사르트르는 일을 줄이지 않고, 당시 파리의 대학생과 지식인과 예술가 사이에서 유행하던, 암페타민과 아스피린을 혼합한 흥분제 코리드란(corydrane, 1971년까지는 합법적인 약물이었지만, 1971년에 독극물로 지정되어 시장에서 사라졌다 - 옮긴이)에 의존했다. 복용법에 따르면, 아침과 정오에 각각 한두 알이었다. 그러나 사르트르는 모닝커피를 마실 때부터 시작하여 작업할 때도 한 알씩 천천히 씹어 삼키며 하루 20알을 복용했다. 한 알을 씹어 삼킬 때마다 사르트르는 두 번째 철학서 《변증법적 이성 비판》을 한두 페이지씩 써냈다.

사르트르는 일만 많이 한 것이 아니었다. 전기 작가 아니 코엔 솔랄(Annie Cohen-Solal)에 따르면, "사르트르는 24시간 동안 푸짐한 음식 이외에 두 보루의 담배, 검은 담배를 채운 서너 대의 파이프 담배, 1리터가 넘는 술(포도주, 맥주, 보드카, 위스키 등), 200밀리그램의 암페타민, 15그램의 아스피린, 3~4그램의 바르비투르산염, 커피와 차를 배 속으로 넘겼다."[3] 사르트르는 자신의 몸이 고갈되고 있다는 걸 알았지만, 건강보다 철학에 승부를 걸었다. 훗날 사르트르는 "분리되지도 분석되지도 않은 형태로, 하지만 합리적인 형태로 내 머릿속에 앞으로 내가 종이에 써야 할 모든 사상이 뒤섞여 있다고 생각했다. 그 사상들을 분리해서 종이에 써내는 것이 문제일 뿐이었다. 간단히 말하면, 철학적인 글을 쓴다는 것은 내 머릿속에 담긴 사상들을 분석하는 것이었다. 코리드란의 복용은 나에게 '앞으로 이틀 내에 그 사상들이 분석'된다는 걸 뜻했다"[4]라고 말했다.

장 폴 사르트르 1905~1980. 프랑스의 소설가·철학자. 잡지 〈현대〉를 주재하며 문단과 논단에서 활약했고, 개별적 인간 존재의 자유를 주창한 무신론적 실존주의의 대표적 사상가이다. 1964년 노벨 문학상 수상자로 결정되었지만 이를 거절했다. 문학인의 사회 참여를 역설했다. 대표적인 저서로 《구토》, 《자유의 길》, 《말》, 《존재와 무》 등이 있다.

창작을 위한
고뇌의 4개월

실비아 플라스
Sylvia Plath[1]

실비아 플라스가 열한 살부터 서른 살에 자살할 때까지 꾸준히 쓴 일기에는 효과적으로 글을 쓰기 위한 시간표를 찾아내서 이를 고수하려는 끊임없는 몸부림이 담겨 있다. 한 예로 플라스는 1959년 1월의 일기에서 "이제부터 이런 시간표가 가능한지 실험해보려고 한다. 자명종을 7시 30분에 맞춘 다음 피곤하든 않든 간에 무조건 그 시간에 일어난다. 8시 30분까지 아침 식사와 집 안 청소(침대 정리와 설거지, 바닥 걸레질 등)를 끝낸다. ……9시가 되기 전에 글을 쓰기 시작해서, 9라는 숫자의 저주를 떨쳐낸다."[2]라고 썼다. 이처럼 플라스는 매일 신성불가침한 작업 시간을 확보하려고 끊임없이 시도했지만 그 저주를 오랫동안 떨쳐내지는 못했다. 남편이던 영국 시인 테드 휴스(Ted Hughes, 1930~1998)와 헤어져 어린 두 자식을 홀로 돌보며 살던 말년에 이르러서야 플라스는 자신에게 알맞은 규칙적인 작업 시간을 찾아낼 수 있었다. 그녀는 잠들기 위해 진정제에 의존했다.[3] 진정제의 약효가 사라지는 새벽 5시쯤 일어나, 아이들이 잠에서 깰 때까지 작업을 했다. 1962년 가을, 두 달 동안 이런 식으로 작업한 끝에 플라스는 시집 《아리엘》에 실린 대부분의 시를 지어냈다. 이 시집은 사후에 출간되었고, 그녀는 독창적인 목소리를 시에 불어넣은 시인으로 인정받았다. 1962년 10월, 즉 자살로 이 땅에서의 삶을 끝내기 4개월 전, 플라스는 어머니에게 보낸 편지에서 "저는 작가로서 천부적 재능이 있는 듯합니다. 저에겐 그런 능력이 있습니다. 지금 저는 제 일생에서 최고의 시를 쓰고 있습니다. 이 시들로 저는 명성을 얻을 겁니다"[4]라고 썼다.

실비아 플라스 1932~1963. 미국의 시인·소설가. 동요적인 운율과 잔인할 정도로 직접적인 표현을 과감하게 사용했다. 소외·죽음·자기 파괴 등과 같은 주제를 다루었다. 대표작으로 자전적 소설 《벨 자》, 시와 동화를 엮은 《침대 이야기》, 일기를 모은 《실비아 플라스의 일기》 등이 있다.

최고의 연주,
금지된 약물

루이 암스트롱
Louis Armstrong[1]

암스트롱은 공연을 이유로 이곳에서 저곳으로 여행하고 아무 특징도 없는 호텔 방에서 잠을 자며 많은 시간을 길에서 보냈다. 이런 생활의 지루함과 스트레스를 이겨내기 위해 암스트롱은 공연 전후의 의식을 개발했다. 테리 티치아웃(Terry Teachout)은 2009년에 발표한 암스트롱의 전기에서 그 의식을 이렇게 설명했다.[2] 암스트롱은 공연 시작 시간보다 일부러 두 시간 일찍 공연장에 도착했다. 샤워를 끝내고 옷까지 갖춰 입은 채 도착했기 때문에 암스트롱은 분장실에 몸을 감추고, 그가 언제나 효능을 확신하던 가정용 치료법을 시행했다. 글리세린과 꿀을 마셔 '속을 씻어내는 방법'이었다. 또 간혹 닥치는 복통에 대비해 위장약 메이룩스를 복용했고, 만성적인 입술 문제를 해결하기 위해서는 독일에서 트롬본 연주자가 특별히 제작한 연고를 발랐다. 공연이 끝난 후에는 곧장 분장실로 돌아가 손수건을 머리에 묶은 채 속셔츠를 깔고 앉아 트럼펫을 만지작거리며 친구들과 팬들을 만났다.

암스트롱은 공연 전에는 저녁 식사를 하지 않았다. 공연을 끝내고 나서 간혹 느지막이 밤참을 먹기도 했지만 대부분의 경우에는 호텔로 돌아가 룸서비스로 식사를 주문하거나, 그가 팥과 쌀 다음으로 좋아했던 중국 음식을 배달시켜 먹었다. 그 후에는 마리화나를 말았고 ― 암스트롱은 마리화나가 술보다 훨씬 낫다고 생각하며 공개적으로 매일 피웠다 ― 밀린 우편물들을 처리하며, 어디를 가든 갖고 다닌 녹음기로 음악을 들었다.

평생 불면증에 시달린 암스트롱은 음악을 자장가 삼아 잠들려고 애썼다. 하지만 잠자리에 들기 전에 매일 가정용 치료법으로 사용했던 마지막 약물, 즉 영양학자 벤저민 게이로드 하우저(Benjamin Gayelord Hauser)가 약초로 발명한 강력한 완하제 스위스 크리스를 복용해야 했다(이 약은 지금도 판매되고 있다). 암스트롱은 스위스 크리스의 치유력을 확신하며 친구들에게 추천했을 뿐 아니라, "이것에게 모든 것을 맡기고 잊어버리세요"라고 쓰인 캡션 위에 변기에 앉은 자기 사진을 인쇄한 카드까지 갖고 다녔다. 의사들은 암스트롱의 이런 치료법에 질겁했지만, 암스트롱에게는 효과가 있었던 모양이다. 그래서 피곤한 순회공연에도 불구하고 언제나 수준 높은 공연을 계속할 수 있었던 것이 아니겠는가. 1969년 암스트롱은 한 인터뷰에서 이렇게 말한 것처럼 말이다.

정말 힘들고 고단했다. 비행기와 기차에서 2만 시간을 보내고, 끝없이 입술을 학대한 듯하다. ……내 능력을 입증해 보이려고 애쓰지는 않았다. 그저 멋진 공연을 해내고 싶었을 뿐이다. 음악이 곧 내 삶이었다. 음악이 언제나 최우선이었지만, 관객 앞에 보여줄 수 없다면 음악이 무슨 소용이 있겠는가![3]

루이 암스트롱 1901~1971. 미국의 트럼펫 연주자. 재즈 초기의 뉴올리언스 스타일을 오늘날까지 전한 재즈의 선구자로, 악단 '올스타스'를 만들어 활약했으며 재즈 연주에서 독주의 중요성을 확립했다.

절망적 독신자, 광적인 일중독자, 수학계의 수도자

에르되시 팔
Erdös Pál[1]

에르되시는 20세기에 가장 뛰어나고, 가장 많은 논문을 발표한 수학자 중 하나였다. 브리태니커 백과사전의 편집인 폴 호프먼(Paul Hoffman)이 《우리 수학자 모두는 약간 미친 겁니다》에서 말했듯이, 에르되시야말로 별난 사람, 해진 양복을 입고 공동 연구를 위해 이곳저곳 떠돌아다녔고, 변변찮은 삶을 유지하기에 충분한 돈만 남기고 벌어들인 돈을 모두 기부한 "수학계의 수도자"였다. 또한 어머니에게 비정상적일 정도로 헌신했지만 요리는 물론이고 찻물 끓이는 방법조차 몰랐던 절망적인 독신자였으며, 하루에 열아홉 시간을 일하고 몇 시간밖에 잠자지 않는 광적인 일중독자였다.

에르되시는 다른 수학자들과 짧은 기간이라도 집중적으로 협력해 작업하는 걸 좋아했다. 그런 이유로 새로운 인재를 찾아 전 세계를 누비고 다녔으며, 동료들과 협력해서 연구하는 동안에는 동료의 집에서 기거하기도 했다. 한 동료 수학자는 1970년대 에르되시가 방문한 때를 회상하며 이렇게 말했다.

……그는 세 시간밖에 자지 않았다. 일찍 일어나 편지를 썼다. 물론 수학에 관련된 편지였다. 에르되시는 주로 아래층에서 잠을 잤다. 첫날 그가 우리 집에 묵었을 때 시계가 틀렸다. 시계는 7시를 가리키고 있었지만 실제로는 새벽 4시 30분이었다. 어쨌든 그는 우리가 일어나 연구를 해야 한다고 생각했던지 텔레비전을 켜고 볼륨을 높였다. 시간이 지나서 나를 좀 더 잘 알게 되자, 그는 이른 시간에 위층으로 올라와서는 침실 문을 두드리며 "랠프, 아직 자나?"라고 물었다. 그와 함께 일하는 건 무척 힘들었다. 그는 아침 8시부터 다음 날 새벽 1시 30분까지 일하기를 원했다. 나는 식사하는 중에라도 잠깐 쉬기를 바랐지만, 그는 냅킨에 수학 기호를 끄적대며 수학에 대한 연구를 잠시도 쉬지 않았다. 누구나 에르되시와 함께 한두 주 정도 연구하면 녹초가 되고 말았다.[2]

에르되시는 그런 경이로운 스태미나를 유지하기 위해 암페타민의 힘을 빌렸다. 실제로 그는 매일 20밀리그램의 벤제드린이나 리탈린을 복용했다. 언젠가 친구가 그의 약물 남용을 걱정하며, 에르되시에게 한 달 동안 암페타민을 복용하지 않을 수 있겠느냐는 내기를 제안했다. 에르되시는 그 내기를 받아들였고, 30일 동안 암페타민을 끊는 의지를 보여주었다. 그리고 내기에 건 돈을 받아 챙기며 친구에게 말했다. "내가 중독자가 아니라는 걸 자네에게 증명했지만, 그동안 아무 일도 하지 못했네. 아침에 일어나서 백지만 멀뚱멀뚱 쳐다보고 있었으니까. 그냥 보통 사람이 된 것처럼 아무 생각도 할 수 없었네. 결국 자네는 수학의 발전을 한 달 동안 방해한 거야!"[3] 내기를 끝낸 후, 에르되시는 다시 암페타민을 상습적으로 복용하기 시작했고, 덤으로 짙은 에스프레소를 마시고 카페인 정제까지 복용했다. 에르되시는 "수학자는 커피를 정리(定理)로 변환하는 기계이다"[4]라는 유명한 말을 남겼다.

에르되시 팔 1913~1996, 헝가리의 수학자. 정수론과 조합론 분야를 개척해 20세기의 가장 위대한 수학자로 꼽힌다. 다른 수학자들과 공동으로 연구하여 조합론, 그래프 이론, 수론 등에서 방대한 업적을 남겼다. 혼자서는 논문을 거의 내지 않았기 때문에, 수학을 '사회적 활동'으로 승화시킨 수학자라고 할 수 있다.

초인적인 하루 일과
그리고 조울증과 약물 복용

아인 랜드
Ayn Rand[1]

1942년, 자신의 이름을 세상에 알리게 된 소설《파운틴헤드》를 끝내야 한다는 압박감에 시달린 아인 랜드는 만성적인 피로감을 극복하기 위해 의사를 찾아갔다. 의사는 그녀의 힘을 북돋워주려고 당시에는 새로운 약물이던 벤제드린을 처방해주었다. 전기 작가 앤 C. 헬러의 기록에 따르면, 랜드는 그 소설의 첫 부분을 구상하고 집필하는 데 수년을 보냈다. 하지만 벤제드린을 복용한 후에는 12개월 동안 1주에 평균 한 장(章)을 써냈다.[2] 그 기간 동안, 아인 랜드의 하루 일과는 거의 초인적이었다. 밤낮을 가리지 않고 글을 썼는데, 때로는 며칠 동안 잠을 자지 않기도 했다. 대신 옷을 입은 채 소파에서 잠깐 눈을 붙였다. 한번은 남편이 차려주는 식사를 하거나, 새로 쓴 구절을 남편에게 읽어주고 등장인물들 간의 대화를 논의하느라 잠깐 쉬었을 뿐, 30시간을 쉬지 않고 작업한 적도 있었다. 글이 제대로 쓰이지 않을 때도 책상에서 떨어지지 않았다. 훗날 랜드와 함께 작업한 타이피스트는 랜드의 작업 습관에 대해 이렇게 회고했다.

> 그녀는 자제력이 매우 강했다. 책상을 떠나는 법이 없었다. 글을 쓰는 과정에서 난관 — 그녀의 표현을 빌리면 '몸부림' — 에 부딪쳐도 책상에 앉아 문제를 해결했다. 의자에서 일어나 방 안을 서성대거나, 영감이 떠오르기를 기다리거나, 라디오나 텔레비전을 켜지 않았다. 그녀는 촌음을 아껴가며 글을 쓰지는 않았다. 서재에서 종잇장 같은 것이 펄럭이는 소리가 들리면, 랜드가 혼자 카드놀이를 하거나 신문을 읽는 것이었다. 또 그녀는 책상에 팔꿈치를 대고 손바닥에 턱을 괸 채 담배를 피우며 생각에 잠겨 창밖을 멍하니 내다보곤 했다.[3]

벤제드린 덕분에 아인 랜드는 《파운틴헤드》를 끝까지 써낼 수 있었지만, 결국에는 벤제드린의 포로가 되고 말았다. 지나친 남용으로 조울증과 신경과민, 정서적 발작과 편집증 증세를 보였던 것이다. 랜드는 그 후로도 30년 동안 암페타민을 끊지 못했다. 심지어 약물을 복용하지 않을 때도 그런 증세들을 보였다.

아인 랜드 1905~1982. 러시아 태생의 미국 소설가·철학자. 전통적인 유대 그리스도교의 윤리를 거부하는 소설로 성공을 거두었다. 대표작으로 《아틀라스》와 《파운틴헤드》, 철학적인 글을 모은 《자본주의의 이상》, 《철학, 누가 그것을 필요로 하는가》 등이 있다.

약물 중독을 극복하게 해준
동반자

제임스 T. 패럴

James T. Farrell[1]

1950년대 문학계의 일반적인 여론에 따르면, 패럴은 이미 최고 걸작을 남겼다. 이는 패럴이 20년 전에 발표한 3부작《스터즈 로니건》으로 존경받고 있었지만, 그 이후의 작품들은 별다른 인상을 남기지 못했다는 뜻이었다.

하지만 패럴은 망각 속으로 사라지고 싶지 않았다. 1958년 패럴은 자신의 삶에서 가장 야심 찬 프로젝트《시간의 우주(*The Universe of Time*)》라는 연작을 시작했다. 처음에 패럴은 세 권, 많으면 일곱 권으로 끝날 것으로 추정했지만, 한 인터뷰에서 그 연작이 적어도 25권으로 이루어질 거라고 호언장담했다.

이 프로젝트를 진행하는 데 필요한 엄청난 에너지를 유지하기 위해 패럴은 약물의 힘을 빌렸다. 다시 말하면, 암페타민을 복용해가면서 밤새 글을 썼다. 때로는 지저분한 파자마를 입은 채 20~24시간을 연속해서 작업했다. 때문에 그가 살던 호텔 방은 종잇조각들로 뒤덮이기 일쑤였다. 또 그와는 반대로 불안감을 억누르고 억지로 잠을 자기 위해 바륨을 복용하기도 했다.

많은 사람들의 말을 빌릴 것도 없이, 광적이고 비참한 삶이었다. 패럴은 동반자 겸 간호인이 된 잡지사 편집인 클레오 파투리스를 만날 때까지 이런 삶을 계속했다. 그녀는 전기 작가 로버트 K. 랜더스(Robert K. Landers)에게 "패럴에겐 '아침 식사 시간이에요', '점심 식사 시간이에요' 등과 같은 말을 해줄 사람이 필요했다"²⁾라고 말했다. 클레오 파투리스의 도움을 받아 패럴은 약물을 끊을 수 있었다. 적어도 일시적으로는! 훗날 몰래 소량의 약물을 다시 복용하기 시작했지만 그래도 정상적인 삶을 영위했다. 평소에 파투리스는 아침 6시 30분에 일어나 패럴의 아침 식사를 차려주었다. 패럴이 오렌지 주스, 잘게 썬 바나나를 섞은 콘플레이크, 잉글리시 머핀으로 식사를 하는 동안, 파투리스는 샤워를 하고 옷을 갈아입었다.

그 후에 패럴은 그녀를 버스 정류장까지 배웅했다. 그녀가 탄 버스가 출발하면 패럴은 버스 뒷면을 두드리며 그녀의 이름을 불렀고, 그녀에게 손짓으로 키스를 보냈다. 그때마다 파투리스도 손짓으로 패럴에게 키스를 날려주었고, 다른 승객들은 흐뭇한 미소를 지으며 두 사람의 그런 모습을 지켜보았다. 파투리스는 7시 45분에 사무실에 도착했고, 8시 30분쯤에는 패럴에게 걸려오는 첫 전화를 받았다(패럴은 하루에 여섯 번 이상 파투리스에게 전화했다). 하지만 10시쯤에는 패럴도 글쓰기를 시작했고 종종 점심 식사까지 잊고 오후 5시까지 글을 썼다. 파투리스는 퇴근해서 저녁 식사를 준비했고 설거지까지 도맡았다. 저녁 시간에 패럴은 자신에게 온 편지들에 답장을 썼고, 그 시간에 파투리스는 신문을 읽었다.

제임스 T. 패럴 1904~1979, 미국의 소설가·시인. 자신의 체험을 바탕으로 시카고에 사는 중·하류층 아일랜드인들의 생활과 운명 등을 사실적으로 묘사했다. 25권의 장편과 17권의 단편집을 남겼으며, 대표작으로 3부작 《스터즈 로니건》, 마르크스주의 문학을 다룬 《문예비평에 관한 노트》와 수필집 《50세의 사색》 등이 있다.

광기로 치닫는 에너지를
술로 다스리다

퍼트리샤 하이스미스
Patricia Highsmith[1]

《낯선 승객》과 《재능 있는 리플리》 같은 심리 스릴러를 쓴 퍼트리샤 하이스미스는 소설 속의 주인공들만큼이나 염세적이어서 혼자 있기를 좋아했다. 하이스미스는 글을 쓰지 않으면 한없이 불행했기 때문에, 글쓰기는 그녀에게 즐거움의 근원이 아니라 강박이었다. 일기에 "현실적인 삶은 글쓰기 작업에만, 다시 말하면 상상 속에서만 존재한다"[2]라고 말했을 정도였다. 다행히 하이스미스는 영감이 막힌 적이 거의 없었다. 그녀의 표현을 빌리면, 오르가슴에 달한 쥐처럼 온갖 아이디어가 넘쳐흘렀다.[3]

하이스미스는 매일 서너 시간씩 글을 썼다. 잘 쓰이는 날에는 2,000단어를 쓰기도 했다. 전기 작가 앤드루 윌슨(Andrew Wilson)은 그녀의 글쓰기 방법을 다음과 같이 설명했다.

하이스미스는 마음 상태를 작업하기에 맞게 다듬기 위해 침대에 앉아 그 옆에 담배와 재떨이와 성냥, 커피 한 잔, 도넛 하나와 설탕이 담긴 접시를 준비하는 방법을 즐겨 사용했다. 그녀는 글 쓰는 행위를 가급적 즐거운 행위로 생각하려고 절제라는 개념을 머릿속에서 지워버렸다. 그녀 스스로 말했듯이, 그녀의 자세는 거의 태아적 상태였고, 그녀의 목적은 "그녀 자신의 자궁"을 만들어내는 것이었다.[4]

하이스미스는 글을 쓰기 전에 독한 술 한 잔을 마시는 습관도 있었다. 그 이유는 "기운을 차리려는 것이 아니라, 광기로 치닫는 에너지를 억제하기 위한 것"[5]이라고 윌슨은 말했다. 말년에 이르러서는 술에 내성이 생겨 웬만큼 마셔서는 취하지 않는 술꾼이 된 까닭에, 침대 옆에 항상 보드카 한 병을 놓아두고 잠에서 깨자마자, 음주량을 줄이기 위해 보드카 병을 집어 들어 그날 마실 양을 병에 표시하기도 했다. 또한 하이스미스는 거의 평생 줄담배를 피워댔고, 하루에 골루아즈 한 보루를 연기로 날려보내기도 했다. 하지만 먹는 것에는 무관심했다. 한 지인의 기억에 따르면, "하이스미스는 틈틈이 미국식 베이컨과 달걀 프라이와 시리얼을 먹는 걸로 만족했다".[6]

사람들과 어울리는 걸 불편해했던 하이스미스는 동물들을 무척 좋아했다. 특히 고양이를 좋아했고, 달팽이를 키우기도 했다. 하이스미스는 어시장에서 이상한 모습으로 껴안고 있는 한 쌍의 달팽이를 보고 반려동물로 키워야겠다는 생각을 품게 됐다. (훗날 그녀는 라디오 인터뷰에서 "나는 달팽이들에게서 일종의 평온함을 얻는다"라고 말했다.)[7] 하이스미스는 영국 서픽에 있는 집의 정원에서 300마리의 달팽이를 키웠고, 한번은 상추 한 잎과 100마리의 달팽이를 커다란 핸드백에 담아 런던의 한 칵테일파티에 가져가서는 저녁 시간을 함께하는 동반자라고 참석자들에게 소개했다. 그 후, 프랑스로 이주할 때 하이스미스는 살아 있는 달팽이를 프랑스로 반입하는 걸 금지한 법을 피하기 위해 양쪽 젖가슴 아래에 6~10마리씩 감춰 국경을 넘는 방식으로 수차례 영국과 프랑스를 왕복하며 달팽이들을 몰래 가지고 들어갔다.

퍼트리샤 하이스미스 1921~1995. 20세기의 '에드거 앨런 포'라는 평가를 받는 미국의 추리소설 작가. 프랑스 탐정소설 그랑프리, 미국 추리작가협회 특별상, 영국 추리작가협회상을 받았다. 대표작으로 《완벽주의자》, 《당신은 우리와 어울리지 않아》, 《동물 애호가를 위한 잔혹한 책》, 《골프 코스의 인어들》 등이 있다.

2만 시간의 집필 끝에
완성한 대작

제임스 조이스
James Joyce[1]

"무절제하고 술에 기대는 경향을 띠지만 약간의 미덕을 지닌 남자."[2] 아일랜드의 소설가 제임스 조이스는 자신을 이렇게 평가했다. 적어도 일상의 습관에서 조이스는 규칙적으로 살지는 않았다. 누구에게도 방해받지 않았던 조이스는 아침 늦게 일어나, 그의 표현대로 "정신이 가장 맑았던"[3] 오후에 글을 쓰거나, 공과금을 벌려고 영어와 피아노를 가르치는 개인적인 책임을 이행하려 애썼다. 저녁에는 카페와 식당에서 친구들과 어울리며 시간을 보냈고, 그런 모임은 종종 이튿날 아침에 끝나곤 했다. 특히 자신의 테너 목소리를 자랑스레 생각하며 술집에서 옛 아일랜드 노래를 힘차게 부르곤 했다.

조이스는 1910년부터 그런대로 규칙적인 삶을 시작했다. 아내 노라와 함께 두 자식과, 가족 모두를 여러 차례 금전적 궁핍에 몰아넣었던 동생 스태니슬로스를 데리고 이탈리아의 트리에스테에 살던 때였다. 당시 조이스는 《더블린 사람들》을 내줄 출판사를 찾느라 동분서주했고, 집에서 피아노를 가르쳤다. 전기 작가 리처드 엘먼(Richard Ellmann)은 조이스의 일상을 다음과 같이 설명했다.

그는 10시경 일어났다. 스태니슬로스가 아침 식사를 하고 집을 나선 지 한 시간쯤 지난 뒤였다. 노라가 침대로 커피와 롤빵을 가져다줄 때까지, 제임스는 침대에서 뒹굴었고, 에일린(제임스의 누이)의 기억에 따르면, 제임스는 11시경까지 "자기만의 생각에 흠뻑 빠져 지냈다". 때때로 폴란드 출신의 재단사가 전화를 걸면, 제임스는 침대 가장자리에 걸터앉아 가끔 고개를 끄덕일 뿐 거의 듣기만 했다. 11시쯤 일어나 면도를 하고 피아노 앞에 앉았다. 그가 할부로 구입한 피아노였다. 피아노를 치며 노래하던 그의 시간은 느닷없이 들이닥치는 수금원 때문에 중단되기 일쑤였다. 수금원은 집에 들어오면 할부금을 독촉하고는 능숙하게 음악이나 정치로 화제를 돌렸다. 수금원이 떠나면 조이스는 다시 피아노 앞에 앉아, 노라가 "피아노 레슨이 있는 거 아시죠?"라거나 "더러운 셔츠를 또 입었네요!"라고 지적할 때까지 피아노를 연주했다. 제임스는 아내의 따끔한 지적에도 "하지만 벗지 않을 거요"라고 나지막이 대답했다.[4]

1시에 점심 식사를 했고, 때로는 2시부터 7시까지 피아노 레슨을 했다. 피아노를 가르치는 동안 조이스는 버지니아라는 필터가 없는 긴 담배를 피웠고, 레슨 하나를 끝낼 때마다 블랙커피를 마셨다. 일주일에 두 번 정도 조이스는 레슨을 일찍 끝내고 노라와 함께 오페라나 연극을 보러 다녔다. 일요일에는 가끔 그리스 정교회 예배를 참석하곤 했다.

이상은 조이스가 글로 밥벌이를 하지 못하던 당시의 모습이다. 1914년부터 조이스는 《율리시스》를 쓰기 시작했고, 그 이후로는 하루도 빠짐없이 작업했지만, 여전히 저녁에는 친구들과 어울리며 늦게까지 술 마시는 습관을 버리지 못했다. 조이스는 심신을 학대하는 힘든 문학적 노동으로부터 머리를 맑게 하려면 밤에는 휴식을 취해야 한다고 믿었다. 언젠가 이틀을 꼬박 집필에 몰두했지만 두 문장밖에 쓰지 못한 때가 있었다. 그때 조이스는 적절한 단어를 생각해내지 못해서냐는 질문에 "아닙니다. 적절한 단어들은 이미 내 머릿속에 있습니다. 내가 고민하는 건 단어들을 어떻게 배열해서 완벽한 문장을 만드냐는 겁니다"[5]라고 대답했다. 조이스는 1921년 10월에야 《율리시스》를 완성했다. 집필을 시작한 지 7년 만에 거둔 성과였고, "여덟 번의 질병과, 오스트리아에서 스위스와 이탈리아와 프랑스까지 열아홉 차례나 주소를 옮긴 끝에 이루어낸"[6] 성과였다. 이 모든 것을 종합해서 조이스는 "내 계산이 맞다면 《율리시스》를 쓰는 데만 거의 2만 시간을 쏟아부었다"[7]라고 말했다.

제임스 조이스 1882~1941. 아일랜드의 소설가. '의식의 흐름'이란 새로운 수법으로 인간의 복잡하고 미묘한 내면 심리의 갈등을 묘사하여, 20세기 심리소설의 형성에 영향을 미쳤다. 대표작으로 《젊은 예술가의 초상》, 《율리시스》, 《더블린 사람들》, 《피네간의 경야》 등이 있다.

세상을 사는 것만으로도
충분히 힘들다

프란츠 리스트
Franz Liszt[1]

헝가리의 작곡가이자 피아노의 거장인 프란츠 리스트는 밤에는 잠을 거의 자지 않았고, 매일 교회에 다녔으며, 줄담배를 피우고 술잔을 입에 달고 살았다. 한 제자는 리스트의 일상을 다음과 같이 기록했다.

리스트는 매일 아침 4시에 일어났다. 전날 저녁 친구들과 만나 엄청난 양의 포도주를 마시고 아주 늦게 잠자리에 든 때에도 마찬가지였다. 눈을 뜨면 곧장 일어나 아침 식사도 하지 않고 교회로 달려갔다. 5시에 나와 함께 커피를 마시며 두 개의 롤빵을 먹은 뒤 곧바로 일을 시작했다. 먼저 편지를 읽고 답장을 했으며, 이런저런 음악을 시도해보고, 그 밖에도 여러 일을 처리했다. 8시가 되면 우체국에 가서, 항상 한 아름의 우편물을 들고 돌아왔다. 그리고 다시 피아노를 연습했다.

오후 1시, 점심 식사가 궁중 주방에서 배달되었다. 리스트가 궁중에 초대받지 않은 때에는 리스트의 집으로 점심 식사를 배달하는 경우가 많았다. 나는 가끔 리스트와 함께 점심 식사를 했다. 음식은 맛있고 알찼지만 간소했다. 식사에는 포도주나, 리스트가 무척 좋아했던 프랑스식으로 물을 섞은 브랜디가 항상 곁들여졌다. 식사를 끝내면 리스트는 담배를 피웠다. 리스트는 식사를 하거나 잠을 잘 때를 제외하면 항상 담배를 입에 물고 살았다. 끝으로는 커피였다. 커피는 매일 신선하게 볶은 것으로, 리스트가 무엇보다 강조하는 것이었다.[2]

오후 늦게 리스트는 두 시간 정도 낮잠을 잤다. 밤에 피아노 앞에 앉아 연주하거나 작곡했기 때문에 부족한 수면을 보충하기 위한 잠이었다. 점심 식사에는 음주를 자제했지만 오후와 저녁에는 끊임없이 술잔을 들이켰다. 말년에도 하루에 한두 병의 코냑과 두세 병의 포도주를 마셨고, 때로는 독한 압생트까지 한 잔 들이켰다. 그와 같은 시대를 살았던 사람들의 기억에 따르면, 리스트는 쾌활한 성품의 소유자였지만 악마적인 면도 있었다. 언젠가 그보다 젊은 피아니스트가 왜 일기를 쓰지 않느냐고 물었을 때 리스트는 "세상을 사는 것만으로도 충분히 힘들다. 그런 고통을 글로 남겨야 할 이유가 있는가? 일기는 고문실의 기록과 다를 바 없을 것이다"[3]라고 대답했다고 전해진다.

프란츠 리스트 1811~1886, 헝가리의 피아니스트·작곡가. 피아노의 천재이며, 낭만파의 대표적 연주자로 '피아노의 왕'이라 불렸다. 작곡에서는 베를리오즈를 계승하여 표제가 달린 교향시곡의 형식을 확립했다. 대표작으로 〈헝가리 광시곡〉, 〈파우스트 교향곡〉, 〈단테 교향곡〉 등이 있다.

음주의 영향을 받지 않은
유일한 애주가

에드먼드 윌슨
Edmund Wilson[1]

전기 작가 루이스 W. 데브니(Lewis W. Dabney)는 "윌슨은 그 세대의 문학계에서 음주의 영향을 받지 않고 작업한 걸로 알려진 유일한 애주가였다"[2]라고 말했다. 문학평론가 겸 수필가였던 에드먼드 윌슨은 술을 좋아했다. 밀조한 진이든 순수한 알코올이든 권하는 술잔을 마다하지 않았지만 그가 좋아한 술은 캐나다산 몰슨 맥주와 조니워커 레드 레이블이었다. 시인 스티븐 스펜더(Stephen Spender)는 "프린스턴 클럽에서 윌슨은 여섯 잔의 마티니를 주문하고 그 여섯 잔을 연거푸 마시기도 했다"[3]라고 말했다. 하지만 윌슨은 숙취라고는 몰랐다. 조금만 잠을 자면 멀쩡한 사람으로 변했다. 그는 아침 9시에 작업을 시작하여, 책상에서 점심을 간단히 해결하며 오후 3시나 4시까지 작업을 계속했다. 윌슨은 "나는 매일 목표를 세우고 그 목표를 달성하려고 애썼다. 거의 언제나 6페이지의 글을 써냈다”[4]라고 말했다. 법정 규격의 종이(22×36센티미터)에 연필로 썼고, 나중에는 목표량을 7페이지로 늘렸다.

음주는 주로 저녁 늦게 본격적으로 시작되었지만, 윌슨은 까다로운 평론을 시작하거나 마무리 지어야 할 때 간혹 위스키의 도움을 받기도 했다. 매일 예닐곱 페이지의 글을 쓰는 것 이외에도 윌슨은 틈틈이 시간을 내어 편지에 답장하고 일기를 썼다. 일기에 픽션과 수필을 쓰기 위한 소재들을 정리해두기도 했지만, 여자들과 맺은 성관계를 자세히 기록하기도 했다. (윌슨에게는 네 명의 아내가 있었으나 많은 여자와 염문을 뿌렸다. 땅딸막해서 외모는 볼품없었지만 여자들에게는 매력적으로 보였던 모양이다.) 윌슨은 관심 없는 문제에 대해서는 전혀 글을 쓰지 않았다. 평생 경제적으로 불안정한 삶을 살았지만 정말로 관심 있는 문제에 대해서만 글을 써도 먹고살 수 있다는 걸 보여주는 데 자부심을 가졌다. 그 때문인지 윌슨은 “관심 있는 문제에 대해서만 글을 쓰고, 그 글로 편집자들에게 원고료를 받아내기 위해서는 치밀한 계산과 상당한 재주가 필요하다”[5]라고 말했다.

에드먼드 윌슨 1895~1972. 미국의 평론가·수필가. 19세기 프랑스의 역사적 방법에서 출발해 공식주의의 과오에 빠지지 않고 문학의 심미적 가치도 검토하며 폭넓은 영역에서 유연성 있는 비평을 전개함으로써 당시 미국 문학계를 주도한 문인으로 인정받았다. 대표작으로 《액셀의 성》, 《핀란드 역으로》 등이 있다.

금주와
안전한 벗

잭슨 폴록
Jackson Pollock[1]

1945년 11월, 잭슨 폴록과 그의 아내이자 동료 화가였던 리 크래스너(Lee Krasner)는 뉴욕을 떠나 롱아일랜드 동부에 있는 작은 어촌 스프링스로 이주했다. 크래스너는 폴록을 대도시에서 끌어내 술을 멀리하게 해주고 싶었다. 그녀의 결정은 옳았다. 폴록은 여전히 술을 마셨지만, 술친구도 없고 끝없이 계속되는 파티도 없어 폭음하는 횟수가 점점 줄어들자, 다시 그림을 그리기 시작했다. 스프링스에서 보낸 시간은 폴록의 삶에서 가장 행복하면서도 가장 열정적으로 작업했던 시기였다. 이 기간 동안 폴록은 이른바 '드리핑' 기법을 개발했고, 그 덕분에 유명해졌다.

대부분의 경우, 폴록은 이른 오후까지 잠을 잤다. 1950년 폴록은 스프링스까지 찾아온 기자에게 "낮에는 잠을 자고 밤새 작업하던 8번가 시절의 옛 습관은 이제 버렸습니다. 리도 마찬가지입니다. 이제는 제대로 살아야지요. 그렇지 않으면 이웃들에게 존중받지 못할 테니까요.²)라고 말했다. 크래스너는 폴록보다 몇 시간 일찍 일어나 집 안을 청소하고 정원을 가꾸었으며, 폴록이 여전히 꿈나라를 헤매는 동안 그림을 그리기도 했다. 게다가 폴록이 잠을 방해받지 않도록 전화 수화기를 내려놓는 신중함까지 보여주었다. 폴록은 1시쯤에야 아래층으로 내려와 커피와 담배로 아침 식사를 대신하고 작업실로 개조한 헛간으로 향했다. 그리고 5시나 6시까지 헛간에 머물며 작업에 집중하다가, 그 후에야 헛간에서 나와 맥주를 마셨다. 그리고 크래스너와 함께 해변을 산책했다. 저녁 식사 후에는 그 지역에서 새로 사귄 부부들을 만나기도 했다. 그들이 남편에게 긍정적인 영향을 미친 까닭에 크래스너는 그들을 '안전한 벗'이라 생각했다. 폴록은 밤늦게까지 뜬눈으로 지내는 걸 좋아했지만, 시골에는 할 일이 그리 많지 않았다. 폴록은 술을 덜 마시게 되면서 잠도 많아졌는데, 때로는 열두 시간을 꼬박 자기도 했다.

잭슨 폴록 1912~1956. 미국 현대 미술을 대표하는 거장이며, 액션 페인팅의 창시자이다. 많은 양식적 실험을 거친 끝에 1947년경 '드리핑'이란 극단적인 기법을 개발했고, 이 기법은 그의 전형적인 작품 양식으로 굳어졌다. 폴록은 명성과 달리 수입이 많지 않아 자주 생활고에 시달렸다.

남성적 감성에서
창조적 에너지가 샘솟는다

토머스 울프
Thomas Wolfe[1]

울프의 산문은 지나친 방임주의와 청소년 등장인물 때문에 비판의 대상이 됐다. 따라서 재밌게 말하자면, 울프의 글쓰기 의식(儀式)은 문학적인 수음 행위와 다를 바 없었다. 1930년 어느 날 저녁, 처녀작《천사여 고향을 보라》를 써낸 뜨거운 열정을 되살리려고 애쓰던 울프는 영감이 떠오르지 않는 상태에서 작업을 포기하고, 잠자리에 들기 위해 옷을 벗었다. 그러나 발가벗은 채 호텔 방 창문 앞에 서자 피로감이 순식간에 사라지면서, 다시 글을 쓰고 싶은 욕구가 용솟음쳐 책상으로 돌아가 새벽녘까지 글을 썼다. 울프 자신의 표현을 빌리면, "놀라운 속도로 확신에 차서 쉽게"[2] 글을 써내려갔다. 울프는 당시를 되돌아보며 무엇이 그런 급격한 변화를 자극했는지 알아내려 애썼고, 창문 앞에서 무의식적으로 성기를 만지작거렸다는 걸 알아냈다. 어린 시절부터 계속되던 습관이었다. 성적인 습관은 아니었지만(울프는 편집자에게 보낸 편지에서 자신의 "성기가 축 늘어져 발기되지 않았다"라고 썼다),[3] 그의 창조적 에너지를 끌어내기에 "충분한 남성적 감성"을 불러일으키는 습관이었다. 그때부터 울프는 글을 쓸 때마다 영감을 얻기 위해 이 방법을 사용하며, "삶의 모든 영역에서 감각적인 요소들이 더욱 현실감 있고 아름답게 와 닿을 때까지 자신의 성기"[4]를 몽롱한 기분에 잠겨 만지작거렸다.

울프는 주로 자정쯤에 글을 쓰기 시작했고, 한 전기 작가가 말했듯이 "엄청난 양의 차와 커피를 마셨다".[5] 울프는 198센티미터가 넘었다. 그래서 그의 키에 맞는 책상과 의자를 찾아내지 못해 냉장고 위 판을 책상으로 삼아 서서 글을 썼다. 창가에서 담배를 피우거나 방 안을 서성대며 간혹 휴식을 취했지만, 자정에 시작된 글쓰기 작업은 새벽까지 이어지기 일쑤였다. 작업을 끝내면 울프는 술을 한 잔 마신 후에 오전 11시까지 수면을 취했다. 그렇게 늦은 아침에 일어나 다시 작업을 시작했다. 때로는 타이피스트가 찾아와, 전날 밤 울프가 부엌 바닥에 내던진 원고들을 정돈하기도 했다.

토머스 울프 1900~1938. 미국의 작가. 자신이 직접 겪은 생활을 소설의 소재로 많이 다루었다. 대표작으로 《그대 다시는 고향에 못 가리》, 《천사여 고향을 보라》 등이 있다.

알코올과 오르가슴에 대한 끝없는 열망

존 치버
John Cheever[1]

1978년 존 치버는 "지금보다 젊었을 때 나는 8시에 일어나 정오까지 작업하고, 환호성을 지르며 휴식을 취했다. 그리고 다시 5시까지 작업에 열중한 후에는 곤드레만드레 취해서 잠자리에 누웠다. 다음 날도 똑같은 과정을 되풀이했다"[2]라며 과거를 회상했다. 1945년 여름, 부인과 어린 딸을 데리고 맨해튼 이스트사이트에 있는 아파트 9층으로 이사했을 때, 당시 서른세 살이던 치버는 약간은 직장인 같은 습관을 받아들였다. 블레이크 베일리(Blake Bailey)가 2009년에 발표한 전기에서 말했듯이, "그 후 5년 동안 매일 아침, 치버는 단벌이던 양복을 입고, 출근하는 사람들과 함께 엘리베이터에 올라탔다. 하지만 치버는 지하에 있는 창고로 곧장 내려갔다. 창고에 도착하면 양복을 벗고 헐렁한 옷을 갈아입은 뒤 정오까지 글쓰기에 몰두했다. 그리고 다시 양복을 입고 집으로 올라가 점심 식사를 했다".³⁾ 오후 시간은 자유롭게 사용했다. 어린 딸을 데리고 도심을 오랫동안 산책했고, 집으로 돌아가는 길에 술 한잔을 하고 싶으면 57번가의 메넴샤 바에 들르기도 했다.

치버는 이후로도 매일 아침에 글쓰기를 계속했다. 하지만 나이를 먹고 이력이 쌓이면서, 글 쓰는 시간은 점점 줄어들고 칵테일 시간은 점점 빨라졌다. 1960년대에 들어 치버의 작업 시간은 대체로 오전 10시 30분이면 끝났다. 그 이후에는 책을 읽는 척하면서 집 안 상황을 훔쳐보며 몰래 식품 저장실에 들어가 진을 들이켤 기회를 엿보았다(당시 치버는 맨해튼에서 교외로 이주해 살고 있었다). 1940년대 말부터 시작하여 30년 동안 꾸준히 쓴 일기에서도 알코올을 향한 끝없는 열망과 "글쓰기와 삶 사이에서 균형을 찾으려던"⁴⁾ 시도가 읽힌다. 다음에 인용한 글은 1971년 이후의 전형적인 하루에 대한 기록이다.

5시와 6시 사이에 나는 가장 기분이 좋다. 주변은 어둑하고 새들이 지저귀는 노랫소리가 들린다. 만사가 편해서 무엇이든 사랑하고 싶은 마음이 된다. 빛이 방에 가득 스며드는 7시쯤에는 불안감이 밀려오기 시작한다. 하루를 맞을 준비가 돼 있지 않은 까닭이다. 멀쩡한 정신으로는 하루를 맞을 준비가 돼 있지 않다는 뜻이다. 어떤 날에는 곧장 식품 저장실로 달려 내려가 술 한잔을 들이켜고 싶다. 나는 3년 전에 만들어낸 주문을 혼잣말로 암송한다. 3년 전, 나는 끊임없이 술을 생각하는 남자를 묘사한 적이 있었다. 이런 상황이 자꾸 반복된다. 따라서 7시와 10시 사이가 나에게는 최악이며 술을 마시기 시작한다. 진정제 밀타운을 복용할 수도 있지만 진정제를 복용하지는 않는다. ……오히려 기도하고 싶다. 하지만 누구에게 기도한단 말인가? 주일학교의 신에게? 특권과 의례가 여전히 불분명한 지방의 군주에게? 나는 자동차와 비행기와 선박, 뱀과 떠돌이 개, 떨어지는 낙엽, 새로 만든 사다리, 굴뚝을 통해 내려오는 바람 소리가 무섭다. 게스파덴 박사님, 나는 굴뚝에서 내려오는 바람 소리가 무섭습니다. 점심 식사 후에 잠깐 잠을 청하며 취기를 날려버리고, 다시 한 번 만족스럽고 무엇이든 사랑하고 싶은 기분으로 잠을 깨지만 일을 하지는 않는다. 수영이 하루의 절정이며 중심이다. 수영을 하고 나면 어둠이 내리기 시작한다. 나는 몽롱하지만 마음은 편안하다. 그래서 잠자리에 들고 다음 날 5시까지 꿈을 꾼다.[5]

일기에서는 자신의 복합적인 성적 취향에 대한 치버의 불안감도 읽힌다. 치버는 40년 이상 결혼 생활을 유지했고, 많은 여자들과 잠자리를 함께했지만 동성애적 성향으로 고심하면서도 몇몇 남자들과 관계를 맺었다. 설상가상으로 치버는 자신을 엄청난 정력가로 생각했지만(치버와 잠깐 바람을 피웠던 여배우 호프 레인지(Hope Lange)는 치버를 "내가 만난 가장 호색한 남자"[6]라고 말했을 정도였다), 빈번한 발기부전으로 고생하기도 했다. 발기부전은 십중팔구 극심한 알코올 의존증에서 비롯되고, 성적인 죄의식과 불안정한 결혼 생활로 더욱 악화된 것으로 해석된다. 이 모든 것으로 인해, 또한 치버는 무엇보다 성적 충동 발산의 긍정적인 효과를 중시했기 때문에 작업에 집중할 수 없었다. 치버는 자신은 체질적으로 적어도 "일주일에 두세 번의 오르가슴"[7]이 필요하다고 생각했고, 성적인 자극이 집중력과 시력까지 향상시켜준다고 확신하며 "발기하면 나는 기도서의 작은 글씨까지 읽을 수 있지만, 그놈이 축 늘어지면 신문의 표제어도 겨우 읽는다"[8]라고 말했다.

치버는 때때로 이런 지나친 성욕을 지겹게 생각하기도 했지만, 그런 내적인 혼란이 자신의 상상력과 어떤 식으로든 관계가 있다고 믿는 듯했다. 즉 그의 소설에 생명력을 불어넣다 못해 넘쳐흘러 무모한 행동을 하게 만들고 중독증에 빠뜨리는 생명의 샘이 자기 내면에 존재한다고 생각하는 것 같았다. 하지만 글쓰기가 그의 욕구를 발산하는 귀중한 배출구인지, 그의 상상력을 소설에 쏟아 넣는 글쓰기가 실제로는 상황을 더욱 악화시키는 것은 아닌지 고심하기도 했다. 이 때문에 1968년의 일기에서는 이렇게 썼다. "나 같은 성향의 사람에게 글쓰기는 자기 파괴적인 직업이 아니라는 확신을 가져야 한다. 제발 그렇지 않기를 바라고, 그렇지 않을 거라고 생각하지만 진정으로 확신할 수가 없다."[9]

존 치버 1912~1982. 미국의 소설가. 환상과 반어적인 희극을 통해 미국 교외 중간층의 삶과 풍습, 도덕성을 묘사했다. 대표작으로 단편집 《돼지가 우물에 빠졌던 날》, 《그게 누구였는지만 말해봐》, 《사랑의 기하학》, 장편으로 《팔코너》, 《왑샷 가문 연대기》 등이 있다.

여자는 평생
탐구해야 할 대상

조르주 심농
Georges Simenon[1]

조르주 심농은 20세기에 가장 많은 작품을 남긴 소설가로, 평생 425권의 책을 썼다. 정확히 말하면 16개의 필명으로 200편이 넘는 싸구려 통속소설을 썼고, 자신의 본명으로 220편의 소설과 세 편의 자서전을 남겼다. 하지만 놀랍게도 그가 매일 글을 쓴 것은 아니었다. 벨기에 태생이지만 프랑스어로 소설을 쓴 심농은 매번 2~3주 동안 집중적으로 작업하고 몇 주 동안, 심지어 몇 개월 동안 전혀 작업하지 않았다.

 글을 쓰는 동안에도 심농은 매일 오랫동안 글을 쓰지는 않았다. 전형적인 일과표에 따르면,[2] 아침 6시에 일어나 커피를 끓이고는 6시 30분부터 9시 30분까지 작업했다. 그 후, 오랫동안 산책하고 12시 20분에 점심 식사를 한 뒤 한 시간가량 낮잠을 잤다. 오후에는 아이들과 함께 시간을 보냈고, 다시 잠깐 산책한 후에 저녁 식사를 하고 텔레비전을 시청하다가

10시에 잠자리에 들었다.

심농은 자신을 체계적으로 글 쓰는 기계로 자처했다. 단번에 80페이지를 써낼 수 있었고 수정하지도 않았다. 그러나 철칙으로 삼는 미신적인 행동이 있었다. 한 예로 그는 작업하는 모습을 누구에게도 보여주지 않았다. 그가 작업실 문에 걸어둔 '방해하지 마시오'라는 표식은 반드시 지켜야 할 원칙이었다. 또 심농은 하나의 소설을 집필하는 동안에는 처음부터 끝까지 똑같은 옷을 입어야 했고, 새로운 책을 시작할 때 밀려오는 불안감을 달래기 위해 셔츠 주머니에는 항상 진정제가 있었다. 또 작품 하나에는 1.5리터의 땀이 필요하다고 생각하며 새로운 작품을 시작하기 전과 끝낸 후에 체중을 달았다.

심농의 삶에서 경이로운 작품 활동에 비견할 만한, 아니 훨씬 능가하는 것은 성욕이었다. 전기 작가 패트릭 마넘(Patrick Marnham)은 1992년에 발표한 심농의 전기에서 "대부분의 사람은 매일 일하고 주기적으로 성생활을 즐긴다. 하지만 심농은 매일 성행위를 했고, 수개월마다 광적으로 집필 작업에 빠져들었다"³⁾라고 말했다. 파리에 살 때는 하루에 네 명의 여자와 잠자리를 함께하기도 했다. 심농은 평생 1만 명의 여자와 잠자리를 함께한 것 같다고 추정했지만, 그의 두 번째 부인은 그런 추정을 일축하며 전부 합해봐야 1,200명 정도가 될 거라고 말했다. 심농은 그런 성적인 갈망을 이성(異性)에 대한 극단적인 호기심으로 설명했다.

여자는 나에게 언제나 예외적인 인간, 즉 내가 아무리 이해하려고 노력해도 소용없는 인간이었다. 여자는 평생 끊임없이 탐구해야 할 대상이었다.

길면 두 시간, 짧으면 10분 동안 지속되는 그런 모험을 경험하지 않았다면

내가 소설에서 어떻게 수십 명, 더 나아가 수백 명의 여성 등장인물을 창조

해낼 수 있었겠는가?[4)]

조르주 심농 1903~1989. 벨기에의 추리소설가. 추리보다는 독특한 심리 게임으로 사건을 풀어가는 매그레 반장은 셜록 홈스, 아르센 뤼팽과 더불어 추리문학에서 가장 사랑받고 있다. 철저하게 단순한 문체를 사용하여 극도로 절제하며 고도로 긴장된 분위기를 잘 살려낸 추리소설가로 평가된다. 대표작으로 《수상한 라트비아인》을 비롯해 '매그레 시리즈'가 있다.

창조적 영감도
흘려보낸 일상

킹즐리 에이미스
Kingsley Amis[1]

킹즐리 에이미스는 1975년의 한 인터뷰에서 "거의 똑같은 하루의 일상을 반복하십니까?"라는 질문에 다음과 같이 대답했다.

물론입니다. 나는 일찍 일어나는 편은 아닙니다. 느지막이 아침 식사를 하고, 요즘 세상이 어떻게 돌아가는지 알아야 한다고 스스로에게 위선적으로 말하면서 신문을 읽지만, 실제로는 타자기 앞에 앉아야 하는 끔찍한 시간을 늦추려는 행동일 뿐입니다. 그때가 대략 10시 30분경인데 나는 여전히 파자마에 실내 가운을 걸친 상태입니다. 내 의지에 따라서 빈둥대는 걸 끝내고 면도를 하고 작업할 준비를 한다는 게 내 나름의 원칙입니다. 그래서 1시나 1시 15분이 돼서야 작업할 준비를 시작합니다. 대개 라디오에서 흘러나오는 음악에 맞춰 자리에서 일어나 작업실에 들어갑니다. 담배와 술도 함께. 2시나 2시 15분까지 작업하고 점심 식사를 합니다. 급한 원고가 있으면 오후에도 글을 쓰지만 그런 일이 싫습니다. 특히 오후에 무슨 일이 생기면 정말 싫습니다. 오후에는 일을 전혀 안 해도 상관없다는 게 내 나름의 원칙입니다. 운이 좋으면 느지막이 차 한 잔을 마십니다. 그 후에도 차를 마시면서 6시가 되기를 기다립니다. 그 시간에는 술집이 문을 열어 그때부터 본격적인 단계에 들어설 수 있으니까요. 8시 30분까지 계속 마십니다. 도중에 중단하는 경우는 거의 없습니다. 창조적인 영감이 떠올라도 전혀 흔들리지 않습니다. '다음에 또다시 강렬한 느낌을 받겠지!' 하며 위안을 삼습니다.[2]

70대가 되었을 때 에이미스의 일상은 조금 변했다.[3] 여전히 매일 글을 썼지만 술이 더 중요한 비중을 차지했다. 에이미스는 8시 조금 전에 일어나 샤워하고 면도한 후에 아침 식사(그레이프프루트, 시리얼, 바나나, 차)를 하며 신문을 읽었다. 그리고 9시 30분경 서재에 들어가 앉았다. 전날 저녁에 중단했던 곳을 찾아서 — 에이미스는 이튿날 조금이라도 쉽게 시작하기 위해 다음에 어떻게 써야 할지 아는 곳에서 항상 중단했다 — 타자기 앞에 앉아 하루에 최소한 500단어를 쓰겠다는 목표를 달성하려고 몇 시간 동안 계속해서 일했고, 대체로 12시 30분이면 그럭저럭 목표에 이르렀다. 그럼 택시를 타고 술집이나 남성 전용인 개릭 클럽(런던에 있던 유명 인사들의 고급 클럽 – 옮긴이)에 가서, 그날의 첫 술잔으로 매캘런 스카치 위스키에 물을 섞은 칵테일을 마셨다. 그 후 점심 식사를 하며 포도주를 곁들였고, 식사를 끝낸 후에는 커피와 한두 잔의 보르도산 적포도주나 부르고뉴산 적포도주를 마셨다.

　이렇게 점심 식사를 끝내는 시간이 대략 3시 15분과 3시 45분 사이였다. 에이미스는 다시 택시를 타고 집으로 돌아가 안락의자에 앉아 30분쯤 낮잠을 즐겼다. 그 후, 다시 서재에 들어가 그날의 마지막 작업을 5시쯤 시작해서 한두 시간 정도 계속했다. 하루의 글쓰기가 끝나면 에이미스는 다시 스카치위스키에 물을 섞어 마셨고, 텔레비전 앞에 편하게 앉아 좋아하는 프로그램을 시청했다. 그 후 가족들과 함께 저녁 식사를 하고 다시 텔레비전을 시청하거나 비디오를 보았다. 에이미스는 밤 11시에 마지막으로 물을 섞은 스카치위스키를 마시기 시작해 12시 30분에야 술잔을 놓았다. 그리고 수면제의 힘을 빌려 꿈나라로 들어갔다. 한밤중에 소변이 마려워 잠에서 깨도 화장실까지 달려갈 필요가 없었다. 그런 경우를 대비해 침대 옆에 항상 양동이를 준비해두었으니까.

킹즐리 에이미스 1922∼1995, 영국의 소설가·시인. 초창기 소설들은 자유주의적 경향을 띠었으나 1960년대 후반부터 보수적으로 바뀌었다. 시에서는 실험적이고 장엄한 주제를 의도적으로 피하면서 차분하고 절제된 시를 썼다. 대표적인 소설로 《행운아 짐》, 《불확실한 감정》, 시집으로는 《마음의 틀》, 《견본 상자》 등이 있다.

직업의 시간과
작업의 시간

THIS IS A JOB

Project Skills Time Sheet			
Date	Time In	Time Out	Hours
7-17	3:30pm	5:45pm	2.2
7-18	4:00pm	5:00pm	1
7-26	4:30pm	6:00pm	1.5

안정된 근무 시간과
끝없이 이야기하는 밤

프란츠 카프카
Franz Kafka[1]

1908년 카프카는 프라하의 노동자재해보험국 관리로 들어가면서, 그토록 바라던 "안정된 근무 시간"[2]에 일하게 되었다. 다시 말해 아침 8시나 9시부터 오후 2시나 3시까지 사무실에서 근무하는 직장인이 되었다. 오랜 시간을 일하고 자주 야근까지 해야 했던 과거의 직장에 비하면 상당한 발전이었지만, 카프카는 여전히 방해받는 기분이었다. 좁은 아파트에서 가족들과 함께 살고 있어, 모두가 잠든 밤늦게라야 글쓰기에 집중할 수 있었기 때문이다. 1912년 카프카는 펠리체 바우어에게 "시간은 짧고 내 힘은 부족하고, 사무실은 끔찍스럽고 집은 시끄럽습니다. 아름답고 굴절 없는 삶이 가능하지 않은 사람은 예술 작품을 통해 그 어려움을 헤쳐나가야만 할 것입니다"[3]라고 푸념하는 편지를 보냈다. 같은 편지에서 카프카는 자신의 시간표를 덧붙여 설명했다.

8시부터 2시나 2시 30분까지 사무실에서 일하고, 3시나 3시 30분에 점심 식사를 합니다. 그 후 7시 30분까지 침대에 누워 잠을 잡니다(하지만 대부분의 경우 뒤척이다가 끝납니다. 요즘 일주일 내내 꿈에 몬테네그로 사람들만 보입니다. 비위에 거슬릴 정도로 뚜렷해서 머리가 아플 지경입니다. 그들의 복잡한 의상이 세세한 부분까지 보입니다). 창문을 열어놓고 발가벗은 채 10분 정도 운동을 하고, 혼자서 때로는 친구 막스 브로트(Max Brod)나 다른 친구와 함께 한 시간가량 산책을 합니다. 산책을 다녀와선 식구들과 저녁 식사를 합니다(나에게는 세 명의 누이가 있습니다. 큰누이는 결혼했고, 둘째 누이는 약혼했습니다. 두 누이를 싫어하지는 않지만 결혼하지 않은 막내 누이를 가장 좋아합니다). 그리고 10시 30분(11시 30분까지 미루는 경우는 거의 없습니다)에 책상에 앉아 글을 쓰기 시작해서, 체력이나 기분에 따라 달라지지만 1시나 2시, 운이 좋으면 3시까지 계속 작업합니다. 한번은 아침 6시까지 작업한 적도 있었습니다. 다시 앞에서 말했던 운동을 하지만 격렬한 운동은 피합니다. 샤워를 하고 나면 언제나 심장에 약간의 통증이 밀려오고 위가 뒤틀리지만 잠자리에 듭니다. 잠을 청해보려고 상상할 수 있는 온갖 노력을 다하지만 불가능한 일을 이루려는 것과 같습니다. 도무지 잠을 이룰 수가 없기 때문입니다(더구나 K씨는 잠을 자게 되더라도 꿈꾸지 않는 잠을 원합니다). 절대로 해결될 수 없는 문제를 어찌 확실하게 해결할 수 있겠습니까. 내일이나 언젠가는 당신의 편지를 받을 수 있으리라는 헛된 기대감과 같은 것입니다. 따라서 밤은 두 부분으로 이루어집니다. 하나는 깨어 있는 시간의 밤이고, 다른 하나는 잠을 이루지 못하는 시간의 밤입니다. 내가 이런 밤에 대한 이야기를 당신에게 길게 하고, 당신이 내 이야기를 들어줄 준비가 되어 있다면 나는 끝없이 이야기할 수 있을 겁니다. 때문에 다음 날 아침 사무실에서 내가 기력이 거의 소진된 상태로 일하게 되더라도 전혀 놀랄 일은 아닙니다. 요즘 타이피스트가 있는 곳까지 갈 때 항상 이용하는 복도에는 관처럼 생긴 손수레가 있습니다. 문서와 서류를 실어 나르는 손수레입니다. 그 옆을 지날 때마다 그 손수레가 나를 위해 만들어져서 내 시신을 기다리고 있다는 섬뜩한 기분을 떨치지 못했습니다.

프란츠 카프카 1883~1924, 체코 태생의 독일 소설가. 인간 존재의 부조리성을 초현실적인 수법으로 파헤치고, 현대 인간의 실존적 체험을 극한에 이를 때까지 표현하여 실존주의 문학의 선구자로 평가받고 있다. 대표작으로 〈변신〉, 《소송》, 《성(城)》, 《아메리카》 등이 있다.

학문과 가정,
이중의 삶

찰스 다윈
Charles Darwin[1]

찰스 다윈은 1842년 런던을 떠나 잉글랜드의 시골로 이주했다. 번잡한 도시 생활을 벗어나 한층 평온한 환경에서 가족들과 함께 지내려는 목적도 있었지만, 10여 년 전부터 개인적으로는 확신했지만 아직 공개하지 않은 진화론이란 비밀을 감추려는 목적도 있었다. 인간이 동물에 뿌리를 두고 있다는 진화론이 빅토리아 시대에 이단적이고 오만한 이론으로 비난받을 게 뻔했기 때문이다. 다윈은 개인적인 불명예를 감수하고 싶지 않았고, 더구나 자신의 연구가 무비판적으로 묵살되는 것도 원하지 않았다. 그래서 목사관으로 있던 켄트의 한적한 마을 다운 하우스에서 때를 기다리기로 결정했다. 다윈은 다운 하우스를 "세상의 끝자락"[2]이라 칭했지만, 결국 그곳에서 평생을 보내며 작업에 열중했다.

다운 하우스에 이주한 때부터 1859년 마침내 《종의 기원》을 발표할 때까지 다윈은 이중의 삶을 살았다. 요컨대 진화와 자연선택에 대한 본래의 생각을 비밀리에 간직한 채 과학계의 신임을 얻기 위해 애썼다. 곧 다윈은 따개비에 관련한 네 편의 논문을 발표해 따개비 전문가가 되었고, 1853년에는 그 업적을 인정받아 로열 메달을 받았다. 다윈은 벌과 꽃에 대해서도 연구했고, 산호초와 남아메리카의 지질 구조를 다룬 책도 발표했다. 그 와중에 다윈은 극소수의 믿을 만한 동료들에게 진화론에 대해 은밀하게 알려주었고, 한 동료 과학자에게는 "살인을 자백하는 기분"[3]으로 말했다고 전해진다.

이 시기에, 더 나아가 그 이후로도 다윈의 건강은 좋지 않았다. 복통과 심계항진, 종기와 두통 등 여러 징후에 시달렸다. 질병의 원인은 알려져 있지 않지만, 런던에서 생활하는 동안의 과로가 원인인 듯하며 스트레스로 더욱 악화된 것이 분명하다. 때문에 다윈은 다운 하우스에서 수도자처럼 조용한 삶을 살았고, 하루에 몇 시간가량 집중해서 일하며 산책과 낮잠, 독서와 편지 쓰기 등으로 중간중간 휴식을 취하는 규칙적인 시간표를 따랐다.[4]

다윈은 잠자리에서 일어나 잠깐 산책하고 혼자 아침 식사를 끝낸 후 아침 8시에 하루의 작업을 시작했다. 복도의 탁자 위에 항상 놓아두던 코담배를 가지러 갈 때를 제외하고 서재에서 90분 정도 집중해서 작업한 후, 다윈은 응접실에 가서 아내 에마를 만났고 그날의 우편물을 받았다. 다윈이 개인적인 편지부터 읽고 나서 소파에 누우면, 에마가 가족의 편지를 소리 내어 읽어주었다. 편지 읽기가 끝나면, 에마는 소설을 소리 내어 읽어주었다.

10시 30분, 다윈은 서재로 돌아가 12시나 12시 15분까지 다시 작업했다. 다윈은 이 시간을 하루 작업의 끝이라 생각해서, 종종 "하루의 작업을 무사히 끝냈다"[5]라고 말하곤 했다. 그 후, 다윈은 반려견 폭스테리어 폴리를 데리고 본격적인 산책에 나섰다. 먼저 온실에 들렀고, 쇠장식을 단 지팡이로 자갈길을 때리며 '샌디워크'(다윈이 다운 하우스 남서쪽에 빌린 땅에 나무를 심은 곳 - 옮긴이)를 몇 번이고 왕복했다. 그 후에 가족들과 함께 하는 점심 식사가 있었다. 다윈은 식사에 곁들여 약간의 포도주를 마시는 걸 좋아했지만 취하지 않으려고 조심했다. 다윈의 주장을 그대로 믿는다면 그가 술에 취한 때는 일생에 단 한 번, 그것도 케임브리지 대학교에 다닐 때였다.

점심 식사를 끝내면 응접실 소파에 앉아 신문을 읽었다(비과학적인 글로는 다윈이 유일하게 직접 읽는 신문이었고, 다른 비과학적인 글들은 거의 언제나 에마가 소리 내어 읽어주었다). 그 후에는 벽난로 옆에서, 말 털로 속을 채운 커다란 의자에 앉아 팔걸이에 판자를 걸쳐놓고 편지를 썼다. 써야 할 편지가 많을 경우에는 원고나 교정지 뒷면에 대략 갈겨쓴 후 다른 사람에게 받아쓰게 했다. 다윈은 모든 편지에 답장을 해주는 걸 원칙으로 삼았다. 심지어 짜증나고 멍청한 질문을 해오는 사람들에게도 답장을 해주었다. 하나의 편지에라도 답장을 못하면, 양심의 가책을 느껴 밤잠을 이루지 못할 정도였다. 오후 3시까지 편지를 쓴 후에는 위층 침실에 올라가 소파에 누워 담배를 피우며 휴식을 취했고, 그럼 에마가 계속해서 소설을 읽어주었다. 그동안 다윈은 간혹 잠이 들었는데, 그때마다 듣지 못한 부분에 대한 아쉬움을 감추지 않았다.

4시에 다윈은 아래층으로 내려가 그날의 세 번째 산책을 나갔다. 30분 후에는 서재로 돌아가 다시 한 시간가량 일하며, 아침에 작업하면서 미진 했던 부분들을 마무리 지었다. 5시 30분에는 응접실에서 30분가량 빈둥 거리다가, 위층에 올라가 다시 담배를 물고 휴식을 취하며 에마가 읽어주 는 소설을 들었다. 그 후 저녁 식사를 위해 가족들과 함께 어울렸지만, 다 윈은 정식으로 식사하지 않고 차를 마시면서 달걀 하나 혹은 작은 고기 한 점에 만족했다. 손님들이 함께하는 경우에도 손님들, 특히 남자 손님 들과 대화하며 식탁에 오래 머물지 않았다. 30분만 대화해도 다윈은 피로 감을 이기지 못했고, 밤잠까지 설쳐서 다음 날의 작업에 지장을 받았다. 대신 다윈은 응접실로 돌아가 여자들과 어울렸는데, 에마와 함께 백개먼 (두 사람이 하는 서양식 주사위 놀이로 일종의 전략 게임 – 옮긴이)을 하며 저 녁 시간을 보냈다. 다윈의 아들 프랜시스는 당시를 이렇게 회상했다. "아 버지는 백개먼으로 활기를 되찾았다. 좋지 않은 수가 나오면 아버지는 한 숨을 푹 내쉬었고, 어머니에게 좋은 수가 나오면 거짓으로 과장되게 화를 내기도 했다."[6]

백개먼을 끝낸 후, 다윈은 과학 서적을 읽었고, 잠자리에 들기 직전까 지 소파에 누워 에마의 피아노 연주를 들었다. 10시쯤 응접실을 떠나면 30분 내에 잠자리에 들었지만 숙면을 취하지 못했다. 그날 해결하지 못한 문제들을 골똘히 생각하며 몇 시간을 뜬눈으로 지내기 일쑤였다.

다윈은 이런 식으로 40년을 지냈다. 물론 예외적인 경우가 없었던 것 은 아니다. 여름이면 가족들과 함께 휴가를 보냈고, 드물지만 친척들을 잠깐 방문하기도 했다. 하지만 집에서 지내는 걸 가장 편하게 생각했고,

대중 앞에 나서는 것도 극도로 삼갔다. 다윈은 은둔의 삶을 살고 병치레가 잦았지만, 다운 하우스에서 가족들에 둘러싸여 지내며 — 다윈은 에마와의 사이에서 열 자녀를 두었다 — 연구에 몰두하는 삶에 만족했다. 프랜시스 다윈의 기억에 따르면, 찰스 다윈은 평소에는 느릿느릿 힘겹게 움직였지만 실험에 몰입하면 완전히 달라져서 민첩하고 확신에 찬 모습을 보여주었다. "일종의 절제된 열정으로 찰스 다윈은 언제나 즐겁게 일하는 인상을 주변 사람들에게 보여주었지, 힘들고 짜증내는 모습을 조금도 보여주지 않았다."[7]

찰스 다윈 1809~1882. 영국의 생물학자. 생물의 진화를 주장하고, 자연선택에 의해 새로운 종이 기원한다는 자연선택설을 발표했다. 대표적인 저서로 《종의 기원》, 《인간의 유래와 성 선택》 및 지인들과 주고받은 편지를 모은 《진화》와 《기원》 등이 있다.

독신자를 위한
오후의 자유 시간

조지 오웰
George Orwell[1]

1934년 조지 오웰은 꿈 많은 젊은 작가들이 흔히 겪는 딜레마에 빠져 있었다. 전해 처녀작 《파리와 런던의 밑바닥 생활(*Down and Out in Paris and London*)》을 발표했지만, 글을 써서 벌어들이는 돈으로는 자립할 수 없었다. 따라서 돈을 벌기 위해 하찮은 선생 노릇을 하느라 글을 쓸 시간이 없었고, 문학계의 변방에 머물 수밖에 없었다. 다행히 오웰의 숙모 넬리가 조카를 위해 매력적인 대안을 찾아냈다. 런던의 중고 서점에서 시간제로 근무하는 일이었다.

북러버스 코너(Booklovers' Corner)는 서른한 살의 독신남에게 안성맞춤인 일자리였다. 오웰은 7시에 일어나 출근해서 8시 45분에 서점 문을 열었고, 한 시간 정도 서점에 머물렀다. 그 후 2시까지는 자유 시간이었다. 2시에 다시 서점에 출근해서 6시 30분까지 일했다.[2] 덕분에 아침과 이른 오후에만 네 시간 반가량 글을 쓸 수 있는 여유가 생겼고, 더구나 그 시간은 정신적으로 가장 영민한 때였다. 이렇게 글을 쓰고 나면, 오후에 서점에서 기분 좋게 시간을 보내며 저녁의 자유 시간을 기다렸다. 오웰은 저녁에는 동네를 느긋하게 산책했고, 나중에는 '독신자를 위한 그릴'이라 불리던 자그마한 가스난로를 구입하여 그 옆에서 시간을 보냈다.[3] 굽고 삶고 튀길 수 있는 그 가스난로를 십분 활용하여, 오웰은 자신의 아담한 아파트로 손님들을 초대해 조촐하게 대접하기도 했다.

조지 오웰 1903∼1950, 영국의 소설가. 제국주의에 대한 혐오감으로 부르주아의 생활 방식을 거부하고 무정부주의자를 자처했으며, 나중에는 자신을 공산주의자로 생각하기도 했다. 그러나 스탈린주의를 비판했으며, 현대 사회의 전체주의적 경향을 풍자했다. 대표작으로 《동물 농장》, 《1984》, 《위건 부두로 가는 길》, 《카탈루냐 친가》 등이 있다.

사생활을 빼앗긴
여자 셰익스피어

제인 오스틴
Jane Austen[1]

제인 오스틴은 한 번도 혼자 산 적이 없었을뿐더러, 일상의 삶에서 외로움을 겪을 틈이 없었다. 잉글랜드 초튼에 마련한 마지막 보금자리도 예외가 아니었다. 그곳에서 오스틴은 어머니와 언니와 절친한 친구 이외에 세 하인과 함께 살았다. 방문객들도 끊이지 않았는데, 때로는 예고도 없이 찾아오는 방문객까지 있었다. 하지만 초튼에 정착한 1809년부터 세상을 떠나는 날까지, 오스틴은 작품 활동에 매진했다. 《이성과 감성》과 《오만과 편견》의 초창기 원고를 개작해서 출판했고, 세 편의 새로운 소설 《맨스필드 파크》와 《에마》, 《설득》을 썼다. 오스틴의 조카는 당시를 회상하며, 고모가 거실에 앉아 "온갖 방해를 받으면서" 글을 썼다고 말했다.

고모는 하인들이나 방문객들, 또 가족의 범위를 벗어난 사람들이 자신의 직업을 눈치채지 못하게 하려고 조심했다. 그래서 언제든 치울 수 있고, 압지로 덮어 감출 수 있는 작은 종이에 글을 썼다. 현관과 집필실 사이에는, 조금이라도 열리면 삐걱거리는 소리가 나는 회전문이 있었다. 그러나 고모는 그 귀에 거슬리는 소리가 누군가 왔다는 걸 알려주는 신호라고 생각하여, 그 작은 불편을 고치는 걸 반대했다.[2]

오스틴은 다른 여자들이 일어나기 전에 먼저 일어나 피아노를 연주했다.[3] 9시에는 가족들을 위해 아침 식사를 준비했는데, 그녀가 맡은 주된 가사(家事)였다. 그 후 거실에 자리를 잡고 앉아 글을 쓰기 시작했고, 어머니와 누이는 그 옆에 조용히 앉아 바느질했다. 방문객이 찾아오면 오스틴은 재빨리 원고를 감추고 바느질하는 척했다. 하루의 주된 식사는 3시와 4시 사이에 있었다. 식사 후에는 가족들끼리 카드놀이를 하거나 차를 마시며 대화를 나누었다. 저녁에는 소설을 소리 내어 읽으며 시간을 보냈다. 이때 집필 중인 작품을 가족들에게 읽어주기도 했다.

당시 작가들이 바라던 사생활과 독립된 삶은 없었지만 오스틴은 초튼에서의 생활을 만족스럽게 받아들였고, 가족들은 그녀의 작업을 존중해주었다. 또한 언니 커샌드라가 집안일의 무거운 짐을 떠맡아주었다. "양고기 살과 대황(大黃)으로 채워진 머리로 글을 쓴다는 게 불가능하는 듯하다"라고 말했던 오스틴에게 언니의 존재는 커다란 위안이었다.[4]

제인 오스틴 1775~1817, 영국의 소설가. 중산층의 일상생활을 주제로 유머와 풍자에 가득 찬 사실적이고 현대적 성격을 지닌 소설을 썼다. 대표작으로 《오만과 편견》, 《에마》, 《설득》, 《노생거 수도원》, 《맨스필드 파크》 등이 있다.

일하지 않는 삶이
정말로 편안하다고는 생각하지 않는다

지그문트 프로이트
Sigmund Freud[1]

"나는 일하지 않는 삶이 정말로 편안하다고는 생각하지 않는다."[2] 프로이트는 1910년 한 친구에게 보낸 편지에서 이렇게 말했다. 집안을 효과적으로 꾸려간 부인 마르타 ─ 프로이트의 옷을 반듯하게 정리하고 손수건을 챙겨주었으며, 심지어 칫솔에 치약까지 미리 얹어놓았다 ─ 덕분에 정신분석학자의 창시자 프로이트는 평생 자신의 일에만 집중할 수 있었다. 프로이트는 매일 7시에 일어나 아침 식사를 했고, 이발사에게 수염 정돈을 맡겼다. 이발사는 오직 프로이트의 수염을 다듬기 위해 하루도 빠짐없이 그의 집을 방문했다. 그 후 프로이트는 8시부터 정오까지 환자를 진료했다. 하루의 주된 식사는 점심 식사로, 오후 1시에 있었다. 프로이트는 식탐이 없었다. 포도주와 닭고기를 좋아하지 않았고, 삶거나 구운 쇠고기처럼 중산층의 음식을 더 좋아했다. 그러나 음식 자체를 즐기며, 말없이 식사하는 데만 집중하는 편이었다. 손님에게 친절했지만, 식사하는 중에도 자기 생각에 몰두하는 경우가 많아 그의 침묵에 손님들은 불편해하며 다른 식구들과 대화하는 수밖에 없었다.

점심 식사 후에는 빈의 순환도로 링슈트라세 주변을 산책했지만, 한가하게 어슬렁거리며 걷는 산책이 아니었다. 아들 마르틴은 당시를 회고하며 "아버지는 엄청나게 빠른 속도로 걸었다"[3]라고 말했다. 산책하는 동안 프로이트는 종종 시가를 구입했고, 출판사에 들러 교정본을 받거나 전달하기도 했다. 오후 3시에는 환자들을 진료했는데, 환자가 많을 때는 밤 9시까지 진료했다. 그 후 가족들이 다 함께 모여 식사했다. 저녁 식사가 끝나면 프로이트는 처제와 카드놀이를 하거나, 아내와 딸과 함께 산책을 나갔고 때로는 카페에 들러 신문을 읽었다. 그 후의 시간은 서재에서 책을 읽거나 글을 쓰며 보냈고, 간혹 정신분석학 학술지를 편집하며 이튿날 아침 10시까지 책상에 앉아 있기도 했다.

프로이트는 오랜 시간을 일하며 두 가지 사치에서 위안을 얻었는데 그중 하나가 시가였다. 그는 시가를 입에서 거의 떼지 않았다. 20대 중반부터 삶을 마감하기 직전까지 하루에 20개비의 시가를 피웠다. 의사들의 섬뜩한 경고가 잇달았고, 말년에는 건강까지 악화됐지만 소용없었다. 언젠가 열일곱 살이던 조카가 담배 피우는 걸 거부하자, 프로이트는 조카에게 "담배는 우리가 삶에서 가장 값싸게 즐길 수 있는 최고의 즐거움이다. 네가 담배를 피우지 않겠다고 너무 성급하게 결정해서 무척 아쉽구나"라고 말할 정도였다.[4]

가족이 매년 다 함께 즐겼던 3개월간의 여름휴가도 프로이트에게는 시가 못지않게 중요한 것이었다. 프로이트 가족은 산중의 온천이나 호텔에서 여름휴가를 보내며 하이킹을 하거나 버섯과 딸기를 채집했고 낚시를 즐겼다.

지그문트 프로이트 1856~1939. 오스트리아의 심리학자·신경과 의사. 정신분석학의 창시자로, 잠재의식을 바탕으로 한 심층심리학을 수립했다. 반복되는 비판과 논박, 수정에도 불구하고 프로이트의 연구는 지금까지도 정신분석학에서 확고한 위치를 차지하고 있다. 대표적인 저서로 《꿈의 해석》, 《정신분석학 입문》, 《종교의 기원》, 《늑대 인간》 등이 있다.

일자리는
하늘이 준 선물

토머스 스턴스 엘리엇
Thomas Stearns Eliot[1]

1917년 엘리엇은 런던 로이즈 은행의 직원으로 취직했다. 은행에서 근무한 9년 동안, 미국 미주리에서 태어난 엘리엇은 중산모에 핀 스트라이프 양복을 입고, 겨드랑이에는 조심스레 우산을 끼고 반듯하게 양 갈래로 가르마를 탄 전형적인 영국 사무직원의 모습이었다. 엘리엇은 매일 아침 도심행 기차를 탔다. 기차역에서부터 런던교를 건너는 사람들과 뒤섞여야 했던 엘리엇은 리턴 스트레이치(Lytton Strachey, 1880~1932, '블룸즈버리 그룹'의 일원으로, 사실주의의 수법에 따른 새로운 전기 문학 창시자 – 옮긴이)에게 "나는 흰개미들 틈에 끼여 있습니다"[2]라고 말했을 정도였다.

문학평론가 아이버 암스트롱 리처즈(Ivor Armstrong Richards, 1893~1979)는 은행으로 엘리엇을 찾아간 때를 회상하며 다음과 같이 말했다.

온갖 크기와 종류의 편지들로 뒤덮인 커다란 탁자에 허리를 구부정하게 굽힌 사내가 눈에 들어왔다. 그 사내는 모이통에 고개를 처박은 검은 새처럼 보였고, 커다란 탁자는 지하에 자리 잡은 작은 방을 거의 꽉 채웠다. 우리 머리에서 30센티미터 위로는 초록색을 띤 정사각형의 두꺼운 유리가 인도의 일부여서, 행인들의 뒤꿈치가 쉴 새 없이 또각거렸다. 탁자 옆으로는 두 사람이 겨우 앉을 만한 공간만 있었다.[3]

리처즈는 엘리엇의 상황을 암담하게 그렸지만, 엘리엇 자신은 그 일자리를 고맙게 생각했다. 로이즈 은행에 취직하기 전까지 엘리엇은 서평과 수필을 쓰고, 학교에서 가르치며, 야심 찬 강연을 하는 데 온 힘을 쏟아부었다. 엄청난 노동량이어서 시를 쓸 시간이 남지 않았고, 더구나 그렇게 열심히 일했는데도 먹고살기에 충분한 돈을 벌지 못했다. 그런 상황에서 로이즈 은행은 하늘이 준 선물이었다. 그곳에 취직하고 이틀 후에 어머니에게 보낸 편지에서 엘리엇은 이렇게 썼다. "사무실에 앉아 9시 15분부터 5시까지 일하면 일주일에 2파운드 10실링을 받습니다. 게다가 점심시간이 한 시간이고, 사무실에서 차도 마음껏 마실 수 있습니다. ……제가 이 일이 마음에 든다고 말하면 놀라시겠죠. 하지만 학교에서 가르치는 것보다 피곤하지도 않고 훨씬 더 재밌습니다."[4] 엘리엇은 한 시간의 점심시간을 활용해 친구들과 문학 프로젝트를 논의하기도 했고, 저녁에는 시를 집필하거나 서평과 평론을 써서 가욋돈을 벌었다.

이상적인 상황이었지만, 시간이 지나면서 똑같이 반복되는 삶이 지겹게 느껴지기 시작했다. 로이즈 은행에서 5년째 일하던 해, 즉 서른네 살에 엘리엇은 "평생 은행 직원으로 살아야 한다고 생각하면 소름이 돋는다"[5] 라며 푸념했다. 에즈라 파운드(Ezra Pound)를 비롯한 몇몇 문학적 친구들이 엘리엇의 이런 심정을 눈치채고, 엘리엇을 은행에서 구해낼 계획을 꾸몄다. 30명의 기부자로부터 연간 10파운드씩 추렴하여 엘리엇을 위해 매년 300파운드의 기금을 마련하려는 계획이었다. 엘리엇은 그 계획을 알게 되자 무척 고마워하면서도 당혹스러워하며, 로이즈에서 확실히 제공받는 경제적 독립과 안정을 원한다고 말했다. 결국 엘리엇은 1925년까지 로이즈 은행에서 근무했고, 그해 페이버앤드파이어 출판사(훗날 페이버앤드페이버)의 편집직 제안을 받아들여 은퇴할 때까지 근무했다.

토머스 스턴스 엘리엇 1888~1965. 미국 태생의 영국 시인·평론가·극작가. 자신을 문학적으로는 고전주의자, 정치적으로는 왕당파, 종교적으로는 영국 국교도로 규정했다. 1948년에 노벨 문학상을 받았다. 보통 T. S. 엘리엇이라 불린다. 대표작으로 〈황무지〉 이외에 종교극 〈대성당의 살인〉, 동시집 《주머니쥐 할아버지가 들려주는 지혜로운 고양이 이야기》(세계적인 뮤지컬 〈캣츠〉의 원작 시집) 등이 있다.

내가 소설을 쓴다는 사실을
알리고 싶지 않다

헨리 그린
Henry Green[1]

헨리 그린은 이중의 삶을 살았다. 본명인 헨리 요크로서는 가족 기업의 사무실에서 낮 시간을 보내는 부유한 귀족이었고(폰티펙스라는 회사로, 맥주를 병에 담는 고압 충전기를 생산했다), 필명인 헨리 그린으로는 《사랑》, 《삶》, 《파티에 가다》 등과 같은 독창적인 소설을 썼다. 그린이 많은 재산을 유산으로 물려받아 굳이 돈을 벌어야 할 필요가 없으므로, 사무실에서 근무하는 걸 귀찮아했을 거라고 생각할 사람도 있을 것이다. 제러미 트레글론이 2000년에 발표한 헨리 그린의 전기에서 그 궁금증을 풀어주었다.

그는 폰티펙스를 포기하고 물려받은 재산으로 먹고살며 글쓰기에 전념할 거라고 친구들에게 간혹 말했지만, 헨리 요크로서는 사무실 근무가 자신의 상상력을 북돋우는 데 유용하고 반드시 필요하다는 사실을 깨달았다.

그는 자신의 변덕스러운 성격을 두려워하며, 건전한 정신을 유지하기 위해서라도 습관적인 일상이 필요하다고 언급하곤 했다. 회사 근무를 통해 그는 일상의 안정뿐 아니라, 소설을 집필하는 데 필요한 경험까지 얻었다. 게다가 회사 근무는 소설 창작보다 훨씬 덜 어려운 일이었다. 그는 메리 스트릭랜드(Mary Strickland)에게 회사 카탈로그를 제작하는 작업이 가장 재밌다고 말하기도 했다.[2)]

헨리 그린은 가족 회사를 다녔지만 실질적인 업무는 하지 않았다. 트레글론에 따르면, 폰티펙스의 상무이사로 근무한 헨리 요크의 삶에서 전형적인 하루는 대략 다음과 같았다. 그는 10시쯤 출근해 진 한 잔을 마시고, 사무실에서 빈둥대거나 비서들과 잡담을 나누며 한두 시간을 보냈다. 11시 30분에는 사무실을 나와 근처 술집에서 맥주 두 잔을 마시며 기운을 되찾았다. 한두 명의 동료가 가끔 합류해서 회사 직원들이나 술집 단골손님들에 대한 이야기를 나누었다. 그린은 혼자일 때는 단골손님들의 대화를 몰래 엿듣기도 했다. 사무실에 돌아와서는 오전과 똑같은 오후를 보냈고, 한두 페이지쯤 소설을 쓰고는 버스를 타고 퇴근했다.

그린은 주로 저녁 시간에 글을 썼다. 저녁 식사와 사교 모임을 끝낸 후, 안락의자에 앉아 손으로 잡기 편하게 붕대를 두른 싸구려 펜과 공책을 앞에 두고, 자정까지 글쓰기에 몰두했다. 몇 년 후, 필명으로 소설을 발표하기로 결정한 이유가 무엇이냐는 질문을 받았을 때 그린은 자신이 소설을 쓴다는 사실을 사업 관계자들이 아는 걸 원하지 않았기 때문이라고 대답했다. 하지만 그린의 바람과 달리, 사업 관계자들은 그 사실을 알아냈다.

세월이 지나, 그 때문에 업무에 지장이 있었느냐는 질문에 그린은 이렇게 대답했다.

　물론, 물론입니다. 수년 전 우리 버밍엄 주형 공장의 직원들이 각자 1페니씩 추렴해서 내 소설《삶》한 권을 구입한 모양입니다. 어느 날 내가 그 공장을 방문했는데 한 직원이 "이사님, 이사님 소설을 읽었습니다"라고 말하더군요. 약간은 두렵더군요. 내가 물었습니다. "그래, 마음에 들었습니까?" "대단하다는 생각은 들지 않았습니다." 그 직원의 솔직한 대답에 등골이 섬뜩했습니다.[3]

헨리 그린 1905~1973. 영국의 소설가. 추상적 수법으로 일상생활에서 일어나는 죽음이나 노인 문제를 다루었고, 세련된 풍자를 통해 제2차 세계대전 이후 변화하는 영국 사회의 계급 구조를 조명했다. 대표작으로 《파티에 가다》, 《사랑》, 《노망》 등이 있다.

월급쟁이로 일하는 것도,
일하지 않는 것도 싫다

조지프 코넬
Joseph Cornell[1]

코넬은 1934년에 첫 상자를 제작했다. 맨해튼에 있던 한 직물 회사의 실
내장식부에 정규직으로 취직하고 얼마 지나지 않은 때였다. 지루하고 보
수도 적었지만 코넬은 그곳에서 6년 동안 근무했다. 퀸스 자치구의 플러
싱에 있는 작은 집에서 어머니와 장애인 동생과 함께 살았고, 당시에는
예술계에서 거의 무명에 가까웠기 때문에 다른 일을 해서라도 돈을 벌어
가장 노릇을 해야 한다는 의무감 때문이었다.

정규직으로 취직하면서 코넬의 작업 습관도 바뀌었다. 코넬은 밤마다
부엌 식탁에 앉아 상자를 만들 재료들을 분류하고 정리했다. 쉬운 일은
아니었다. 어떤 날은 낮일로 너무 피곤한 나머지 작업에 집중할 수 없어,
난방을 위해 오븐을 켜놓고 책을 읽기도 했다. 아침이면, 그가 밤새 작업
하며 부엌 식탁을 어지럽혔다고 어머니로부터 잔소리를 들어야 했다. 자

기만의 작업실이 없었기 때문에 코넬은 잡지에서 뜯어낸 조각들과 싸구려 잡화점에서 구입한 장식 조각들이 늘어나자, 그것들을 차고에 쌓아둘 수밖에 없었다.

1940년에야 코넬은 용기를 내어 직장을 그만두고 전업 예술가의 길로 들어섰다. 이후에도 그의 습관은 거의 변하지 않았다. 어머니와 동생이 위층에서 잠든 후에, 밤마다 부엌 식탁에서 작업했다. 아침 늦게 일어나, 동네에 있던 빅퍼즈(뉴욕에서 시작된 패밀리 레스토랑 체인 - 옮긴이)에 가서 달콤한 파이 등으로 아침 식사를 해결했다(코넬은 일기에 좋아하는 음식을 나열하기도 했다). 오후에는 상업용 작품을 제작하는 데 열중했다. 이 작품들을 팔아 공과금들을 해결했고, 직장을 그만둔 이유를 어머니에게 설명하는 수단으로 삼았다. 그런데 코넬은 월급쟁이로 일하는 걸 혐오한 것만큼 월급쟁이로 일하지 않는 것도 싫어했다. 그 때문인지 1940년대에 코넬은 다시 직장을 구했고, 처음에는 9시부터 5시까지 규칙적으로 일하는 걸 즐겁게 받아들였다. 하지만 몇 개월 지나지 않아 욕구 불만을 해소하지 못하고 직장을 그만두었다. 결국 고독한 예술가의 삶을 감수하기로 결정한 것이었다. 지하 작업실을 마련하면서 코넬은 낮에 상자 작업에 몰두할 수 있었고, 그때부터 플러싱을 찾아오기 시작한 수집가들과 큐레이터들 그리고 예술가들과 빈번하게 주고받은 편지들이 그를 어머니 집 밖의 세계와 연결해주는 유일한 통로가 되었다.

조지프 코넬 1903~1972. 미국의 미술가·조각가. 폐품이나 일용품을 비롯하여 여러 물체를 한데 모아 작품을 제작하는 아상블라주(assemblage)의 개척자로, 달리의 작품 〈빛나는 욕망〉의 '상자'에 주목하여 평생 '상자'에 매달렸다. 초현실주의의 영향을 받아 전위적인 실험 영화를 제작하기도 했다.

직장을 가진 것이
내가 이 세상에 태어나 가장 잘한 일

월리스 스티븐스
Wallace Stevens[1]

월리스 스티븐스는 서른여섯 살이던 1916년 하트퍼드 재해보험에 취직하여, 세상을 떠나는 날까지 이 회사의 보험 담당 변호사로 일했다. 직장 생활은 그의 창조적 상상력을 억누르기는커녕 오히려 그의 시상을 북돋워준 듯했다. 그 때문인지 스티븐스는 "내 생각에는 직장을 가진 것이 내가 이 세상에 태어나 가장 잘한 일인 듯싶다. 직장 생활은 우리 삶에 절제력과 규칙성을 요구한다. 따라서 나는 원하는 만큼만 자유로우나, 돈에 대해 걱정할 것이 없다"[2]라고 말했다.

스티븐스는 아침형 인간이었다. 그는 매일 아침 6시에 일어나 두 시간가량 책을 읽었고, 생활 습관을 철저하게 지켰다. 정각 9시에 사무실에 도착해서 4시 30분에 퇴근했다. 집부터 직장까지 편도로 4~6킬로미터가량 되는 길을 그는 매일 걸어 다녔고, 대부분의 경우 점심시간에도 한 시간가량 추가로 걸었다. 걸으면서 시상을 떠올렸고, 가끔 걸음을 멈추고는 항상 주머니에 갖고 다니던 대여섯 개의 봉투 중 하나에 방금 떠오른 시구(詩句)를 끄적거렸다. 회사에서도 가끔 하던 일을 멈추고는 시를 썼고, 그 시를 책상 오른쪽 아래 서랍에 보관했다. 그렇게 쓴 시들을 정기적으로 비서에게 건네주며 타이핑해달라고 부탁했다. 동료 직원들은 그가 시를 쓴다는 걸 알았지만, 스티븐스는 시에 대해 언급하는 걸 애써 피하며, 세상과의 공적인 관계에서는 온화하면서도 냉정한 비즈니스맨의 얼굴을 유지하고 싶어 했다.

월리스 스티븐스 1879~1955, 미국의 시인. 풍부한 이미지와 난해한 은유를 구사하는 시를 썼다. 개인 변호사로 활동하다가 코네티컷 하트퍼드의 재해보험에 입사하여 부사장까지 승진했다. 비즈니스와 시를 양립시킨 특별한 시인이다. 대표작으로 시집 《풍금》 등이 있다.

난 하루 종일 일하고, 밤에는 반쯤 취한다

필립 라킨
Philip Larkin[1]

라킨은 1977년에 발표한 시 〈새벽의 노래〉에서 "난 하루 종일 일하고, 밤에는 반쯤 취한다"[2]라고 썼다. 몇 년 뒤 〈파리 리뷰〉와의 인터뷰에서 크게 다르지 않은 자신의 실생활을 다음과 같이 설명했다.

내 삶은 매우 단순합니다. 하루 종일 뭔가를 합니다. 요리해서 먹고, 설거지하고, 전화하고, 펜을 끄적대고, 술을 마시고, 저녁에는 텔레비전을 봅니다. 외출은 거의 하지 않습니다. 누구나 시간의 흐름을 모른 체하며 지내고 싶어 할 겁니다. 한 해는 캘리포니아에서, 또 한 해는 일본에서 많은 일을 하며 시간의 흐름을 무시하려는 사람이 꽤 있지 않습니까. 반면에 나처럼 하루하루, 한 해 한 해 조금도 다르지 않게 살아가는 사람들도 많습니다. 어느 쪽이 특별히 낫다고 할 수는 없을 겁니다.[3]

라킨은 성인이 된 후 글을 써서만은 먹고살기 힘들다는 걸 일찌감치 깨닫고, 평생을 도서관 사서로 일했다. "나는 트롤럽처럼 직업을 가져야만 하고 여가 시간에 글을 써야 한다고 생각하도록 자랐다."[4] 라킨은 전업으로 글을 쓸 수 있었다면 어떻게 되었을지 생각해보지 않은 것은 아니라고 인정했지만, 저녁 식사를 끝내고 설거지를 한 후 두 시간을 집필에 몰두하면 충분할 것으로 생각했다며 "글이 조금도 진전되지 않고 제자리걸음을 한다면, 24시간쯤 내팽개치는 게 훨씬 낫다. 그동안 우리 잠재의식 같은 것이 걸림돌을 해결해주고 글을 계속 끌어갈 여건을 만들어준다"[5]라고 덧붙였다.

필립 라킨 1922~1985. 영국의 시인·소설가. 1950년대 영국 시에 지배적이던 간결하고 반낭만적인 정서에 표현력을 불어넣으며, 개인적 체험에 입각한 소재를 풍부하고 정확한 이미지와 단정한 시형으로 노래한 것으로 유명하다. 시집으로 《덜 속은 사람》, 《북쪽의 배》, 소설로는 《질》과 《겨울 소녀》 등이 있다.

저녁마다 시작되는
새로운 하루

루이스 칸
Louis Kahn[1]

많은 건축가가 그렇듯, 루이스 칸도 낮에는 펜실베이니아 대학교에서 학생들을 가르쳤고 저녁에는 개인 건축 사무실에서 '새로운 하루'를 시작하여 밤 10시 30분에 끝냈다. 피곤이 밀려오면 사무실의 긴 의자에서 잠깐 잠을 청하고 다시 제도판에 돌아가 작업을 계속했다. 이런 모습이 직원들에게 의욕을 북돋워주면서도 겁나게 보였던지 직원들도 칸 못지않게 오랜 시간을 일할 수밖에 없었다. 칸의 한 동료는 "루이스는 얼마나 힘이 넘치는지, 다른 사람이 자기만큼 일하지 않는 걸 보고 그냥 넘어가지 않았다"[2]라고 당시를 회상했다.

루이스 칸 1901~1974. 미국의 건축가. 필라델피아와 펜실베이니아를 중심으로 활동했으며, 힘이 넘치는 육중한 형태의 건물이 특징이다. 대표적인 건물로 예일 대학교 미술관, 펜실베이니아 대학교 리처드 의학연구센터, 방글라데시 국회의사당 등이 있다.

악마의 공장 같은
기업에서 해방되다

제임스 디키
James Dickey[1]

1950년대 말, 제임스 디키는 앞뒤 가리지 않고 무작정 광고업계에 뛰어들었다. 대학에서 강사직을 잃어, 시를 쓰면서도 먹고살기 위한 방편을 마련하려는 몸부림이었다. 광고 회사 맥켄에릭슨의 중역이던 형수 이웃의 도움으로, 디키는 그 회사의 애틀랜타 사무실에서 일하며 코카콜라의 라디오 방송용 광고문을 썼다. 무척 힘든 일이었지만, 디키는 근무 시간에도 문학적 창작을 위한 시간을 틈틈이 짜내려 했기 때문에 더더욱 힘들었다. "흔하지는 않았지만 1분이라도 여유가 생기면 코카콜라 광고문을 타이핑하던 타자기로 시를 또닥거렸다."[2] 때문에 디키는 항상 사무실 문을 닫고 지냈다. 동료가 문을 두드리면 디키는 서둘러 책상에서 시집과, 조금 전까지 쓰던 시를 감추었다. 디키가 상관의 눈길을 피해가며 시를 쓰려던 노력을 알고 있던 한 동료는 다음과 같이 기억했다.

상관이 "오늘은 열 건의 텔레비전 광고 방송, 다섯 건의 라디오 광고 방송, 두 건의 인쇄물 광고를 위한 문안이 필요합니다. 오늘까지 끝내야 합니다"라고 말하면, 디키는 "알았습니다"라고 군소리 없이 대답했다. 그리고 사무실 문을 닫고, 한 시간 만에 그 모든 일을 해냈다. 그런 다음에는 개인 서신이나 시를 쓰면서, 남은 시간을 보냈다. 하지만 상관들은 디키가 그렇게 근무한다는 걸 몰랐다. 상관들은 그가 하루 종일 정신없이 일해야 할 거라고 생각했지만, 디키는 남달리 영리한 데다 기민해서 어떤 일이든 능숙하게 해냈다.[3]

라디오와 텔레비전 광고용 문안을 끝없이 짜내는 업무보다 전체적으로 창조적인 광고 방향을 기획하는 일이 덜 힘들 거라는 생각에 디키는 승진 기회를 엿보며 애틀랜타에서 세 곳의 광고 회사를 옮겨 다녔다. 그 사이 몇몇 권위 있는 상을 수상하여 시인으로서의 경력도 쌓으며, 출판하기로 약속한 원고를 마무리 지으려고 혼신을 다해 일했다. 그러나 1961년, 상관이 디키가 광고보다 문학에 더 심혈을 기울인다는 걸 알아내곤 그를 해고했다. 그때 한 친구에게 보낸 편지에서 이렇게 썼다. "악마의 공장 같은 미국 기업계에서 5년 반 동안 일한 후, 마침내 해방되었네!"[4]

제임스 디키 1923~1997. 미국의 소설가·시인. 직접 쓴 기록을 바탕으로 시의 형식에 구애받지 않고 스물네 살부터 시를 쓰기 시작했다고 전해지며, 다수의 작품이 강과 산, 날씨 변화, 내부에 도사리고 있는 위험 등 자연에 뿌리를 두고 있다. 대표작으로 남성 간 우정의 어두운 면을 다룬 소설 《석방》 등이 있다.

가사와 양육의
틈바구니에서

앨리스 먼로
Alice Munro[1]

1950년대, 앨리스 먼로는 어린 두 자식을 키워야 했기 때문에 가사와 양육이란 두 가지 의무의 틈새에서 틈틈이 글을 써야 했다. 큰딸이 학교에 가고, 작은딸이 낮잠을 자는 동안 먼로는 조용히 침실에 들어가 글을 썼다. 그 때문인지 훗날 먼로는 "그 시절에는 낮잠이 무엇보다 반가웠다"[2]라고 입버릇처럼 말하곤 했다.

하지만 그런 이중의 삶에서 균형을 찾기란 쉽지 않았다. 이웃들과 지인들이 시시때때로 들러 그녀의 작업을 방해했지만, 그들에게 글을 쓰고 있다고 편하게 털어놓을 수 없었다. 그녀가 글을 쓴다는 것은 가족과 절친한 친구들만 알고 있는 비밀이었기 때문이다. 1960년대 초, 두 아이 모두 학교에 다닐 나이가 되자, 먼로는 한 약국 위층에 사무실을 빌려 소설을 써보려 했으나, 넉 달 만에 포기하고 말았다. 수다스러운 집주인이 걸

핏하면 그녀의 작업을 방해하는 바람에 좀처럼 글을 쓸 수 없었기 때문이다. 먼로는 꾸준히 단편소설을 발표했지만, 작가로서 첫걸음을 떼고 20여 년이 지난 후, 정확히 말하면 서른일곱이 되던 1968년에야 첫 단편집《행복한 그림자의 춤》을 발표할 수 있었다.

앨리스 먼로 1931~ , 캐나다의 소설가. 북아메리카 최고의 단편 작가로 불리며, 2013년 단편 작가로는 최초로 노벨 문학상을 수상했다. 대표적인 단편집으로 《행복한 그림자의 춤》, 《미움, 우정, 구애, 사랑, 결혼》, 《떠남》 등이 있다.

장시간의 노동이 주는 행복감

아이작 아시모프
Isaac Asimov[1]

아이작 아시모프는 사후에 발간된 회고록에서 "열여섯 살부터 스물두 살 때까지 내 삶에서 가장 중요한 부분은 아버지가 운영하던 과자점이었다"[2]라고 말했다. 그의 아버지는 브루클린에서 여러 개의 과자점을 운영했는데, 하루도 쉬지 않고 매일 아침 6시에 문을 열고 다음 날 새벽 1시에 문을 닫았다. 어린 아시모프도 6시에 일어나 신문을 배달했을 뿐 아니라, 학교 수업이 끝나면 번개처럼 집에 돌아와 과자점 일을 도와야 했다. 당시를 회상하며 아이작 아시모프는 이렇게 말했다.

나는 장시간 노동을 좋아한 것이 분명하다. 늙어서도 '어린 시절과 젊은 시절에 열심히 일했으니까 이제는 좀 편안하게 지내면서 정오까지 늦잠을 자야겠다'고 생각해본 적이 한 번도 없기 때문이다.

오히려 나는 평생 동안 어린 시절처럼 살았다. 지금도 5시에 일어나고, 가능하면 일찍 일을 시작한다. 또 내가 견딜 수 있는 한 오랫동안 일한다. 매일 그렇게 한다. 휴일에도 예외가 없다. 자발적으로 휴가를 낸 적이 없고, 휴가 중에도 어떻게든 일하려고 애쓴다. (병원에 입원했을 때도 다를 바가 없다.)

달리 말하면, 나는 지금도 그렇지만 앞으로도 과자점에 있을 거다. 물론 이제는 손님을 기다리지 않는다. 돈을 받지도 않고 거스름돈을 주지도 않는다. 나를 찾아오는 사람을 공손히 대할 필요도 없다. 게다가 나는 그런 점에서 대단히 뛰어난 것도 아니다. 이제는 내가 하고 싶은 것을 하지만 하루 시간표는 옛날과 똑같다. 그것은 내 몸에 깊이 새겨진 시간표이고, 나에게 기회가 있었다면 반발했을 것이라고 많은 사람이 생각하는 시간표이다.

하지만 과자점은 생존의 문제와 아무 관계가 없었고 나에게 넘치는 행복을 안겨주었다. 따라서 과자점은 나에게 적잖게 이로운 존재였고, 그런 행복이 장시간 노동과 밀접한 관계가 있기 때문에 내가 장시간 노동을 달갑게 받아들이며 평생의 원칙으로 삼았다고 말할 수밖에 없다.[3]

아이작 아시모프 1920~1992. 미국의 생화학자·소설가. 일반인을 위해 200여 권에 이르는 과학소설과 과학 서적을 저술하여 공상과학소설계의 3대 거장 중 하나로 꼽힌다. 대표적인 소설로 《영원의 끝》, 《파운데이션》, 《로봇》, 교양 서적으로는 《상식과 교양으로 읽는 영어 이야기》, 《우주의 비밀》 등이 있다.

매일 더럽고 썩은 곳의
사진을 찍다

윌리엄 개스
William Gass[1]

윌리엄 개스는 아침형 인간이었다. 1998년의 인터뷰에서, 개스는 주로 아침에 일하며 중요한 글쓰기는 정오 전에 끝낸다고 말했다.[2] 소설을 쓰며 거의 평생 대학교에서 철학을 강의했기 때문에 오후에는 강의와 "그 밖의 다소 기계적인 일"을 처리하면서 시간을 보냈다. 특이한 작업 습관이 있느냐는 동료의 질문에 개스는 다음과 같이 대답했다.

"없네. 유감스럽지만 따분할 따름이야." 그리고 개스는 한숨을 내쉬었다. (……) "하루는 어떻게 시작하나?" "외출해서 두 시간 정도 사진을 찍는 걸로 시작하네." "어떤 사진을 찍는가?" "우리 도시에서 낡고 버려지고 무시당하고 짓밟힌 곳들. 주로 더럽고 썩은 곳." 개스는 별것 아니라는 투로 말했다. 신경 쓰지 말라고 손을 휘휘 내젓지만 않았을 뿐이었다. "매일 그렇게 하나? 더럽고 썩은 곳을 사진 찍는 건가?" "거의 매일." "그 후에 글을 쓰고?" "그렇지." "그런 습관이 특이하지 않다고 생각하는 거야?" "내 생각엔 그래."[3]

개스는 화가 날 때 글이 가장 잘 쓰인다고도 말했다. 1995년에 발표한 소설 《터널》을 쓰는 데 무려 25년이 걸렸다는 사실을 고려하면, 오랜 시간이 걸리는 프로젝트를 진행할 경우 그러한 현상은 그의 건강에 악영향을 줄 수 있었다. 실제로 1976년의 인터뷰에서 개스는 "작업할 때 나는 무척 긴장하는 편이어서 위가 좋지 않습니다. 어쨌거나 작업을 순조롭게 진행하려면 거의 미쳐야 합니다. 게다가 줄거리를 어떻게 끌어가야 할지 생각할 때도 미쳐야 합니다. 그래서 위궤양이 도지면 약을 한 움큼씩 씹어 삼킵니다. 작업이 순조롭게 진행되면 나는 언제나 복통과 싸웁니다"[4]라고 말했다.

윌리엄 개스 1924~ , 미국의 소설가·평론가. 1999년까지 우스터 대학교, 퍼듀 대학교 등에서 철학 교수를 지내며. 세 편의 장편소설, 세 권의 단편집, 여러 권의 평론집을 발표했다. 대표작으로 1996년 미국도서상을 수상한 장편 《터널》, 2007년 트루먼 커포티 문학평론상을 수상한 평론집 《텍스트의 성전》 등이 있다.

할 일이 너무 많아
정신을 차릴 수 없다

볼프강 아마데우스 모차르트
Wolfgang Amadeus Mozart[1]

1781년 모차르트는 프리랜서 작곡가이자 연주자로서 빈에 정착하기로 결정했다. 빈은 모차르트 정도의 재능과 명성을 지닌 음악가에게 많은 기회가 제공된 도시였지만, 그런대로 먹고살려면 피아노 레슨과 음악회 연주를 미친 듯이 해야 했고, 부유한 후원자들과의 모임에도 부지런히 참석해야 했다. 게다가 모차르트는 장래의 아내 콘스탄체의 마음에 들기 위해 애써야 했다. 콘스탄체 어머니의 못마땅해하는 시선과 싸우면서! 이런 이유 때문에 모차르트가 새로운 작품을 작곡하기 위해 할애할 수 있는 시간은 하루에 서너 시간에 불과했다. 1782년 누나에게 보낸 편지에서, 모차르트는 빈의 분주한 나날에 대해 다음과 같이 자세히 나열했다.

아침 6시까지는 머리를 깔끔하게 정돈하고, 7시까지는 옷을 완벽하게 입어야 해요. 그리고 9시까지 작곡에 열중하고, 9시부터 오후 1시까지는 레슨을 합니다. 그 후에는 2시나 3시쯤 점심 식사를 하는 귀족의 집에 초대받지 않으면 혼자 점심을 먹어요. 내일하고 모레는 지치 백작 부인과 툰 백작 부인의 집에 점심 초대를 받았습니다. 오후 5시나 6시 전에는 작곡할 틈이 없어요. 그 이후에도 연주회가 잡혀 있을 때가 많아요. 연주회가 없을 때는 9시까지 작곡에 전념하고, 9시가 넘어서야 사랑하는 콘스탄체의 얼굴을 보려고 찾아가지만, 언제나 그녀 어머니의 독설이 그녀를 만났다는 즐거움을 빼앗아갑니다. ……콘스탄체 어머니의 눈총이나, 그 눈총을 견뎌내는 내 역량에 따라 달라지지만 여하튼 10시 반이나 11시를 넘겨서야 집에 돌아와요. 이처럼 저녁에는 연주회 때문에, 또 언제 어디로 불려갈지 확실하지 않기 때문에 작곡할 틈이 없어요. 그래서 집에 일찍·돌아올 때면 잠자리에 들기 전에 잠깐 짬을 내어 작곡하는 습관을 들였어요. 가끔 1시까지 이렇게 편지를 쓰지만, 내일 6시에는 일어나 있어야 해요.[2]

모차르트는 아버지에게 보낸 편지에서 "할 일이 너무 많아 정신을 차릴 수 없습니다"[3]라고 푸념했다. 모차르트가 과장해서 푸념한 것은 아닌 듯하다. 수년 후, 아버지 레오폴트 모차르트가 빈에 가서, 아들이 눈코 뜰 새 없이 바쁘게 사는 걸 확인하고는 "그처럼 분주한 삶을 어떻게 설명해야 할지 모르겠다"[4]라는 편지를 고향에 보냈으니 말이다.

볼프강 아마데우스 모차르트 1756~1791, 오스트리아의 작곡가. 18세기 고전파를 대표하는 한 사람으로, 고전파의 양식을 확립했다. 대표작으로 오페라 〈피가로의 결혼〉, 〈돈 조바니〉, 〈마적〉 등이 있다.

창작의 고통을 줄여주는
소소한 행복

아침의 햇살과
저녁의 드라이브

조지아 오키프
Georgia O'Keeffe[1]

1966년 조지아 오키프는 한 인터뷰에서 "나는 일찍 일어나 새벽을 맞이하는 걸 좋아합니다"라며 "개들이 나에게 말하기 시작하면 나는 불을 지펴 차를 끓이고, 침대에 앉아 해가 떠오르는 모습을 지켜봅니다. 아침 시간이 가장 좋습니다. 주변에 아무도 없으니까요. 나는 개인적으로 주변에 아무도 없는 세상을 좋아합니다"[2]라고 말했다. 오키프는 1949년부터 세상을 떠나는 날까지 영원한 고향으로 삼았던 뉴멕시코의 사막 지역에 거주하며, 그토록 갈망하던 혼자만의 삶을 어렵지 않게 찾아냈다. 그녀는 매일 이른 아침에 방울뱀을 경계하며 반 시간가량 산책했고, 방울뱀이 눈에 띄면 지팡이로 죽이곤 했다. 그리고 그 방울뱀들을 상자에 보관해두었다가 방문객들에게 보여주었다. 7시에는 조리사가 준비해둔 아침 식사를 시작했다. 아침 식사는 마늘 기름을 뿌린 매운 칠리 고추, 반숙한 달

갈이나 스크램블드에그, 맛 좋은 잼을 바른 빵, 잘게 썬 신선한 과일 그리고 커피나 차로 이루어졌다.[3] 그림을 그릴 때는 아침 식사를 끝낸 뒤 오후 내내 작업실에서 두문불출하며, 정오에 점심 식사를 위해 잠깐 휴식할 뿐이었다. 그림을 그리지 않을 때는 정원을 가꾸고 집안일을 했으며, 편지에 답장을 쓰고 손님들을 만났다. 그러나 오키프는 그림을 그리는 날이 가장 행복했다며 이렇게 덧붙였다.

> 다른 날들에는 삶을 영위하기 위해서 해야만 하는 일들을 서둘러 끝낸다. 예를 들면 정원을 가꾸고 지붕을 수리한다. 수의사에게 개를 데려간다. 친구들과 하루를 보낸다. ……이런 일들도 얼마든지 즐겁게 해낼 수 있다. ……그러나 이런 일들은 못마땅하지만 서둘러 끝낸다. 그래야 그림을 그릴 수 있기 때문이다. 그림을 그리는 게 세상에서 가장 즐거운 일이고, 어떤 의미에서 그림을 그리기 위해 다른 일들을 하는 것이다. ……그림은 우리 삶에 필요한 다른 모든 일들이 존재하는 이유들을 하나로 꿰어주는 실과 같다.[4]

오키프는 오후 4시 30분에 가볍게 저녁 식사를 하는데 저녁에 충분한 시간을 두고, 시골길을 드라이브하기 위해서였다. 오키프는 "죽는다고 생각하면, 이 아름다운 땅을 다시 볼 수 없다는 게 안타까울 뿐이다"[5]라고 말했을 정도였다.

조지아 오키프 1887~1986. 미국의 여성 화가. 그림에 자주 등장하는 주제는 짐승의 뼈, 꽃과 사막 풍경이다. 신비로운 분위기를 띤 뼈와 꽃의 형상은 원근법을 무시한 공간과 대비를 이루며 다양한 해석을 가능하게 한다. 대표작으로 〈검은 붓꽃〉, 〈암소의 두개골. 적, 백, 청〉 등이 있다.

작곡하고 싶은
욕망으로 가득한 삶

구스타프 말러
Gustav Mahler [1]

오늘날에는 말러가 19세기 말과 20세기 초에 활동한 작곡가 중 하나로 인정받고 있지만, 생전에는 지휘자로 더 많이 알려졌다. 실제로 말러의 삶에서 대부분의 경우 작곡은 덤으로 하는 음악 활동이었다. 중기(中期)의 완숙한 교향곡들은 빈 궁정 오페라의 음악 감독이란 부담스러운 직책에서 벗어나 여름휴가를 즐기는 동안 작곡한 것들이었다. 말러는 오스트리아 남부 마이어니히의 뵈르터 호숫가에 있는 별장에서 여름휴가를 보냈다. 말러보다 열아홉 살이나 어린 부인 알마가 남긴 회고록에 구스타프 말러의 습관이 자세히 기록돼 있다. 그들은 1901년 11월에 처음 만나 4개월 뒤 결혼했다. 그리고 이듬해 여름을 그 별장에서 함께 보냈다. 당시 알마는 그들의 첫아이를 임신 중이었고, 말러는 5번 교향곡을 작곡 중이었다. 말러의 5번 교향곡은 도입부의 장송 행진곡부터, 신부에게 헌정한 가슴이 아리도록 아름다운 4악장까지는 음울한 기운이 지배하는 파격적인 작품이다.

말러의 작품은 격정적이고 혼란스러운 내면의 삶을 상징적으로 표현했지만, 마이어니히에서의 생활은 완전히 달랐다. 알마의 표현을 빌리면, 별장에서 말러는 "무가치한 것을 멀리하고 철저하게 순수함을 추구했다".[2] 말러는 6시나 6시 30분에 일어나면 곧바로 벨을 눌러 조리사에게 아침 식사를 준비하라고 알렸다. 조리사는 말러가 작곡하기 위해 숲 속에 돌로 지은 오두막으로 금방 갈아 만든 커피, 우유와 다이어트용 빵, 버터와 잼을 가져왔다. (말러는 아침에 작곡을 시작하기 전까지 누구와도 말을 섞지 않았고 누구의 얼굴도 보려 하지 않았다. 때문에 조리사는 말러와 마주치지 않기 위해 오두막으로 연결된 숲길을 이용하지 않고, 가파르고 미끄러운 오솔길로 가야 했다.) 말러는 오두막에 도착하면 지체 없이 알코올 난로에 불을 지피고 — 알마의 증언에 따르면, "말러는 자주 손가락을 뎄는데, 서툴러서가 아니라 정신을 딴 데 두었기 때문이었다"[3] — 커피에 넣을 우유를 데웠다. 그리고 오두막 밖 벤치에서 아침 식사를 했다. 그 후에는 오두막 안으로 들어가 작곡에 열중했다. 말러가 작곡하는 동안, 알마의 역할은 오두막 주변에서 어떤 소리도 나지 않도록 감시하는 것이었다. 알마는 자신도 피아노 치는 걸 자제했을 뿐 아니라, 이웃 사람들에게는 오페라 티켓을 주겠다며 개들을 가둬놓으라고 부탁했다.

말러는 정오까지 작업한 후에 조용히 자기 방으로 돌아가, 수영복으로 갈아입고 호수로 수영하러 나갔다. 호수 물에 들어가서는 알마에게 호숫가로 나오라는 신호로 휘파람을 불었다. 말러는 몸이 마를 때까지 햇볕 아래 누워 있는 걸 좋아했다. 그리고 몸이 마르면 다시 물로 뛰어들기를 네댓 차례 반복했다. 그렇게 원기를 회복하고 나서야 집으로 돌아가 점심 식사를 시작했다. 점심 식사는 가볍고 소박했지만, 말러의 기호에 철저히 맞추어 조리되고 양념을 최소한으로 사용한 것이었다. "식욕을 자극하지 않고 비만의 원인을 근본적으로 차단하면서도 포만감을 얻는 식단"[4]으로 알마의 눈에는 "병약한 환자의 식단"[5]처럼 보였다.

점심 식사를 끝내면 말러는 알마를 데리고 호숫가를 서너 시간 산책했다. 산책하는 중에도 멋진 악상이 떠오르면, 걸음을 멈추고 연필로 허공에 박자를 맞춰가며 공책에 악상을 끄적거리기도 했다. 이런 중단이 때로는 한 시간 이상 계속되어도, 알마는 남편에게 감히 말을 걸지 못하고 풀밭에 멍하니 앉아 있을 수밖에 없었다. 알마는 "번뜩 떠오른 영감이 마음에 들면 구스타프는 내게 미소를 지어 보였다. 구스타프는 이 세상에서 그 미소보다 나를 즐겁게 해주는 게 없다는 걸 알고 있었다"[6]라고 회상했지만, 침울하고 고독한 예술가에게 본분을 다하는 아내라는 새로운 상황이 마냥 즐겁지만은 않았다. (말러와 결혼하기 전, 알마도 나름대로 촉망받는 작곡가였으나 말러는 알마에게 가족 중에 작곡가는 한 명으로 충분하다며 작곡을 그만두라고 요구했다.) 1902년 7월에 쓴 일기에서 알마는 "견디기 힘든 몸부림이 내 안에서 계속된다! 나를 생각해주고 나 자신을 발견하도록 도와줄 사람이 있다면 얼마나 좋을까! 나는 하찮은 가정부로 전락하고 말았다!"[7]라고 한탄했다.

그러나 말러는 아내의 고뇌를 전혀 눈치채지 못했거나, 아니면 알았더라도 무시하기로 작심한 듯했다. 가을쯤에 말러는 5번 교향곡을 거의 완성했다. 그 후에도 여름이면 말러는 똑같은 생활 방식을 고수하며 마이어니히에서 6번, 7번, 8번 교향곡을 차례로 작곡했다. 작업이 원만하게 진행되면 말러는 만족감을 감추지 않았는데, 한 동료에게 보낸 편지에서 "자네도 알다시피 내가 삶에서 원하는 것은 작곡하고 싶은 욕망이 전부일세"[8]라고 밝힐 정도였다.

구스타프 말러 1860∼1911. 오스트리아의 작곡가 겸 지휘자. 바그너의 영향을 받았다. 근대 음악 발전의 과도기에 속한 인물로, 낭만파적인 교향곡의 마지막 작곡가라고 할 수 있다. 대표작으로 교향곡 〈부활〉, 가곡 〈대지의 노래〉 등이 있다.

생산적이고 평화로운 삶
그리고 편안한 죽음

토머스 홉스
Thomas Hobbes[1]

토머스 홉스는 자연 상태의 삶을 "고독하고 가난하며, 간악하고 잔인하며 짧다"고 규정했지만, 정작 그 자신은 정반대의 삶을 살았다. 홉스는 장수를 누리며 생산적이고 대체로 평화로운 삶을 살다가 아흔한 살의 나이에 침대에서 편안하게 죽음을 맞았다. 그는 매일 아침 7시경에 일어나 빵과 버터로 아침 식사를 했다. 그리고 10시까지 산책을 하며 깊은 사색에 잠겼다. 집으로 돌아와서는 2.5센티미터 두께의 정사각형 판자에 풀로 붙인 종이에 자신의 생각을 자세히 기록했다. 하루의 주된 식사는 정확히 아침 11시에 가졌다. (홉스는 나이 든 후에는 포도주와 육류를 멀리하고 매일 생선을 먹었다.) 식사를 끝낸 후에는 파이프 담배를 피웠다. 그의 친구이자 전기 작가였던 존 오브리(John Aubrey)에 따르면, 그 직후에 "곧바로 침대에 뛰어들어"[2] 30분 정도 낮잠을 잤다. 오후에는 다시 방에 들어가 아침에 기록했던 단상들에 살 붙이는 작업을 했다. 저녁에는 침대에 누워 당시 유행하던 노래들을 부르다가 잠이 들었다. 오브리의 기록에 따르면, 홉스가 좋은 목소리를 지녀서 노래를 부른 게 아니라, "노래가 폐를 건강하게 해서 수명을 연장하는 데 도움이 된다고 믿었기"³⁾ 때문이었다.

토머스 홉스 1588~1679. 영국의 철학자·법학자. 성악설을 전제로, 각자의 이익을 위해 사람은 계약으로써 국가를 만들어 자연권을 제한하고, 국가를 대표하는 의지에 그것을 양도하여 복종해야 한다고 보았다. 그리고 전제군주제를 이상적인 국가 형태로 생각했다. 대표적인 저서로 《리바이어던》, 《시민론》, 《인간론》, 《법의 원리》 등이 있다.

밤은 혼란과 무질서가
보이지 않을 뿐

마이라 칼만
Maira Kalman[1]

뉴욕에서 활동한 삽화가이자 디자이너인 마이라 칼만은 아침 6시에 일어나 침대를 정리하고 부고(訃告)를 읽는다. 그리고 친구와 함께 산책을 하고 집으로 돌아와 아침 식사를 한다. 마감 시한에 쫓기는 원고가 있으면, 아파트와 같은 건물에 있는 작업실로 향한다. 그녀는 최근에 나에게 보낸 이메일에서 이렇게 밝혔다. "작업실에는 전화도 없고 먹을 것도 없습니다. 이메일을 확인할 길도 없습니다. 주의력을 흐트러뜨리는 그 어떤 것도 없습니다. 음악을 들으며 그저 작업에 열중할 뿐입니다. 낮잠을 자는데 사용하는 초록색 의자가 하나 있을 뿐입니다. 대체로 오후 늦게 나는 낮잠을 잡니다."

칼만은 혼자 작업을 하다가 지루하면 카페에 가서 사람들의 대화를 엿듣거나 지하철을 타고 박물관에 간다. 때로는 센트럴파크에서 산책을 하기도 한다며 "그렇다고 마냥 계획도 없이 빈둥대지는 않습니다. 일하고 싶은 의욕을 북돋우는 데 도움이 되는 것들이 있습니다. 예를 들면 청소를 하는 겁니다. 다리미질도 괜찮습니다. 산책은 언제나 영감을 북돋워줍니다. 내 일은 관찰과 밀접한 관계가 있으므로 마지막 순간까지 이미지들을 수집하고 수정하기를 계속합니다"라고 덧붙였다.

때때로 칼만은 며칠 동안 작업실 근처에 얼씬도 하지 않는다. 일하는 날에는 오후 6시에 일을 끝마치고 밤에는 일하지 않는다. "밤은 조용하게 보이겠지만 혼란과 무질서가 보이지 않을 뿐이다."

마이라 칼만 1949~ . 미국의 삽화가·디자이너. 2006년부터 2007년까지 1년 동안 〈뉴욕타임스〉에서 '불확정성 원리'라는 블로그를 운영하며 글을 쓰고 그림을 그렸다. 이 블로그는 2007년에 같은 제목의 책으로 출간되었다. 대니얼 핸들러가 글을 쓰고 칼만이 삽화를 그린 《우리는 정말 헤어졌을까》는 우리나라에도 번역되었다.

좋은 펜,
편안한 의자만 있다면

모턴 펠드먼
Morton Feldman[1]

1971년 펠드먼이 파리에서 북쪽으로 한 시간쯤 떨어진 작은 마을에 한 달 정도 머물며 작업하고 있을 때 프랑스 기자가 찾아왔다. 펠드먼은 기자에게 "나는 이곳에서 수도승처럼 살고 있습니다"라고 말했다.

아침 6시에 일어나 11시까지 작곡에 열중합니다. 그것으로 하루 일과가 끝납니다. 그 후에는 밖에 나가 몇 시간이고 무작정 걷습니다. 막스 에른스트(Max Ernst, 1891~1976, 독일 화가)가 멀지 않은 곳에 살고, 존 케이지(John Cage, 1912~1992, 미국 작곡가이자 미술가)도 여기에 왔습니다. 다른 활동은 전혀 하지 않습니다. 그래서 나에게 뭐가 좋냐고요?

아주 좋습니다. ……하지만 나는 이처럼 여유 있고 편안하게 지내는 데 익숙하질 않습니다. 대개는 바쁘게 지내며 이런저런 일을 하는 틈틈이 꾸역꾸역 작업을 해왔습니다. 당신도 잘 알겠지만, 나는 과거에 음악 이외의 다른 분야에서도 일했습니다. 내 부모가 사업을 했으니까요. 그래서 그분들과 걱정을 함께 나누고, 그분들과 같은 삶을 살아야 했습니다.

그리고 결혼을 했지만 집사람이 좋은 직장을 다녀 하루 종일 집 밖에 있었습니다. 그래서 나는 아침 6시에 일어나 쇼핑을 하고 식사 준비를 했습니다. 내가 집안일을 도맡아 미친 듯이 일했습니다. 저녁이면 어김없이 친구들이 몰려왔습니다. (나도 미처 몰랐지만 친구가 정말 많더군요.) 그렇게 한 해를 보내고 나서야 내가 한 줄도 작곡하지 못했다는 걸 깨달았습니다![2]

펠드먼은 1984년의 강연에서, 케이지가 가르쳐준 방법이 "누군가 내게 가르쳐준 가장 중요한 조언"[3]이었다며 "케이지는 나에게 글을 조금 쓴 후에 중단하고 그 글을 베껴 써보라고 했습니다. 글을 옮겨 쓰는 동안, 그 글을 생각하게 되고, 그 과정에서 다른 생각들이 떠오른다는 것이었습니다. 나는 지금도 그 방법대로 작업을 합니다. 창작과 옮겨 쓰기 사이에는 경이로운 관계, 불가사의한 관계가 있습니다"라고 말했다. 좋은 펜, 편안한 의자 등과 같은 외적인 조건도 중요했다. 펠드먼은 1965년에 발표한 수필에서 이렇게 말했다. "때때로 나는 작업하는 데 실질적으로 필요한 것들이 무엇인지 생각하는 데 몰두한다. 그래서 한동안 편안한 의자를 찾아낼 수만 있다면 모차르트에 필적하는 곡을 써낼 거라고 말했던 것이다."[4]

모턴 펠드먼 1926~1987. 미국의 작곡가. 음표의 개수를 숫자로 표현하는 등의 새로운 기보 방법을 사용했고, 서로 무관한 음향들의 반복을 통해 독창적 음색을 표현했다. 대표작으로 〈경계의 교차〉, 〈아틀란티스〉 등이 있다.

밭에서
보내는 하루

허먼 멜빌
Herman Melville[1]

허먼 멜빌의 하루 일과에 대한 자료는 극소수만 전해진다. 멜빌이 가족과 함께 매사추세츠의 버크셔에 있는 약 65만 제곱미터의 농장 애로헤드로 이주한 직후, 즉 1850년 12월 친구 겸 출판업자에게 보낸 편지에 그의 하루 일과가 가장 정확히 기록되어 있는 듯하다.

당시 서른한 살이던 멜빌은 그 농장에서 옥수수와 순무, 감자와 호박을 재배하며, 하루 6~8시간의 집필 활동에 따른 스트레스를 풀기 위한 방법으로 밭에서 일하는 걸 즐겼다. 그 편지에서 멜빌은 다음과 같이 하루 일과를 밝혔다.

8시쯤 일어나 헛간에 가서 말에게 아침 인사를 건네고 여물을 먹입니다. 차디찬 여물을 먹여서 마음이 아프지만 어쩔 수가 없군요. 다음에는 젖소를 찾아가서 호박 한두 개를 잘라주고, 녀석이 먹는 모습을 옆에서 지켜봅니다. 젖소가 턱을 오물거리는 걸 보면 기분까지 좋아집니다. 젖소는 여유 있게, 또 성스럽게 씹지 않습니까! 나도 아침 식사를 끝내고 작업실로 들어가 벽난로에 불을 지핀 뒤 책상에 원고를 펼쳐놓고는 사무적으로 슬쩍 째려보지만, 이내 마음을 고쳐먹고 열의를 갖고 작업을 시작합니다. 오후 2시 반, 미리 약속한 대로 누군가 작업실 문을 두드립니다. 내가 의자에서 일어나 문을 열어줄 때까지 문을 두드리는 소리는 계속됩니다. 내가 그렇게 해달라고 부탁했지요. 그래야 내가 흥미진진하게 글을 이어가더라도 글쓰기를 멈추고 의자에서 억지로라도 일어나니까요. 내 친구들, 그러니까 말과 젖소가 다시 배를 채워야 하므로 녀석들에게 먼저 먹이를 주고, 나도 식사를 끝낸 후에 썰매를 준비해서 어머니와 누이들을 데리고 마을로 내려갑니다. 문학인을 위한 날이라도 있다면 마을로 내려가는 즐거움이 훨씬 더 크겠지요. 저녁 시간은 내 방에서 거의 최면에 빠진 상태로 보냅니다. 책도 읽을 수가 없습니다. 아주 이따금씩 큰 활자로 쓰인 책을 건성으로 읽을 뿐입니다.[2]

당시는 멜빌이《모비 딕》을 쓰기 시작한 지 몇 개월이 지난 때였고, 애로헤드의 작업실은 그 소설을 집필하기에 이상적인 환경이었던지 멜빌은 위의 편지에서 이렇게 덧붙였다.

사방이 온통 눈으로 덮여 있어 이곳 시골에선 바다에 떠 있는 듯한 기분입니다. 아침에 일어나면, 대서양을 항해하던 배에서 현창을 내다보듯 창밖을 내다봅니다. 그럼 내 방은 선실이 됩니다. 또 한밤중에 잠에서 깨어 공기를 가르는 바람 소리가 들리면, 집에 돛이 너무 활짝 펴져 있어 지붕에 올라가 굴뚝에 삭구를 설치해야 한다는 생각마저 듭니다.[3]

허먼 멜빌 1819~1891. 미국의 소설가. 근대적 합리성을 거부하는 비판적 사고, 풍부한 상징성을 작품에 담았으며 20세기에 와서야 단순한 해양 모험담 작가가 아닌 친구이던 너새니얼 호손과 더불어 인간과 인생에 비극적 통찰을 한 철학적 작가로 평가받았다. 대표작으로 《모비 딕》, 〈필경사 바틀비〉, 〈베니토 세레노〉 등이 있다.

그림을 그릴 때가
가장 행복한 시간

뉴웰 컨버스 와이어스
Newell Convers Wyeth[1]

미국의 화가 겸 삽화가인 N. C. 와이어스는 매일 5시에 일어나 6시 30분까지 땔나무를 팼다. 전기 작가 데이비드 미카엘리스(David Michaelis)에 따르면, 그 후에 와이어스는 "그레이프프루트, 달걀과 팬케이크 그리고 커피로 원기를 보충하고"[2] 언덕에 있는 작업실로 올라갔다. 그림을 그리기 전에 와이어스는 아침 식사로 먹은 걸 소화시키고 싶어 했다. 그래서 편지를 쓰자마자 스테이션왜건을 몰고 읍내에 있는 우체국으로 달려가 편지를 부쳤다. 그리고 작업실로 돌아가는 길에 제자의 집에 들렀고, 때로는 붓을 가지고 가서 수정해주기도 했다.

작업실에 돌아오면 와이어스는 작업복으로 갈아입은 뒤 파이프 담배를 입에 물고, 왼손 엄지에 커다란 팔레트를 끼우고, 작업을 시작했다. 이젤 앞을 왔다 갔다 하며 거침없이 붓질했다. 작업 속도가 매우 빨라, 때로는 서너 시간 만에 그림 하나를 완성하기도 했다. 작업이 순조롭게 진행되지 않으면 와이어스는 집중력을 높이기 위해 북쪽으로 향한 작업실의 커다란 창문에 판지를 덧대어 시야를 가렸다. 1시에 점심 식사를 하려고 작업을 중단할 때, 임시방편으로 만든 블라인드를 제거하는 걸 곧잘 잊었다. 어쨌든 그 블라인드는 가족들에게 와이어스의 작업이 순조롭지 않아 기분이 나쁘다는 걸 알려주는 신호였다.

하지만 전반적으로 와이어스에게는 그림을 그릴 때가 가장 행복한 시간이었다. 오후에는 아이들이 작업실까지 쳐들어와 자기들끼리 놀아도, 와이어스는 묵묵히 작업했다. 와이어스는 인공의 빛에서는 거의 일하지 않았다. 따라서 햇살이 비치는 시간이 그에게는 가장 소중했다. 하루가 저물고 햇살이 사라져 작업을 중단해야 하는 걸 못마땅하게 여겼고, 다음 날이 곧바로 시작되기를 바라며 "주변 상황 때문에 일할 수 없는 게 세상에서 가장 힘들다!"[3]라고 말했다.

뉴웰 컨버스 와이어스 1882∼1945, 흔히 N. C. 와이어스로 불린다. 미국에서 가장 위대한 삽화가 중 한 명으로 손꼽히며, 미국의 국민 화가로 일컬어지는 앤드루 와이어스의 아버지이다. 3,000여 점의 그림과 112권 책의 삽화를 그렸다.

글을 쓰고
꽃을 가꾸는 하루

라이먼 프랭크 바움
Lyman Frank Baum[1]

1910년, 《오즈의 마법사》로 인기를 얻은 프랭크 바움은 시카고에서 할리우드로 이주하며, 모퉁이 땅을 사서 커다랗고 안락한 집을 짓고, 그 집에 '오즈콧(Ozcot)'이란 이름을 붙였다. 그곳에서 바움은 하루의 시간을 둘로 나누었다. 하나는 글쓰기였고, 다른 하나는 새로 관심을 갖고 열정을 쏟아붓던 원예였다. 바움은 원예학을 공부하여 나중에는 뒷마당에 갖가지 꽃들을 재배해 상까지 받을 정도였다.

오즈콧에서 바움은 8시경에 일어나 아침 식사를 푸짐하게 즐겼고, 크림과 설탕을 듬뿍 넣은 진한 커피를 대여섯 잔이나 마셨다. 아침 식사 후에는 작업복으로 갈아입고 꽃을 가꾸는 데 남은 오전 시간을 보냈다. 1시에 점심 식사를 했고, 그 후에야 글쓰기 작업을 시작했지만 오랫동안 글쓰기에 열중한 것은 아니었다. 바움은 정원에 놓인 의자에 앉아 시가를 입에 물고, 클립보드에 종이를 대고 손으로 직접 쓰는 걸 좋아했다. 하지만 결국에는 꽃밭으로 돌아가, 줄거리를 구상하며 빈둥거렸다. 그러면서 바움은 "등장인물들이 내가 원하는 대로 움직여주지 않는다"[2]라고 변명하곤 했다.

라이먼 프랭크 바움 1856∼1919. 미국의 소설가. 상상의 나라 '오즈'를 무대로 한 동화 시리즈로 유명하다. 언론인으로 활동하다가 글쓰기를 시작해 《오즈의 마법사》 시리즈와 60여 권의 동화책을 썼다. 프랭크 바움이 페미니즘을 지지하여 진취적인 여성상을 많이 등장시켰다고 해석하는 학자들도 있다.

석양을 바라보며
감탄하는 것도 나의 의무

리하르트 슈트라우스
Richard Strauss[1]

슈트라우스의 창작 과정은 체계적이고 규칙적이었다. 그는 작곡하고 싶은 자신의 욕구를, 젖을 제공하는 젖소에 비유했다. 1892년 말, 늑막염과 기관지염을 치료하기 위해 따뜻한 지역으로 가려고 독일을 떠났던 순간까지도 슈트라우스는 규칙적인 시간표를 따랐다. 그는 이집트의 한 호텔에서 집으로 다음과 같은 편지를 보냈다.

하루 일과는 무척 단순합니다. 8시에 일어나 목욕을 하고 아침 식사를 합니다. 아침 식사로는 달걀 세 개와 차 그리고 집에서 만든 잼이 전부입니다. 식사 후에는 나일 강변에 자리 잡은 호텔의 야자나무 숲을 30분 정도 산책하고, 10시부터 오후 1시까지 작업을 합니다. 1악장의 관현악 편성은 더디지만 순조롭게 진행되고 있습니다. 오후 1시에 점심 식사를 하고 나서는 쇼펜하우어를 읽거나, 1피아스터(이집트 화폐 단위 – 옮긴이)를 걸고 콘체 부인과 카드놀이를 합니다. 3시부터 4시까지 다시 작곡을 하고, 4시에 차를 마신 뒤 6시까지 산책을 나갑니다. 이집트의 아름다운 석양을 바라보며 감탄하는 것도 내 의무의 하나일 테니까요. 6시가 되면 어둑해지고 쌀쌀합니다. 호텔에 돌아와서 7시까지 다시 작업을 하거나 편지를 씁니다. 7시에 저녁 식사를 하고 나서 담배를 피우며(하루에 8~12개비) 주변 사람들과 담소를 나눕니다. 9시 30분쯤 방에 돌아와 30분쯤 책을 읽고, 10시에 불을 끕니다. 이런 식으로 하루하루를 보내고 있습니다.[2]

리하르트 슈트라우스 1864~1949, 독일의 작곡가·지휘자. 독일 후기 낭만파의 대표적 작곡가로, 젊어서는 리스트의 영향을 받아 교향시 〈돈 후안〉과 〈알프스 교향곡〉을 썼고, 그 후에는 바그너의 영향으로 오페라 〈살로메〉, 〈장미의 기사〉 등을 작곡했다.

우울증 재발이 두려워 시작한
격렬한 운동

호안 미로
Joan Miró[1]

미로는 일상의 습관을 외곬으로 따랐다. 작업을 등한시하는 걸 싫어하기도 했지만, 회화를 만나기 전의 젊은 시절에 그를 괴롭히던 심한 우울증에 다시 빠질까 두려워했기 때문이다. 우울증 재발을 예방할 목적으로 미로는 일과에서 격렬한 운동을 빠뜨리지 않았다. 파리에서는 권투, 바르셀로나에서는 줄넘기와 스웨덴 체조(1810년경 스웨덴에서 시작된 체조로, 신체 각 부분의 균형 잡힌 발육과 각 기능의 완전한 발달을 도모한다. 스웨덴의 체육가 링이 창시했다 – 옮긴이)를 게을리하지 않았다. 가족 소유의 농가가 있어 미로가 매년 여름이면 도시 생활에서 탈출하여 창조적 에너지를 재충전하기 위해 찾았던 카탈루냐의 몬트로이그 마을에서는 해변을 달렸고 바다에선 헤엄을 즐겼다. 유이스 페르마니에르(Lluis Permanyer)는 《미로: 열정의 삶》에서, 미로가 아내와 어린 딸을 데리고 바르셀로나에서 살았던

1930년대 초의 생활 습관을 이렇게 설명했다.

　　그는 6시에 어김없이 일어나서 씻고, 아침 식사로 커피와 몇 조각의 빵을 먹었다. 7시에 작업실로 들어가 12시까지 두문불출하며 작업에 열중했다. 12시에 작업을 중단하고 권투나 달리기 같은 운동을 한 시간 정도 했다. 1시에 식당에 앉아, 간소하지만 정성껏 준비된 점심 식사를 했고, 식사를 끝낸 후에는 커피 한 잔을 마시며 정확히 세 개비의 담배를 피웠다. 그 후에는 '지중해식 요가'를 행하고 낮잠을 잤지만, 각각 5분을 넘지 않았다. 2시에는 친구를 맞이하거나 사업 문제를 처리하며 편지를 썼고, 3시에는 작업실로 돌아가 저녁 식사 시간인 8시까지 작업에 열중했다. 저녁 식사 후에는 잠깐 동안 독서를 하거나 음악을 들었다.[2]

　　미로는 이런 생활 습관이 사교적 행사나 문화적 행사로 방해받는 걸 좋아하지 않았다. 그래서 한 미국 기자에게 "난 개막식이나 파티 같은 게 싫습니다! 상업적이고 정치적인 행사인 데다 모두 말이 너무 많습니다. 그런 모든 게 신경에 거슬립니다!"[3]라고 불평을 쏟아냈다.

호안 미로 1893~1983. 스페인의 화가·도예가. 단순한 형태와 밝은 색채를 조화 있게 결합하면서 동화적 시정(詩情)을 일으키는 환상적이고 독자적인 조형을 보여주었으며, 추상미술과 초현실주의적 환상을 대표하는 미술가이다. 대표작으로 〈알칸의 사육제〉, 〈꿈 그림〉, 〈상상 속의 풍경〉 등이 있다.

특별할 것 없던
위대한 물리학자의 하루

알베르트 아인슈타인
Albert Einstein[1]

아인슈타인은 1933년 미국으로 이주하여, 1945년 은퇴할 때까지 프린스턴 대학교의 교수를 지냈다. 그 시절, 아인슈타인의 일상은 매우 단순했다. 9시부터 10시까지 아침 식사를 하며 일간지들을 정독했고, 10시 30분에는 집을 나와 연구실로 향했다. 날씨가 좋을 때는 걸어 다녔지만, 그렇지 않을 경우에는 대학교에서 그의 집까지 스테이션왜건을 보냈다. 아인슈타인은 오후 1시까지 연구에 몰두했고, 1시 30분에는 집으로 돌아가 점심 식사를 하고 낮잠을 즐겼다. 그 후에도 오후 시간을 집에서 보내며 연구를 했고, 방문객을 만났으며, 아침 일찍 비서가 선별한 편지들을 처리했다. 6시 30분에 저녁 식사를 하고 나서도 집에서 연구를 하며 편지들을 처리했다.

이처럼 단순한 생활에도 불구하고 아인슈타인은 프린스턴에서 유명

인사였다. 물론 그의 과학적 업적 때문이기도 했지만, 약간 얼빠진 듯한 모습과 헝클어진 외모 때문에도 유명했다. 아인슈타인은 이발소에 가지 않으려고 머리를 길렀고, 양말과 멜빵을 불필요한 것이라 생각하여 착용하지 않았다. 그리고 프린스턴의 연구실을 오갈 때, 위대한 물리학자들을 만나 말을 섞고 싶어 하는 동네 사람들에게 곧잘 붙잡혔다. 한 동료 학자의 기억에 따르면, "아인슈타인은 동네 사람이 원하는 대로 그의 부인과 자식 심지어 손자와 함께 포즈를 취해주고 덕담까지 주고받았다. 그러고 나서 혼자가 되면 고개를 저으며 '늙은 코끼리가 다시 한 번 재주를 부렸군' 하며 중얼거렸다".[2]

알베르트 아인슈타인 1879~1955. 독일 태생의 미국 이론물리학자. 특수 상대성 원리, 일반 상대성 원리, 광양자설, 통일장 이론 등을 발표했고, 1921년에 노벨 물리학상을 받았다. 대표적인 저서로 《상대성의 특수 이론과 일반 이론》, 《상대성이란 무엇인가》 등이 있다.

무용가의 삶은
반복의 연속이다

트와일라 타프
Twyla Tharp[1]

트와일라 타프는 습관에 관한 전문가였다. 2003년에 발표한《천재들의 창조적 습관》에서 타프는 높은 창조적 수준에 이르기 위해 견실하고 좋은 작업 습관을 몸에 익혀야 할 필요성을 역설했다. 때문에 그녀의 일상적인 습관이 치열했다고 해서 놀랄 것은 없다.

나는 매일 아침을 나만의 의식으로 시작한다. 새벽 5시 30분에 일어나 연습복을 입고 레그 워머를 신고 후드티를 걸치고 모자를 쓴다. 그러고는 집 밖으로 나와 택시를 불러 세우고 운전사에게 91번가와 퍼스트 애비뉴 모퉁이에 있는 펌핑 아이언 체육관으로 가자고 한다. 그리고 그곳에서 두 시간 동안 운동을 한다. 내 의식은 매일 아침 체육관에서 하는 스트레칭과 웨이트트레이닝이 아니다. 내 의식은 바로 택시이다. 운전사에게 목적지를

말하는 순간, 내 의식은 끝난다.[2]

매일 아침 자동적으로 일어나 택시에 올라탐으로써 타프는 체육관에 갈까 말까 망설이는 마음을 차단한다. 그 의식은 그녀가 생각해서 결정하는 것이 아니라, "내가 옳은 일을 하고 있다고 친절하게 상기시켜주는 것"[3]이다. 그러나 5시 30분에 올라타는 택시는 그녀가 지닌 "반복적 일과들로 가득한 무기고"[4]에 있는 하나의 항목에 불과하다. 타프는 자신이 되풀이하는 의식적 행위에 대해 이렇게 말한다.

나는 잠자리에서 일어나 운동하고 서둘러 샤워를 한 뒤, 세 개의 완숙한 달걀흰자와 한 잔의 커피로 끝내는 아침 식사를 반복한다. 또 아침에 한 시간가량 이곳저곳에 전화하고 우편물을 처리하는 행위를 반복하고, 연습실에서 두 시간 동안 혼자 스트레칭하며 이런저런 생각을 시도하는 행위를 반복하며, 무용단원들과 함께 연습하는 행위도 반복한다. 오후 늦게 집으로 돌아와 더 많은 업무들을 처리하고, 이른 저녁을 먹은 뒤 조용히 몇 시간 동안 독서하는 행위도 되풀이한다. 이런 행위들로 나의 하루, 나의 매일매일이 이루어진다. 무용가의 삶은 이런 반복의 연속이다.[5]

트와일라 타프는 이처럼 빡빡한 시간표 때문에 사교적인 삶이 거의 불가능하다는 걸 인정하며 "분명 비사교적인 삶이다"라고 말했지만 "창조적 수준을 높이는 데는 유리한 삶이다"라고 덧붙였다. 그녀는 이렇게 할 때 일상의 삶에서 창조성이 유지된다며 "이 모든 것이 결합할 때 창조적

인 삶은 우리가 일반적으로 음식과 사랑과 신앙에서 기대하는 역동적인 힘을 갖는다"라고 결론지었다.[6]

트와일라 타프 1941~ , 미국의 현대 무용가·안무가. 댄스와 뮤지컬을 혼합하거나 다른 예술 장르와 교류를 꾀하기도 하고 발레와 재즈 테크닉을 결합하는 등 독특한 스타일을 만들었다. 저술가로도 활동하여 《천재들의 창조적 습관》, 《여럿이 한 호흡》 등을 썼다.

작업실은
꿈을 꾸러 가는 공간

스티븐 킹
Stephen King[1]

스티븐 킹은 하루도 빠짐없이 글을 쓴다. 생일날은 물론이고 휴일에도 예외가 없다. 또 하루 2,000단어라는 목표에 도달하기 전에는 책상 앞을 떠나지 않는다. 아침 8시나 8시 30분부터 글을 쓰기 시작하는데 11시 30분이 되기 전에 끝내는 경우도 있지만, 대부분의 경우 오후 1시 30분이 되어서야 목표량에 도달한다. 오후와 저녁에는 낮잠을 자거나 편지를 쓰고 책을 읽으면서, 또 가족과 함께 지내거나 텔레비전으로 보스턴 레스삭스의 야구 경기를 보면서 자유롭게 보낸다.

2000년에 발표한 회고록 《유혹하는 글쓰기》에서 킹은 픽션의 글쓰기를 '창조적인 수면'에 비교하며, 글쓰기 습관을 매일 밤 잠자리에 들기 위한 준비 과정으로 묘사했다.

침실이 그렇듯 글 쓰는 작업실도 사적인 공간, 즉 당신이 꿈을 꾸러 가는 공간이어야 한다. 매일 똑같은 시간에 들어가서 2,000단어를 종이나 컴퓨터에 쓴 후에 나오는 시간표는 습관을 들이기 위해 존재한다. 예컨대 매일 밤 똑같은 시간에 잠자러 가고 그때마다 똑같은 절차를 따름으로써 잠들기 위한 준비를 하는 것과 같다. 글쓰기와 잠자기를 통해, 우리는 똑같은 시간에 일상의 삶을 지배하는 지루하고 합리적인 생각에서 우리의 정신을 해방시킴으로써 육체적으로 평온해지는 방법을 배운다. 정신과 몸이 매일 밤 여섯 시간이든 일곱 시간이든, 혹은 권장 수면 시간인 여덟 시간이든 상당한 시간의 수면에 익숙해지듯, 정신이 깨어 있는 상태에서 창조적으로 수면을 취하며 상상한 꿈을 생생하게 전개하도록 훈련시킬 수 있고, 그런 꿈이 픽션으로 성공작이 된다.[2]

스티븐 킹 1947~ . 미국의 소설가. 지난 20여 년간 50여 편에 가까운 소설을 발표했으며 대부분의 작품이 전 세계로 번역되어 3억 5000만 부가 넘게 판매되었다. 대표작으로 《언더 더 돔》, 《다크 타워》, 《셀》, 《애완동물 공동묘지》 등이 있다.

게으름과 나태함이
주는 기쁨

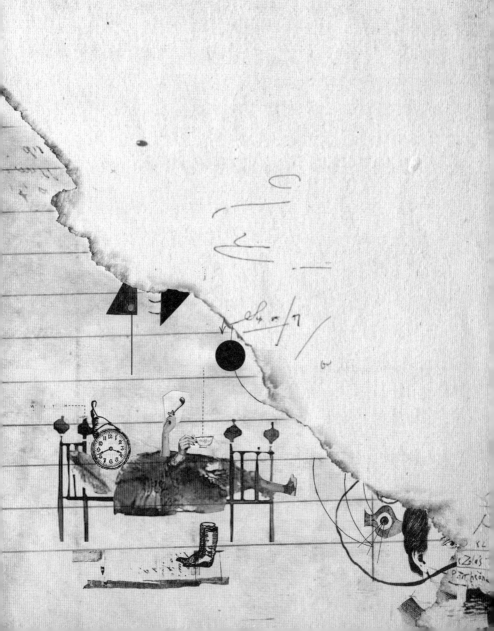

나는 작가가 되기에는
너무 게으르다

페데리코 펠리니
Federico Fellini[1]

이탈리아의 영화감독 페데리코 펠리니는 한 번에 세 시간 이상 잠잘 수 없다고 주장했다. 1977년의 인터뷰에서 펠리니는 자신의 아침 습관에 대해 이렇게 말했다.

나는 아침 6시에 일어납니다. 집 안을 돌아다니며 창문을 열고, 상자들을 뒤적이고 책들을 여기저기로 옮깁니다. 몇 년 전부터 직접 괜찮은 커피를 끓여보려고 노력했지만 커피 끓이기는 내가 잘할 수 있는 일이 아닌 것 같습니다. 아래층으로 내려갑니다. 그리고 가능한 한 빨리 집 밖으로 나갑니다. 7시쯤에는 전화기를 붙잡습니다. 아침 7시에 전화를 해서 깨워도 화내지 않을 사람을 신중하게 고릅니다. 몇몇 사람에게는 내 전화가 아침잠을 깨우는 긍정적인 역할을 합니다. 7시 남짓해서 그들의 잠을 깨우는 내 전화

에 익숙해진 사람이 적지 않습니다.[2]

펠리니는 젊은 시절 신문사에서 일했지만 영화가 그의 적성에 더 맞다는 걸 깨달았다. 그는 영화제작 과정의 사교적인 면을 좋아해, "작가는 혼자서 모든 일을 해낼 수 있지만, 절제력이 필요하다. 작가라면 아침 7시에 일어나 백지를 앞에 두고 방 안에 혼자 앉아 있을 수 있어야 한다. 나는 그러기에는 너무 게으른 사람이다. 나는 나 자신을 표현해낼 최적의 매개체를 선택한 듯싶다. 나는 일과 공생이 더할 나위 없이 멋지게 결합된 영화제작을 사랑한다"[3]라고 말했다.

페데리코 펠리니 1920~1993. 이탈리아의 영화감독. 신사실주의에 입각한 사실적인 영화에서 몽상적인 환상의 세계를 그린 영화에 이르기까지 다양한 영상 언어를 구사했다. 대표작으로 〈청춘 군상〉, 〈길〉, 〈카비리아의 밤〉 등이 있다.

도시의 방해에서 벗어나는
유일한 시간

새뮤얼 존슨
Samuel Johnson[1]

제임스 보즈웰의 《새뮤얼 존슨의 생애》에 따르면, 존슨은 보즈웰에게 "오후 4시쯤 외출하여 새벽 2시가 돼서야 집에 들어간다"[2]라고 말했다. 집에 돌아와서, 런던의 시민이 잠든 동안 촛불을 켜고 작업한 것으로 보인다. 하기야 존슨에게는 그 시간이 런던이란 도시의 방해에서 벗어날 수 있는 유일한 시간이었을 것이다. 보즈웰은 존슨의 친구였던 맥스웰 목사의 회고를 인용해 다음과 같이 말했다.

> 내가 그와 알고 지내는 동안, 존슨의 전반적인 생활 방식은 언제나 똑같았다. 12시쯤 내가 그를 찾아가면, 존슨은 그때까지 침대에 누워 있거나, 차를 갖다 달라고 소리쳤다. 존슨은 차를 엄청나게 마셨다. 아침마다 그를 방문하는 사람들이 줄을 이었는데, 주로 문인들이었지만…… 간혹 학구적

인 귀부인들도 눈에 띄었다. 내가 보기에 그는 스스로를 대중을 위한 신탁자(神託者)로 여겨 누구든 자신에게 조언을 구할 권리가 있다고 생각하는 듯했고, 모두가 그럴듯한 보상을 받는 게 확실했다. 나는 그가 글 쓸 시간을 어떻게 마련하는지 궁금했지만 도무지 알아낼 수 없었다. 그는 아침 내내 방문객들에게 열변을 토했고, 그 후 술집에 가서 식사를 하며 늦게까지 머물렀다. 그리고 친구 집에 들러 차를 마시며 한참 동안 빈둥거렸지만 저녁 식사를 먹는 경우는 거의 없었다. 내 짐작이지만, 존슨은 밤에 주로 책을 읽고 글을 쓰는 게 분명했다. 내 기억에는 그가 술을 마시러 나가자는 제안을 거절한 적이 거의 없기 때문이다.[3]

존슨은 자신에게 뒤로 미루는 습관이 있고, 절제력이 부족하다는 걸 서슴없이 인정했다. 그는 일기에 "십중팔구 많은 사람이 그렇겠지만, 내 경우에도 가장 큰 죄악은 시간을 낭비하고 매사에 게으름을 피우는 것이다"[4]라고 썼고, 보즈웰에게는 "나태는 반드시 무찔러 없애야 할 질병"이라고 말했지만, 자신은 기질적으로 그런 싸움에 적합하지 않다며 "나는 어떤 계획도 이틀 이상 지속해본 적이 없다"라고 덧붙였다.[5]

새뮤얼 존슨 1709~1784. 영국의 시인 겸 평론가. 그가 쓴 《영어사전》은 8년여 동안 작업한, 사전 역사상 최고의 전형과 편집 기술을 갖춘 작품으로 평가받았다. 저서로 소설 《라셀라스》, 비평적 전기 《영국 시인전》 등이 있다.

침대에서 뒹구는 시간이 가장 즐겁다

제임스 보즈웰
James Boswell[1]

"나는 눈을 뜨자마자 내가 할 일을 떠올린 뒤, 민첩한 선원처럼 게으름을 떨쳐내고 아름다운 여자가 성관계를 갖기를 원하며 나를 기다리고 있는 것처럼 벌떡 일어난다."[2] 보즈웰은 1763년의 일기에서 이렇게 호언장담했다. 그러나 영국의 위대한 전기 작가이자 일기 작가였던 보즈웰은 실제로는 아침에 침대에서 빈둥대며 "나른한 무기력 상태로 소중한 아침 시간을 낭비하는 못된 습관"[3]의 소유자였다. 한동안 그는 이처럼 침대에서 빈둥대는 못된 습관을 없애버릴 방법을 고민했던지, "침대를 괴상하게 만들 생각도 해보았다. 줄을 잡아당기면 가운데가 갑자기 우뚝 솟으면서 나까지 일으켜 세우는 침대였다. 그럼 나도 어쩔 수 없이 괜찮은 사람이 될 수 있을 텐데"[4]라고 일기에 쓰기도 했다.

하지만 평소 보즈웰은 하루를 시작하기 전에 침대에서 빈둥대는 걸 무척 좋아한 듯하다. 1763년 2월의 일기에서 그는 하루 일과를 자세히 소개했다. "나의 하루는 전날과 조금도 다르지 않게 규칙적으로 흘러간다"라며 이렇게 덧붙였다.

나는 거의 시계태엽처럼 움직인다. 아침 8시에 몰리(하녀)가 화덕에 불을 지피고, 식당을 청소한 후에 아침 식사를 준비한다. 그리고 나를 깨우면서 지금 몇 시인지 알려준다. 나는 게으름을 피우며 침대에서 잠시 빈둥거린다. 아무튼 마음이 편하고 기분이 좋을 때는 이렇게 침대에서 뒹구는 시간이 가장 즐겁다. 옷을 편하게 입고 식당으로 내려가며 줄을 당겨 하녀에게 알린다. 그럼 하녀가 유백색의 냅킨을 식탁에 깔고 아침 식사를 차린다. 나는 가볍고 재밌는 책을 식당에 가져가서, 아침 식사를 하며 한 시간가량 읽는다. 독서는 입맛뿐 아니라 정신 건강까지 북돋워주는 효과가 있다. 아침 식사를 끝내면 기분이 좋아지고 생동감이 밀려온다. 창가로 가서, 이런저런 계획을 마음에 품고 분주하게 지나가는 사람들을 바라본다. 하루를 규칙적으로 보낸다면 하루하루가 너무나 똑같아서 이런 일기를 쓰기에 적합하지 않을 것이다. 게다가 하루하루가 모든 점에서 똑같이 흘러갈 수는 없다. 내 하루는 바이올린 연주, 글쓰기, 친구들과의 한담 등 다양한 유형으로 나뉜다. 약을 복용하는 것도 시간이 조금은 빨리 흘러가게 하는 역할을 한다. 나는 의학에 타고난 재주가 있는지, 신체의 변화를 관찰하고, 식이요법과 노동, 휴식과 수술 등의 결과를 관찰하는 게 무척 재밌다. (……)
이제 내 건강은 웬만하고, 식욕도 꽤 좋은 편이어서 소박한 요리도 맛있게 먹는다. 나는 차를 많이 마신다. 11시와 12시 사이에 내 침대가 따뜻하

게 데워지면 나는 느긋하게 수면을 취하려고 침대에 들어간다. 이런 삶이 나는 조금도 불만스럽지 않다.[5]

적어도 보즈웰의 기분이 좋은 날에는 그랬다. 하지만 그렇지 않은 날에는 우울한 기분으로 잠을 깼고 "단봉낙타처럼 쓸쓸하고",[6] "모든 것이 따분하고, 모든 것이 어둡게만 보였다".[7] 기분 좋은 날에도 갑자기 우울증이 밀려오면 그는 말문을 닫았다. 보즈웰은 그럴 때마다 기분 전환을 위해 따뜻한 물로 발을 닦거나("따뜻한 물로 발을 씻으면 편안해지는 것 같다[8]"), "독주를 섞지 않고도 몸과 마음을 편안하게 해주는"[9] 녹차를 마셨다. 게다가 그는 신성불가침한 방법까지 고안해냈다. 1763년 10월, 그는 자신을 위해 약간은 거창하지만 정교하게 작성한 자기 격려문 성격의 성명서를 발표했다. 나태함을 버리고 "인간 본성의 존엄성"[10]을 기억하며 규칙적으로 운동하겠다는 크고 작은 결심들, 그리고 힘들게 얻은 통찰의 순간들로 가득한 계획이었다. 그러나 보즈웰은 "인생에는 불안한 면이 많은 법이다. 분명한 사실이다. 이 사실을 항상 기억하고, 불안감이 닥쳐도 놀라지 말자"[11]라고 썼다.

제임스 보즈웰 1740~1795. 영국의 전기 작가. 스코틀랜드 태생으로 새뮤얼 존슨의 친구다. 《새뮤얼 존슨의 생애》는 전기 문학의 걸작으로 손꼽힌다.

게으르기에 더 열심히 일할 수밖에 없다

헨리 루이스 멩켄
Henry Louis Mencken[1]

멩켄의 일상은 단순했다. 매일 12~14시간을 작업했고, 늦저녁에는 술을 마시며 대화를 즐겼다. 혼자 살던 젊은 시절부터 한 음주 클럽에 속해 있어 일을 끝낸 뒤 술집에서 회원들과 자주 만나는 삶을 살았던 까닭에, 쉰 살이라는 늦은 나이에 동료 작가와 결혼한 후에도 이런 생활 방식은 크게 달라지지 않았다. 결혼 후 멩켄 부부는 아침에 서너 시간을 따로 작업했다. 점심 식사를 함께하고 잠깐의 낮잠을 즐긴 뒤 다시 한두 시간을 작업했다. 또 저녁 식사 후에도 다시 일을 계속하다가 10시에야 끝냈다. 그 후에는 거실에서 만나 담소를 나누며 술잔을 기울였다.

멩켄의 하루 일과는 대략 다음과 같았다. 아침에는 원고를 읽고 우편물에 답장을 썼다(그는 모든 편지에 답장을 썼다. 그것도 바로 그날! 멩켄은 평생 적어도 10만 통의 편지를 발송했을 것으로 추정된다). 오후에는 편집과 관련된 따분한 작업을 했고, 저녁에는 글을 쓰는 데 집중했다. 믿기지 않겠지만, 멩켄 자신의 주장에 따르면, 그는 게으른 사람이었다. 실제로 1932년의 편지에 멩켄은 "대부분의 사람이 그렇듯 나도 천성적으로 게을러서, 빈둥댈 기회만 있으면 놓치지 않는다"[2]라고 썼다. 그러나 이 같은 기질 때문에 그는 더 열심히 일할 수밖에 없었다. 다시 말하면, 멩켄은 자신이 천성적으로 게으르다고 생각했기 때문에 자유 시간을 스스로 용납하지 않았다. 이런 강박증 덕분에 멩켄은 평생 많은 작품을 남겼지만, 예순네 살에 "돌이켜보면 열심히 살았던 것 같다. ……하지만 유일한 회한이 있다면 좀 더 열심히 일하지 않았다는 것이다"[3]라고 아쉬워했다.

헨리 루이스 멩켄 1880~1956. 미국의 문학평론가·언론인. 미국인의 생활에 관한 신랄한 비판으로 유명하며, 1920년대 미국 소설에 큰 영향을 미쳤다. 주로 H. L. 멩켄이라 불린다. 대표적인 저서로 평론과 다방면에 걸친 수필들을 모은 《편견》 등이 있다.

나는 무척 느리게 글을 쓴다

조지프 헬러
Joseph Heller[1]

조지프 헬러는 직장에서 돌아와 저녁마다 맨해튼 아파트의 식탁에 앉아 《캐치-22》를 썼다. "꼬박 8년 동안 매일 저녁 두세 시간씩 이 소설을 집 필했다. "한번은 포기하고 집사람과 함께 텔레비전을 시청했다. 그런데 텔레비전 프로그램들이 나로 하여금 《캐치-22》로 되돌아가게 만들었다. 미국인들이 소설을 쓰지 않고 밤 시간을 어떻게 보내는지 궁금할 지경이 었다."[2] 그 8년 동안 낮에는 〈타임〉, 〈룩〉, 〈매콜스〉와 같은 잡지사의 광 고국에서 일했다. 헬러는 《캐치-22》에서 자신이 근무한 잡지사와 유사한 관료 제도를 비판했지만, 그런 직업 자체에는 불만을 갖지 않았다. 오히 려 〈타임〉의 동료들을 "내가 함께 일했던 가장 똑똑하고 박식한 사람들"[3] 이라 평가했고, 저녁에 소설을 쓸 때만큼 〈매콜스〉의 판촉 캠페인에도 창 조적인 열정을 쏟아부었다고 말했다.

《캐치-22》의 영화 판권 덕분에 헬러는 광고업계를 떠나 전업 작가로 변신할 수 있었지만 작업 속도는 무척 느렸다. 두 번째 소설《우연히 벌어진 일(*Something Happened*)》은《캐치-22》가 발표되고 13년 후에야 출간되었다. 1975년의 인터뷰에서 헬러는 자신의 창작 과정을 이렇게 설명했다.

> 아침에 두세 시간 글을 쓰고 체육관에 가서 운동을 했다. 식당에서 혼자 점심 식사를 하고 아파트에 돌아와 다시 좀 더 작업했지만, 때로는 오후 내내 누워서 책에 대한 생각만 했다. 말하자면 몽상에 젖어 지냈다. 저녁때는 거의 매일 외출하여 친구들과 함께 식사했다.[4]

헬러는 줄이 쳐진 노란 종이들을 묶은 수첩에 손으로 몇 번이고 신중하게 고쳐 쓴 후에 타자기로 옮겨 적었고, 그렇게 완성된 원고를 타이피스트에게 넘겨 최종본을 만들었다. 그의 표현을 빌리면, 그는 "습관적으로 빈들거리며 시간을 죽이는 사람"[5]이었다. 실제로 헬러는 작업 중에도 클래식 음악을 듣는 걸 좋아했다. 특히 바흐를 좋아했다. 그는 하루를 작업하지 않고 건너뛰어도 자책하지 않았다.

> 글을 쓰는 것은 일상사이지만, 작업하지 않아도 죄책감을 느낀 적이 없다. 반드시 글을 써야 한다는 강박관념도 없고, 그런 강박관념에 시달려본 적도 없다. 물론 글을 쓰면 좋고, 글을 쓰고 싶은 욕망도 있지만, '강박'이라고 할 정도는 아니다.[6]

헬러는 자신의 작업 속도를 불안하게 생각하지도 않았다며 "나는 무척 느리게 글을 쓴다. 하지만 하루 한두 페이지씩, 일주일에 닷새를 작업하면 1년이면 300페이지가 되지 않는가!"[7]라고 말했다.

조지프 헬러 1923~1999. 미국의 소설가. 제2차 세계대전에 참전한 체험을 바탕으로 쓴 《캐치-22》는 전쟁소설 형식으로, 미국 자본주의 체제를 신랄히 풍자하여, 베트남 전쟁 당시 반전사상에 젖었던 젊은이들에게 폭발적 반향을 일으켰으며, 1970년에는 영화로도 만들어졌다. 이외에도 《무슨 일이 있었지》, 《황금처럼 좋은 것》, 《마감 시간》 등이 있다.

일주일에 하루는
침대에서 뒹굴며 지내야 한다

이디스 시트웰
Edith Sitwell[1]

이디스 시트웰은 하루를 시작하기 전에 잠시 관에 누워 있곤 했다고 전해진다. 덕분에 으스스한 소설과 시를 쓸 수 있었던 것일까. 물론 거짓일 가능성이 크다. 하지만 시트웰이 침대에 누운 채 아침 5시 30분이나 6시부터 글 쓰는 걸 좋아했다는 것만은 사실이었고, 그녀도 "내가 조용히 지낼 수 있는 유일한 시간"[2]이 그 시간이었다고 말했다. 또한 "모든 여자는 일주일에 하루는 침대에서 뒹굴며 지내야 한다"[3]라고 주장했다. 실제로 시트웰은 오후까지 침대를 떠나지 않는 경우가 많았다며, "너무 피곤해서 멍하니 입을 벌린 채 침대에 누워 있을 수밖에 없다"[4]라고 덧붙였다.

이디스 시트웰 1887~1964. 영국의 시인·평론가. 처음에는 독특한 문체상의 기교로 명성을 얻었지만, 제2차 세계대전 동안에는 깊이 있는 감정 처리와 심오한 인간애로 두각을 나타냈다. 고집스러운 성격, 엘리자베스 시대의 복장, 기발한 의견을 가진 시인으로도 유명했다. 시집으로 《거리의 노래》, 《장미의 찬가》 등이 있다.

늦은 아침의
성찰 시간

르네 데카르트
René Descartes[1]

프랑스의 철학자 데카르트는 늦게 일어나는 사람이었다. 아침나절에야 눈을 뜨고 11시 남짓까지 침대에서 뒹굴며 사색하고 글을 끄적거리는 걸 좋아했다. 1629년부터 생을 마치기 수개월 전까지 살았던 네덜란드에서 보낸 편지에서 데카르트는 "이곳에서 나는 누구에게도 방해받지 않고 매일 열 시간씩 잠을 잔다네. 꿈속에서 내 정신은 숲과 정원과 마법의 궁전을 헤매고 다니며, 상상할 수 있는 온갖 즐거움을 맛본 후에 잠을 깨면 밤의 몽상과 낮의 몽상이 뒤섞이기 시작한다네"[2]라고 썼다. 이처럼 늦은 아침의 성찰 시간이 그에게는 하루 중에서 지적 능력을 유일하게 집중하는 시간이었다. 데카르트는 정신 능력을 최대한 발휘하기 위해서는 빈둥거리는 습관이 반드시 필요하다고 믿었다. 그래서 머리를 무리하게 학대하지 않으려고 애를 썼다. 이른 시간에 점심 식사를 마친 뒤 데카르트는 산책을 하거나, 친구들을 만나 대화를 나누었다. 저녁 식사 후에는 편지를 읽거나 답장을 썼다.

이처럼 편안한 독신의 삶은 1649년 말 갑자기 끝났다. 데카르트가 스웨덴 크리스티나 여왕의 철학 과외 교사 초빙 제안을 받아들였기 때문이었다. 당시 스물두 살이던 여왕은 유럽에서 가장 강력한 군주 중 하나였는데, 데카르트가 그 제안을 받아들인 이유는 아직까지 명확하게 밝혀지지 않았다. 데카르트가 자신의 권위를 더 확실히 인정받고 싶은 욕심이나, 젊은 지도자의 생각에 영향을 미치겠다는 욕망에 끌렸을 수도 있지만, 그것은 잘못된 결정이었다. 데카르트가 스웨덴에 도착한 때는 하필이면 인류의 기억과 스웨덴의 역사에서 가장 추웠던 겨울이었다. 그리고 데카르트는 아침 5시부터 크리스티나 여왕을 가르치라는 지시를 받았다. 데카르트는 그 지시를 따를 수밖에 없었다. 하지만 이른 새벽 시간과 매서운 추위를 데카르트는 감당하기 힘들었다. 결국 한 달 만에 폐렴에 걸렸고, 열흘 후 세상을 떠나고 말았다.

르네 데카르트 1596~1650. 프랑스의 물리학자·철학자. 근대 철학의 아버지, 해석기하학의 아버지로 불린다. 합리론의 대표 주자이며 《방법 서설》에서 "나는 생각한다, 고로 존재한다"라는 근본 원리를 확립한 것으로 유명하다. 대표적인 저서로 《방법 서설》 이외에 《성찰》, 《철학의 원리》, 《정념론》 등이 있다.

억지로 뭔가를
하지 마라

요한 볼프강 폰 괴테
Johann Wolfgang von Goethe[1]

젊은 시절 괴테는 하루 종일 글을 쓸 수 있었지만, 나이 든 후에는 아침에만 창작에 필요한 에너지를 제대로 발휘할 수 있다는 걸 깨달았다. 실제로 1828년 괴테는 "한때는 하루도 빠짐없이 글을 쓸 수 있었고, 그런 일이 쉽다고 생각했다. 하지만 지금은 하루의 이른 시간에 《파우스트》 2부를 작업하는 게 고작이다. 아침 시간은 수면으로 원기를 되찾아 기운이 생기고, 일상의 잡다한 일로 아직 지치지 않은 때이니까. 그렇게 일해서 무엇을 이룰 수 있느냐고 묻고 싶을 것이다. 운이 좋으면 한 페이지를 그럭저럭 채울 수 있지만 대체로 한 손바닥 정도를 채우는 데 그친다. 게다가 글이 좀처럼 진행되지 않을 때는 몇 줄 써내지 못한다"[2]라고 말했다. 괴테는 말년에 이런 지지부진한 상황을 맞았고, 영감의 번뜩임이 없으면 아무리 작업하려고 애써도 소용없는 짓이라 생각하며 "따라서 억지로 뭔가를 하지 말라고 조언하고 싶다. 글이 쓰이지 않을 때는 나중에 만족하지 못할 글을 쓰려 애쓰지 말고, 차라리 빈둥대며 시간을 보내거나 잠을 자는 게 더 낫다"[3]라고 말했다.

요한 볼프강 폰 괴테 1749~1832, 독일의 시인·극작가·정치가·과학자. 독일 고전주의의 대표자로, 자기 체험을 바탕으로 한 고백과 참회의 작품을 썼다. 바이마르 공국의 재상으로도 활약했다. 대표작으로 《파우스트》, 《젊은 베르테르의 슬픔》, 《헤르만과 도로테아》, 《이탈리아 기행》, 《빌헬름 마이스터의 수업 시대》 등이 있다.

파이프 담배와 블랙커피

프란츠 슈베르트
Franz Schubert[1]

어린 시절의 친구가 남긴 글에 따르면, 프란츠 슈베르트는 "매일 아침 6시에 책상 앞에 앉아 오후 1시까지 쉬지 않고 작곡하곤 했다. 그사이에 파이프 담배는 그의 입에서 떠나질 않았다".[2] 오후 시간은 여유롭게 보낸 편이었다. 역시 그 친구의 글에 따르면, "슈베르트는 오후에는 전혀 작곡하지 않았다. 점심 식사를 끝내면 커피점으로 달려가 블랙커피를 작은 잔에 마셨고, 한두 시간 정도 담배를 피우며 신문을 읽었다".[3] 여름날 오후에는 빈 근처의 시골 지역으로 긴 산책을 나갔고, 산책에서 돌아오면 친구들과 어울려 맥주나 포도주를 마셨다.

슈베르트는 돈이 절실하게 필요할 때에도 피아노 개인 교습을 하지 않고, 주로 친구들에게 재정적인 도움을 받았다. 그를 도와주던 친구 하나는 "슈베르트는 창의력이 뛰어났고 작곡을 하는 데도 성실했다. 하지만 작곡을 제외하고는 모든 면에서 그는 아무짝에도 쓸모가 없었다"[4]라고 기억했다.

프란츠 슈베르트 1797~1828, 오스트리아의 작곡가. 초기 독일 낭만파의 대표적 작곡가의 한 사람이며 근대 독일 가곡의 창시자로, 600여 곡의 독일 가곡과 실내악곡 및 교향곡을 남겼다. 가곡의 왕이라고 불린다. 대표작 으로 〈송어〉, 〈겨울 여행〉 등이 있다.

심신의 평화를 주는
독특한 취향

매일 같은 장소를
왕복한 발걸음

에리크 사티
Erik Satie[1]

1898년 사티는 파리 몽마르트르에서 노동자 계급이 사는 아르쾨유 교외로 이주한 후, 그곳에서 평생을 살았다. 하지만 아침이면 약 9킬로미터나 떨어진 파리의 옛 동네까지 걸어오며 자주 들락거리던 카페들을 순례했다. 한 관찰자의 증언에 따르면, 사티는 "우산을 겨드랑이에 꼭 낀 채 발걸음을 작게 내디디며 천천히 걸었다. 걸음을 멈추고 행인들과 얘기를 나눌 때는 무릎을 약간 구부리고, 한 손은 뒷짐을 진 채 다른 한 손으로는 코안경을 조절했다. 그리고 다시 걸을 때는 의도적으로 발걸음을 작게 내디뎠다".[2] 사티는 옷차림도 독특했다. 아르쾨유로 이주하던 해, 약간의 유산을 물려받은 사티는 열두 벌의 똑같은 밤색 벨벳 양복을 샀고, 양복 색과 어울리는 중산모도 열두 개나 샀다. 사티가 매일 똑같은 양복을 입고 지나가는 걸 본 동네 사람들은 그를 '벨벳 신사'라고 불렀다.

파리에 오면 사티는 친구들의 집을 방문하거나, 카페에서 친구들을 만났다. 사티는 카페에서는 간혹 작곡을 했지만 식당에서는 작곡을 까맣게 잊었다. 사티는 식도락가여서 저녁 식사를 학수고대하며 기다렸다(맛있는 음식을 높이 평가하고 입맛이 까다로웠지만 엄청난 양을 먹기도 했다. 한번은 앉은자리에서 30개의 달걀 오믈렛을 먹어 치운 적도 있었다). 사티는 기회가 닿으면, 카바레 가수들을 위해 피아노 반주를 해주며 약간의 돈을 벌기도 했다. 그렇지 않을 때는 카페를 순례하며 많은 술을 마셨다. 파리에서 아르쾨유로 가는 마지막 기차는 새벽 1시에 출발했는데, 사티는 그 기차를 놓치기 일쑤였다. 그럼 다시 9킬로미터를 걸어 집으로 돌아가느라, 동트기 직전에야 집에 도착한 적이 한두 번이 아니었다. 그럼에도 불구하고 이튿날 아침 동이 트면 번개처럼 일어나 다시 파리로 향했다.

프랑스 문학을 전공한 미국 학자 로저 섀턱(Roger Shattuck)의 주장에 따르면, 사티의 독특한 박자 감각과 "반복에서 변화의 가능성"을 모색한 시도는 "매일 똑같은 풍경을 바라보며 끝없이 왕복한 발걸음"에서 비롯된 것일 수 있다.[3] 실제로 사티가 파리와 아르쾨유를 오가면서 걸음을 멈추고, 어둑해진 후에는 가로등 아래 서성대며 악상을 기록하는 모습이 종종 눈에 띄었다고 전해진다. 그런데 제1차 세계대전 동안에는 가로등이 꺼져 있을 때가 많았고, 그 때문에 사티의 작곡량도 떨어졌다는 소문이 떠돌았을 정도였다.

에리크 사티 1866~1925. 프랑스의 작곡가이자 피아니스트. '프랑스 6인조'라 불리는 신고전주의 작곡가들의 음악적·정신적 스승이 되는 음악가로, 미니멀리즘이나 부조리극 등 20세기 예술 운동의 선구자로도 불린다. 대표작으로 〈짐노페디〉, 〈그노시엔〉, 〈벡사시옹〉 등이 있다.

머릿속에서 완벽하게
그린 악보

드미트리 쇼스타코비치
Dmitry Shostakovich[1]

쇼스타코비치와 같은 시대를 살았던 사람들은 그가 적어도 전통적인 의미에서 작업하는 걸 본 기억이 없을 것이다. 쇼스타코비치는 새로운 작품 전체를 머릿속에서 완전히 개념화한 후에 엄청 빠른 속도로 써내려갔다. 누구의 방해도 방해받지 않을 때는 하루 평균 20~30페이지의 악보를 그려냈고, 거의 수정하지 않았다. 그의 누이동생은 "오빠가 피아노 앞에 앉아 이런저런 시도를 해가며 작곡한 적이 없다는 건 내가 봐도 놀랍기만 했다. 오빠는 그저 피아노 앞에 앉아 머릿속에 들리는 걸 써내려가는 듯했고, 피아노로 완벽하게 연주해냈다"[2]라고 회고했다. 그러나 이런 솜씨를 발휘하기 몇 시간이나 며칠 전부터 쇼스타코비치는 머릿속으로 작곡하고 있었다. 음악평론가 알렉세이 이코니코프의 증언에 따르면, 그렇게 머릿속으로 작곡하는 동안 "그는 내면의 긴장으로 가득한 사람처럼 보였

다. 끊임없이 손을 움직이며 잠시도 쉬지 않았다".[3]

동료 작곡가 미하일 메예로비치도 비슷한 인상을 받았다. 1945년 쇼스타코비치가 휴가를 보낼 때 함께 많은 시간을 보낸 메예로비치는 "그는 끊임없이 움직이며 잠시도 가만히 있지 못하는 무척 활달한 사람이었다"[4]라고 말했다. 그처럼 부산스러운 사람이 수많은 곡을 작곡했다는 게 미스터리였다.

메예로비치는 쇼스타코비치를 면밀하게 관찰했다.

그는 친구들과 축구를 하며 놀다가 갑자기 사라지곤 했다. 40분쯤 후에 돌아와서는 "뭐하는 거야? 공이나 차자고!"라고 말했다. 그 후 우리는 저녁 식사를 함께했고 포도주를 마시며 담소를 나누었다. 그는 파티에서 가장 눈길을 받는 사람이었지만, 가끔 한동안 사라졌다가 다시 나타났다. 한번은 내가 그곳을 떠나야 할 때쯤에 그가 사라져서 일주일이나 보이지 않았다. 다시 나타났을 때 그는 면도도 하지 않고 무척 피곤해 보였다.[5]

쇼스타코비치가 현악 4중주 2번을 완성할 때였다. 동료 작곡가들은 쇼스타코비치가 새 작품을 자신 있게 창작해내는 속도를 부러워했지만, 정작 쇼스타코비치는 자신이 지나치게 빨리 작곡하는 게 아닌가 걱정했다. 그리고 한 친구에게 보낸 편지에서 "나 자신도 번개 같은 속도로 작곡하는 게 두렵다"라며 다음과 같이 덧붙였다.

그런 작곡 습관이 좋지 않다는 건 분명하네. 나처럼 빠른 속도로 작곡해서는 안 되겠지. 작곡은 진지한 과정이어야 하고, 발레리나인 친구의 말대로 "그렇게 계속해서 질주할 수는 없겠지". 나는 악마와 같은 속도로 작곡하고, 일단 작곡을 시작하면 스스로를 주체할 수가 없네. ……피곤하기도 하지만 불편하기도 하네. 그런 하루를 끝마칠 때가 되면 자신감이 사라지니까. 하지만 그런 나쁜 습관을 도저히 떨쳐낼 수가 없네.[6]

드미트리 쇼스타코비치 1906~1975, 구소련의 작곡가. 15곡의 교향곡을 비롯해 많은 실내악곡, 협주곡 등이 유명하며, 그중 많은 곡들을 예술에 대한 소련 정부의 규정과 검열하에 작곡했다. 공산주의자였지만 작곡가로서는 당국의 정치적 이념을 그대로 반영하는 것을 거부했다. 대표작으로 〈숲의 노래〉 등이 있다.

찰나의 시간까지 활용한
강박적 사고

우디 앨런
Woody Allen[1]

영화를 촬영하지 않을 때 앨런의 창조적 에너지는 새로운 작품을 구상하고 관련된 문제들을 해결하는 데 주로 집중된다. 이 단계가 어렵지만 이야기를 구성하는 요소들이 충족되면 글쓰기 작업 자체는 비교적 쉽고, 영화제작도 대체로 따분한 작업이다. 그러나 앨런의 표현을 빌리면, 이야기를 그럴듯하게 정리하기 위해서는 "강박적 사고(obsessive thinking)"[2]가 필요하다. 이때 수렁에 빠져 허우적거리지 않기 위해 앨런은 믿을 만한 비결들을 개발했다.

오랜 경험을 바탕으로, 순간적인 변화가 정신 에너지의 새로운 폭발을 자극한다는 걸 알아냈다. 가령 내가 이 방에서 다른 방으로 이동하는 것만으로도 도움이 된다. 밖으로 나가면 더 좋다. 위층에 올라가 샤워를 하는 것도 꽤 유용하다. 그래서 나는 시시때때로 샤워를 한다. 여기(거실)에서 이런저런 궁리를 하다가 막다른 골목에 부딪칠 때 위층에 올라가 샤워를 하면 탈출구가 떠오른다. 샤워는 모든 장애물을 무너뜨리고 긴장을 풀어준다. 적어도 나에게는 그렇다.

샤워는 특히 추운 날씨에 유용하다. 주책없는 소리로 들리겠지만, 지금처럼 옷을 입고 작업을 하다가 창조적 자극이 필요하면 샤워를 하고 싶어진다. 그럼 옷을 조금 벗고 잉글리시 머핀을 직접 만들면서 한기를 느끼려고 한다. 한기가 몰려오면 더운물로 샤워를 하고 싶다. 샤워실에 들어가 30분, 45분 동안 더운물을 맞으며 이런저런 아이디어를 짜내고 줄거리를 구상한다. 샤워실을 나와 몸을 말리고 옷을 입은 후에는 침대에 누워 생각을 계속한다.[3]

산책도 샤워 못지않게 효과가 있지만 앨런은 요즘 길거리를 산책하지 않는다고 말했다. 그를 알아보는 사람이 많아 걸핏하면 다가와 인사를 건네기 때문에 집중력을 유지할 수 없다는 것이다. 그래서 대안으로 아파트 베란다에서 서성댄다. 또 아주 짧은 여유 시간이라도 적극적으로 활용해서 이야기를 구상한다며 "어떤 경우에든 약간의 틈새가 있다. 나는 이런 틈새까지 이용하며 잠시도 멈추지 않는다"[4]라고 덧붙였다.

우디 앨런 1935~ , 미국의 영화감독이자 배우·극작가·음악가. 미국 동부와 서부의 감수성 차이, 참된 사랑에 얽힌 문제들, 직업적 성공과 자기실현에 얽힌 복잡한 문제들을 잘 담아 보여주고 있다. 대표적인 영화로 〈애니 홀〉, 〈맨해튼〉, 〈한나와 그 자매들〉 등이 있고, 《차라투스트라는 이렇게 먹었다》라는 단편집도 펴냈다.

깔끔한 환경에서는
정신을 집중할 수 없다

마야 안젤루
Maya Angelou[1]

안젤루는 집에서는 글을 쓸 수 없었다며 "나는 집을 항상 깔끔하게 유지하려 애쓴다. 나는 깔끔한 환경에서는 글을 쓰지 못한다. 정신을 집중할 수 없기 때문이다"[2]라고 말했다. 때문에 안젤루는 언제나 호텔 방이나 모텔 방에서 작업했다. 알려지지 않은 호텔이면 더 좋았다. 안젤루는 1983년의 한 인터뷰에서 자신의 작업 습관에 대해 이렇게 밝혔다.

보통 5시 30분쯤 일어나, 6시에 남편과 함께 커피를 마십니다. 남편은 6시 30분쯤 출근하고 나는 내가 작업하는 곳으로 갑니다. 나는 호텔 방에서 주로 작업을 합니다. 침대 하나만 덩그러니 있는 작고 지저분한 방입니다. 여하튼 사전 하나, 성경, 카드 한 벌, 셰리주 한 병을 준비해 갑니다. 오전 7시까지는 호텔 방에 들어가 오후 2시까지 작업을 합니다. 작업이 제대로 진행되지 않으면 12시 30분경에 호텔을 떠나고, 글이 술술 풀리면 시간을 잊은 채 작업합니다. 외롭지만 경이로운 기분에 사로잡힙니다. 나는 글 쓰는 과정에서 수정합니다. 보통 오후 2시쯤에는 집에 돌아와 그날 쓴 글을 꼼꼼히 다시 읽고, 그 후에는 잊으려고 애씁니다. 샤워를 한 후에 저녁 식사를 준비합니다. 그래야 남편이 귀가하면 내 일에서 조금이나마 벗어날 수 있으니까요. 우리 부부는 거의 정상적인 삶을 살아갑니다. 술도 마시고 저녁 식사도 함께합니다. 저녁 식사 후에 그날 쓴 글을 남편에게 읽어주지만 남편은 이러쿵저러쿵 논평하지 않습니다. 하기야 나는 편집자 이외에 누구에게도 논평을 바라지 않지만, 내가 쓴 시를 소리 내어 읽으면서 내 귀로 듣는 게 좋습니다. 가끔 불협화음으로 들리는 부분이 있으면 다음 날 아침에 바로잡으려 합니다.[3]

안젤루는 일련의 자선적 글들을 비롯해 많은 시와 희곡과 텔레비전 대본을 썼을 뿐 아니라 강연까지 했다. 이처럼 쉬지 않고 일한 탓에 몸이 이상반응을 일으켰다. 허리가 삐끗하고, 무릎이 부풀어 올랐으며, 한번은 눈꺼풀이 너무 부어 눈을 뜰 수 없을 지경이었다. 하지만 마야 안젤루는 능력의 한계까지 자신을 밀어붙였다며 "나는 항상 최선을 다해야 했다. 내가 강박관념에 사로잡힌 사람이란 걸 인정하지만, 그런 성향을 나쁘다고 생각하지는 않는다"[4]라고 말했다.

마야 안젤루 1928~ . 미국의 시인·소설가, 가수, 작곡가, 극작가, 배우, 프로듀서, 인권 운동가, 저널리스트 등 다양한 분야에서 활동하는 르네상스적 인물이다. 대표작으로 《새장에 갇힌 새가 왜 노래하는지 나는 아네》, 《딸에게 보내는 편지》 등이 있다.

꿈속에서도 작업을
멈추지 않는다

앨 허시펠드
Al Hirschfeld[1]

미국의 위대한 풍자만화가 앨 허시펠드는 아흔아홉의 나이로 세상을 떠나는 순간까지 작업을 하며, 같은 시대에 살았던 브로드웨이와 할리우드의 스타들에게 영원성을 부여했다. 그는 맨해튼의 갈색 사암으로 지은 집에서 브로드웨이의 극장 구역까지 매일 밤 찾아가서 길가에 자동차를 주차하고는 특유의 빠른 손으로 유명인들을 간략하게 스케치했고, 다음 날작업실에서 그 스케치를 멋진 소묘로 완성해냈다. 1999년 연극평론가 멜거소(Mel Gussow)는 허시펠드의 습관을 90대 노인의 것이라고 보기엔 어렵다며 혀를 내둘렀다.

허시펠드는 90대 중반이지만 일상의 습관을 그대로 유지하며 작업실에서 하루 종일 일한다. 점심 식사를 위해서, 또 작업대 앞에서 간식으로 캐

러멜을 곁들여 차를 마시기 위해 잠깐 쉴 뿐이다. 전화가 없으면 그는 언제나 혼자이고, 식사를 하거나 박물관에 갈 경우가 아니면 거의 외출하지 않는다. 저녁 시간은 극장에 가서 사람들을 사귀는 데 쏟는다. 극장에 가지 않을 때는 집에서 친구들과 함께 식사를 한다. 극장에 갈 경우, 공연이 끝나고 개막식 파티에 가지 않으면, 텔레비전 뉴스 〈나이트라인〉이 시작되기 전에 귀가한다. 뉴스를 시청한 뒤 자정부터 2시까지 독서를 한다. 철학 서적을 좋아해서 헨리 데이비드 소로와 버트런드 러셀의 책을 읽고 또 읽는다.[2]

그의 두 번째 부인은 허시펠드가 잠을 자면서도 그림 작업을 했다며, 1999년에 이렇게 말했다. "매우 흔한 일이지만, 까다로운 과제를 맡으면 문제가 해결될 때까지 잠들지 못한다. 심지어 어떻게 그림을 그려야 할지 이런저런 방법을 시도하는 꿈까지 꾼다. 그렇게 열심히 일하는 사람이 또 있을까! 그의 잠재의식까지도 그에게 쉴 시간을 주지 않는다. 꿈에서 시도했던 방법들을 머릿속에 꼭 담아두었다가 다음 날 첫 햇살과 함께 벌떡 일어나 화판으로 달려가 그려내기 시작한다. 그래서 젊은 시절에는 '번개'로 불렸는데 지금도 그의 작업 습관을 뜻하지만, 주차 공간을 찾아내는 솜씨에도 걸맞은 별명이다."[3]

앨 허시펠드 1903~2003. 미국의 풍자만화가. 〈뉴욕타임스〉의 희극인들을 묘사한 소묘로 유명하다. 1930년대에 극동 지역을 여행하며 일본과 자바의 미술에 영향을 받았다. 1968년에 발표한 《허시펠드의 세계》에는 그의 삶부터 미술 기법에 이르기까지 폭넓은 내용이 다루어져 있다.

온갖 미신으로
마음의 위안을 얻다

트루먼 커포티
Truman Capote[1]

커포티는 1957년 〈파리 리뷰〉와의 인터뷰에서 이렇게 말했다. "나는 철저하게 수평적인 작가입니다. 담배를 물고, 커피를 손에 쥐고, 침대나 긴 소파에 몸을 쭉 펴고 눕지 않으면 아무 생각도 할 수 없습니다. 그런 자세로 담배를 뻐끔뻐끔 빨고, 커피를 홀짝거려야 합니다. 오후가 조금씩 깊어가면 커피를 민트 차로, 셰리주와 마티니로 바꿉니다." 커포티는 대체로 낮에 네 시간을 작업했고, 저녁이나 다음 날 아침에 수정하는 습관이 있었다. 때문에 원고를 최종적으로 타이핑하기 전에 손으로 쓴 두 편의 원고가 있었다. 타이핑마저 침대에서 타자기를 무릎에 올려놓고 어렵게 균형을 잡아가며 해냈다.

침대에서 글을 쓰는 습관은 커포티가 믿은 온갖 미신에 비하면 별것 아니었다. 커포티는 재떨이 하나에 세 개 이상의 담배꽁초를 허용하지 않았다. 누군가의 집에 초대받았을 때에도 재떨이가 넘치지 않게 담배꽁초를 자기 주머니에 쑤셔 넣을 정도였다. 또 어떤 경우에도 금요일에 일을 시작하거나 끝내지 않았다. 그리고 전화번호나 호텔 방 번호의 숫자를 머릿속으로 더해서, 그가 불운하다고 생각하는 숫자가 만들어지면 그 전화번호를 절대 돌리지 않았고, 호텔 방도 받아들이지 않았다. "내가 금기로 여겨 하지 않는 것을 나열하면 끝도 없다. 하지만 그런 원시적인 믿음을 따를 때 이상하게도 마음의 위안을 얻는다."

트루먼 커포티 1924~1984. 미국의 소설가. 서정적이고 기교에 찬 문체로 현대인의 고독과 사랑의 부재를 묘사했다. 대표적인 장편으로 《다른 목소리 다른 방》과 《풀잎 하프》, 중편으로는 오드리 헵번이 주연한 영화로 만들어진 〈티파니에서 아침을〉 그리고 단편집으로는 《차가운 벽》 등이 있다.

좋은 소식과
나쁜 소식

체스터 하임스
Chester Himes[1]

체스터 하임스는 1983년의 한 인터뷰에서 "나는 일찍 일어나는 걸 좋아합니다. 아침 식사를 푸짐하게 먹고 점심시간이 될 때까지 쉬지 않고 일합니다"라며 이렇게 덧붙였다. "오후에 받아보는 우편물에 좋은 소식이 있으면 계속 작업하고, 나쁜 소식이 있으면 마음이 뒤숭숭해서 작업을 제대로 해내지 못합니다. 나는 원고를 직접 타이핑하고, 참고 자료나 사전을 참고하지 않습니다. 파리의 호텔 방에서 작업할 때는 담배와 스카치 한 병이면 충분합니다. 고기에 채소를 곁들인 요리가 있으면 더 좋고요. 글을 쓰면 식욕까지 덩달아 좋아집니다."[2]

체스터 하임스 1909~1984. 미국의 소설가. 1928년 무장강도죄로 20~25년 형을 선고받고 오하이오 교도소에 수감된 후부터 소설을 쓰기 시작했다. 미국의 인종 차별을 탐구한 범죄소설로 유명하며, 1958년에는 프랑스 추리문학상을 수상했다. 대표작으로 추리소설의 한계를 뛰어넘었다는 평가를 받는 《권총을 든 장님》 등이 있다.

썩어가는 사과 냄새 속에서 글을 쓰다

프리드리히 실러
Friedrich Schiller[1]

독일의 시인이며 역사학자, 철학자이자 극작가였던 프리드리히 실러의 작업실에서 서랍 하나는 항상 썩어가는 사과들로 가득했다. 실러는 사과가 썩는 냄새를 맡을 때 글을 써야 한다는 긴박감을 느낄 수 있었다고 그 이유를 설명했다. 또한 실러는 남에게 간섭받는 걸 싫어해 주로 밤에만 글을 썼다. 여름에는 야외에서, 특히 독일 예나 교외에 마련해둔 자그마한 정자가 딸린 정원에서 작업하는 걸 좋아했다. 실러의 전기를 쓴 작가는 실러의 야간작업 과정을 비교적 자세히 소개했다.

밤에 책상 앞에 앉으면 실러는 진한 커피나, 포도주를 섞은 코코아 혹은 라인 강변에서 생산된 백포도주나 샴페인 병을 옆에 두고 가끔 홀짝이며, 피할 수 없는 심신의 피로감을 해소하는 습관이 있었다. 침묵에 젖은 한밤중에 실러가 연극배우처럼 힘주어 말하는 목소리가 이웃 사람들의 잠을 깨우곤 했다. 더구나 정자가 골짜기에 있어 맞은편 언덕에 사는 사람들은 실러가 큰 소리로 읊조리며 이리저리 움직이다가 갑자기 의자에 털썩 주저앉아 글을 써내려가고, 옆에 세워둔 술잔을 집어 들어 한 모금, 때로는 그 이상 목을 축이는 모습을 어렵지 않게 볼 수 있었다. 겨울에는 새벽 4시, 때로는 5시까지 책상을 떠나지 않았고, 여름에는 3시까지 책상에 앉아 있는 모습이 자주 눈에 띄었다. 그때서야 실러는 잠자리에 들었고, 9시나 10시에 눈을 떴다.[2]

이처럼 커피와 포도주 및 코코아 그리고 사과가 썩는 냄새에서, 그리고 줄담배로 원기를 보충하며 야간에 작업한 탓이었던지 실러는 약했고 병치레가 잦았다. 하지만 밤에 작업하는 습관을 버릴 수 없었다. 밤 시간이 누구에게도 방해받지 않고 오랜 시간을 작업해서 생산성을 높일 수 있는 유일하게 확실한 시간이라 믿었기 때문이다. 실러는 한 친구에게 보낸 편지에서 "우리는 우리에게 주어진 위대한 자산, 즉 시간의 중요성을 제대로 인지하지 못했네. 시간을 성실하게 사용한다면 우리는 훨씬 놀라운 일을 이루어낼 걸세"[3]라고 말하기도 했다.

프리드리히 실러 1759~1805. 독일의 시인·극작가. 괴테와 함께 독일 고전주의의 2대 문호로 일컫는다. 인간의 자유와 존엄성을 바탕으로 한 그의 작품은 1800년대와 1848년 혁명기에 독일인들의 자유를 얻기 위한 투쟁에 많은 영향을 끼쳤다. 대표작으로 《군도(群盜)》, 《발렌슈타인》, 《빌헬름 텔》, 《돈 카를로스》 등이 있다.

커피와 편지, 목욕과 손님, 대화와 공책

빅토르 위고
Victor Hugo[1]

1852년 나폴레옹 3세가 집권하자 위고는 정치적 망명을 떠날 수밖에 없었고, 결국 노르망디 해안에서 가까운 영국령의 건지 섬에 가족들과 함께 정착했다. 섬에서 지내는 15년 동안 위고는 세 권의 시집과 소설《레 미제라블》을 비롯해 자신의 대표작을 써냈다. 건지 섬에 도착한 직후, 위고는 지역민들이 자살한 여자의 혼령이 출몰한다고 믿었던 오트빌 하우스를 사들여 곳곳을 개수하기 시작했다. 특히 지붕 위에 사방이 확 트인 유리 집을 세웠는데, 마치 가구가 갖추어진 작은 온실처럼 보였다. 그 유리 집은 건지 섬에서 가장 높은 곳에 위치해 영국 해협이 한눈에 보였고, 날씨가 맑은 날에는 프랑스 해안까지 보였다. 그곳에서 매일 아침 위고는 거울 앞에 마련한 작은 책상 앞에 서서 글을 썼다.

위고는 새벽이면 근처 요새에서 들려오는 총소리에 잠을 깨, 오트빌 하우스에서 아홉 집 떨어진 곳에 살던 정부(情婦) 쥘리에트 드루에가 보낸 갓 끓인 커피와 아침 편지를 받았다. '쥐쥐'가 '사랑하는 그리스도'에게 보낸 격정적인 편지를 읽은 뒤 위고는 날달걀 두 개를 삼키고는 유리방에 들어가 아침 11시까지 두문불출하며 글쓰기에 열중했다. 그 후 옥상으로 나가, 밤새 놓아둔 욕조에 담긴 물로 씻었다. 얼음처럼 찬물을 몸에 끼얹고 말 털 장갑으로 몸을 문질렀다. 오트빌 하우스 옆을 지나가던 사람들은 위고가 목욕하는 모습을 볼 수 있었다. 쥘리에트도 그녀의 방에서 창문을 통해 그 모습을 보았을 것이다.

정오가 되면 위고는 아래층에 내려가 점심 식사를 했다. 전기 작가 그레이엄 롭(Graham Robb)의 기록에 따르면, "저명한 사람들에게 당시는 박물관처럼 대중을 만나는 시간이 요구되던 시대였다. 위고도 다양한 유형의 사람들을 반갑게 맞아들였다. 작가들은 장래의 회고록에 담을 기억거리를 얻기 위해 찾아왔고, 언론인들은 여성 독자들을 대신해 위고의 집을 보려고 찾아왔다. 시계가 12시를 가리키면 위고는 '잘 갖춰 입은 농부'처럼 잿빛 펠트 모자에 모직 장갑을 끼고 나타나, 손님들을 식당으로 안내했다."[2]

위고는 손님들에게는 푸짐하게 대접했지만 정작 자신은 조금밖에 먹지 않았다. 점심 식사 후에는 두 시간 정도 산책을 나가 해변가에서 격렬하게 운동했다. 그러고는 하루도 빠지지 않고 이발사를 찾아갔고(위고는 미신을 신봉하듯 수염을 항상 깔끔하게 다듬었다), 쥘리에트와 함께 마차를 타고 이곳저곳 돌아다닌 뒤 집에 돌아와 다시 작업을 시작했다. 그러나 오후에는 매일 산더미처럼 쇄도하는 편지들에 답장하며 주로 시간을 보냈다.

해가 기울면 위고는 쥘리에트의 집에서 친구들과 대화하며 저녁 식사를 하고 카드놀이로 시끌벅적하게 보내거나, 집에서 울적한 시간을 보냈다. 가족들과 함께 저녁 식사를 할 때는 철학적인 주제에 대한 생각을 장황하게 늘어놓았다. 부인이 졸지 않는 걸 확인하거나, 항상 갖고 다니던 작은 수첩에 뭔가를 끄적거릴 때에야 잠시 말을 멈출 뿐이었다. 위고의 세 자식 중 하나로 훗날 작가가 된 샤를은 당시를 회상하며 "아버지는 '잠을 잘 잤다'거나 '마실 것 좀 가져오너라'는 말까지는 아니어도 지극히 사소한 아이디어라도 입에 올리면 곧바로 공책을 꺼내 방금 말한 것을 적었다. 어떤 것도 그냥 흘려보내지 않았다. 모든 것이 글로 옮겨졌다. 아버지가 말하는 걸 듣고 우리가 그대로 사용하려 하면 어김없이 따끔한 지적이 뒤따랐다. 아버지의 책이 출간될 때마다 우리는 그 말들이 고스란히 책에 쓰였다는 걸 확인할 수 있었다"[3]라고 말했다.

빅토르 위고 1802~1885. 프랑스의 시인·극작가·소설가. 프랑스 낭만파 작가 중 가장 중요한 인물로, 자유주의적이고 인도주의적인 경향을 풍부한 상상력과 장려한 문체와 운율의 형식으로 표현했다. 대표작으로 《레 미제라블》, 《노트르담의 곱추》, 《사형수 최후의 날》 등이 있다.

피로감도 잊은
광기

빈센트 반 고흐
Vincent van Gogh[1]

1888년 빈센트 반 고흐는 동생 테오에게 보낸 편지에서 "오늘도 아침 7시부터 저녁 6시까지 배를 채우려고 한두 걸음 떼었을 뿐, 꼼짝 않고 작업에 열중했다"라며 "피로감을 생각할 겨를이 없다. 오늘 밤에 다른 작품을 그릴 생각이고 반드시 끝낼 작정이다"라고 덧붙였다.[2]

반 고흐는 자주 이런 식으로 작업했던 것으로 보인다. 영감이 떠오르면 반 고흐는 잠깐 배를 채우기 위해 휴식할 뿐, 쉬지 않고 "말로 표현하기 힘든 광기에 사로잡혀"[3] 그림을 그렸다. 친구이자 동료 화가였던 폴 고갱이 아를의 작업실에 찾아왔을 때도 반 고흐의 작업 습관은 거의 변하지 않았다.

반 고흐는 테오에게 보낸 편지에서 "우리는 작업하며 하루하루를 보낸다. 하루 종일 작업해서, 저녁이면 둘 다 피로에 짓눌려 카페에 간다. 그리

고 일찌감치 꿈나라에 떨어진다! 우리는 그렇게 하루하루를 보낸다"[4]라
고 말했다.

빈센트 반 고흐 1853~1890. 렘브란트 이후 가장 위대한 네덜란드 화가로 인정받고 있으며, 인상파의 영향을 받아 강렬한 색채와 격정적인 붓놀림으로 독특한 화풍을 확립하여 20세기 야수파에 큰 영향을 주었다. 대표작으로 〈별이 빛나는 밤〉, 〈해바라기〉, 〈가셰 박사의 초상〉 등이 있다.

내 습관은 단순하고, 내 취향은 진부하다

블라디미르 나보코프
Vladimir Nabokov[1]

러시아에서 태어난 소설가 블라디미르 나보코프의 작업 습관은 특이한 것으로 유명했다. 1950년부터 나보코프는 줄이 쳐진 색인 카드에 연필로 초고를 작성하고, 그 카드들을 길쭉한 파일 박스에 보관했다. 나보코프는 소설 전체를 완전히 구상한 후에 집필을 시작했기 때문에, 이런 방법으로도 줄거리의 흐름에 따르지 않고 자신이 원하는 순서대로 글을 쓸 수 있었다. 그 후에 색인 카드들을 정리하면서 구절들을 신속히 재배치하고 장(章)의 순서를 맞추어 줄거리 전체의 흐름을 재정리했다. (그의 파일 박스는 이동식 책상 역할도 했다. 그는 미국 전역을 여행하던 중에 자동차를 세우고 뒷좌석에 앉아 밤새워 《롤리타》를 썼다. 그의 표현을 빌리면, 주차된 자동차 안은 미국에서 소음도 없고 틈새 바람도 없는 유일한 곳이었다.) 수개월 동안 이런 각고의 시간을 보낸 후, 나보코프는 아내 베라에게 색인 카드들을 넘겨주고 타이핑을 부탁했다. 그 초고는 이후에도 몇 번의 수정을 거쳤다.

　젊은 시절 나보코프는 줄담배를 피워대며 침대에 앉아 글 쓰는 걸 좋아했다. 하지만 나이 들고 담배를 끊은 뒤로 그의 습관도 바뀌었다. 1964년의 한 인터뷰에서 나보코프는 자신의 작업 습관에 관련해서 "나는 서재에 있는 구닥다리 독서대 앞에 앉는 걸로 하루를 시작합니다. 시간이 지나 중력에 장딴지가 욱신거리기 시작하면 평범한 책상 옆에 놓인 안락의자로 옮겨가 앉습니다. 또 시간이 지나 중력이 등뼈를 따라 기어올라오기 시작하면 서재 구석에 있는 소파에 눕습니다"[2]라고 말했다. 인터뷰를 할 당시, 나보코프는 스위스 몽트뢰의 팔라스 호텔 꼭대기 층에 있는 여섯 칸짜리 아파트에서 아내와 함께 살고 있었다. 독서대 앞에 앉으면 제네바 호수가 내려다보이는 곳이었다. 그 인터뷰에서 나보코프는 하루의 일과를 다음과 같이 자세히 설명했다.

　겨울이어서 요즘에는 7시쯤 일어납니다. 그 시간이면 발코니에 앉아 듣기 좋은 선율로 지저귀는 노랑부리 까마귀가 나에게는 자명종입니다. 큼직한 노란 부리를 자랑하고, 검은 깃털에 윤이 흐르는 커다란 몸집을 지닌 새입니다. 나는 침대에 잠시 누워 머릿속으로 하루 일과를 계획하고 조정합니다. 8시경에는 면도하고 아침 식사를 한 뒤 묵상하고 목욕을 합니다. 항상 이 순서를 지킵니다. 그 후에는 서재에서 점심때까지 작업하고, 식사하기 전 잠깐 시간을 내어 아내와 함께 호숫가를 산책합니다. ……1시경에 역시 아내와 함께 점심 식사를 하고, 1시 반경에 다시 서재에 돌아가 6시 반까지 착실하게 작업에 몰두합니다. 작업을 끝내면 신문 판매점에 내려가 영자 신문을 구하고, 7시에 저녁 식사를 합니다. 저녁 식사 후에는 작업을 하지 않습니다. 9시에는 침대에 누워 11시 반까지 이런저런 책을 읽고, 새벽 1시까지 불면증과 싸웁니다.[3]

나보코프는 "내 습관은 단순하고, 내 취향은 진부하다"[4]라고 말했다. 그가 가장 좋아한 것은 "텔레비전으로 중계되는 축구 경기, 가끔 마시는 한 잔의 포도주나 캔맥주, 잔디에 누워 즐기는 일광욕, 체스 문제 풀이"[5]였다. 여름이면 알프스 산중에서 나비를 쫓아다니거나, 하루에 25킬로미터 남짓 하이킹한 후에 "겨울보다 잠들기가 훨씬 힘들다"[6]라며 불평하곤 했다.

블라디미르 나보코프 1899~1977, 러시아 태생의 미국 소설가·비평가. 나비 수집가로도 유명하다. 볼셰비키 혁명으로 모든 것을 잃고 1919년 가족과 함께 독일로 망명했다가, 1940년 나치를 피해 다시 미국으로 이민했다. 대표작으로 《롤리타》, 《절망》, 《사형장으로의 초대》 등이 있다.

모든 기록을 담은 상자

앤디 워홀
Andy Warhol[1]

앤디 워홀은 1976년부터 1987년 세상을 떠날 때까지 평일 아침에는 오랜 친구이며 함께 글을 쓰는 협력자인 팻 해켓(Pat Hackett)에게 전화를 걸어 지난 24시간 동안 겪었던 사건들, 예를 들면 어떤 사람을 만났고, 얼마나 많은 돈을 썼으며, 어떤 소문을 들었고 어떤 파티에 참석했는지에 대해 빠짐없이 전해주었다. 이런 전화는 보통 한두 시간 동안 계속되었고, 해켓은 워홀의 이야기를 기록해두었다가 일기 형태로 깔끔하게 타이핑했다. 그 일기는 처음에는 세금 정산 때문에 쓰였지만 — 워홀은 모든 현금 지출을 이런 식으로 꼼꼼히 정리했고, 이렇게 타이핑된 일기를 주간 단위로 영수증들과 함께 철해두었다 — 그 이상의 것, 즉 한 예술가의 은밀한 면까지 보여주는 자세한 기록이 되었다. 팻 해켓이 일기의 내용을 정리하여 1989년에 발표한《앤디 워홀 일기》서문에서, 1970년대 말과 1980년 앤디는 평일에는 '똑같이 생활'하는 걸 매우 중요하고 소중하게 생각해서 어쩔 수 없는 경우가 아니면 그 틀을 벗어나지 않았다. 앤디는 전화로 나와 함께 '일기 쓰기'를 한 후, 전화를 몇 통 더 하고 샤워를 하고 옷을 입었다. 그리고 그가 애지중지하던 반려견 닥스훈트 아치와 에이머스를 데리고, 침실이 있는 3층에서 엘리베이터를 타고 부엌이 있는 지하실로 내려가 두 명의 필리핀 가정부 니나와 오로라 자매와 함께 아침 식사를 했다. 그리고 〈인터뷰〉 몇 권을 겨드랑이에 끼고 매디슨 가, 경매장, 47번가의 귀금속 상가 그리고 빌리지의 골동품 상점들에서 쇼핑하며 서너 시간을 보내며, 광고해주기를 바라는 마음에서 상점 주인들에게 잡지를 나눠주었다. 물론 길거리에서 그를 알아보며 인사를 건네는 팬들에게도 나눠주었다. 앤디는 항상 사람들에게 '줄 것'이 있다는 사실에 행복해했다.

앤디는 광고와 관련된 점심 식사 약속의 유무에 따라 1시와 3시 사이에 사무실에 나오곤 했다. 사무실에 도착하면 주머니나 부츠를 뒤적거려 돈을 꺼낸 뒤 직원을 시켜 사무실에서 한 블록 떨어진 브라우니스에 가서 간식을 사오라고 했다. 앤디는 당근 주스나 차를 마시면서 일정표를 보고 오후와 저녁에 있을 모임을 확인하고 전화 연락을 부탁한 곳에 전화했다. 그리고 사무실에 있는 동안 걸려오는 전화를 받기도 했다. 그는 매일 오는 많은 우편물을 훑어보면서 어떤 편지와 초대장, 선물과 잡지를 '타임캡슐'에 넣을 것인지 결정했다. '타임캡슐'은 25×43×35센티미터 크기의 갈색 상자인데, 이런저런 것들로 채워지면 봉인되어 날짜를 기록한 다음 보관되었고,

똑같이 생긴 빈 상자로 교체되었다. 앤디는 자신에게 보내거나 준 물건들을 자신이 챙기거나 남에게 주는 경우가 드물었다. 거의 모든 물건이 상자에 들어갔다. 그가 '흥미롭다'고 생각하는 것들은 모두 들어간 셈인데 앤디는 사실 모든 것에 흥미를 느꼈으므로 모든 물건이 상자에 들어간 것이나 다름없었다. (……)

앤디는 한두 시간 동안 안내실에서 사무실 직원들과 연애, 다이어트 그리고 전날 밤에 있었던 일들에 대한 이야기를 나누었다. 그 후 햇빛이 쏟아지는 전화기 옆 창가로 자리를 옮겨 그날의 신문을 읽고 잡지를 훑어보며 여기저기서 걸려오는 전화를 받았다. 그리고 매니저인 프레드 휴스, 사무실 관리자인 빈센트 프리몬트와 사업 이야기를 나누기도 했다. 그리고 빈센트와 함께 앉아 청구서 처리 작업을 하고, 친구들과 전화 통화를 하며 그날 밤의 일정을 정했다. 앤디는 근무 시간이 끝날 때까지 사무실 뒤쪽 화물 엘리베이터 옆에 있는 작업실로 가서 그림을 그리고 데생하고 이미지들을 잘라 여기저기 옮기는 일을 했다.

6시와 7시 사이, 러시아워가 끝나면 앤디는 파크 가로 걸어가 택시를 타고 집으로 갔다. 집에 도착하면, '풀칠'을 하며 잠깐 시간을 보냈다. '풀칠'은 세수를 하고, 그의 트레이트마크인 은빛 머리칼을 다듬고, 가끔이긴 하지만 옷을 갈아입는 것을 뜻하는 앤디 워홀만의 속어였다. 앤디는 '특별한 일'이 있는 저녁에만 옷을 갈아입었다. 그리고 즉석카메라에 필름이 있는지 확인했다. (1960년대 중반에서 1970년대 중반까지 앤디는 친구들의 음성을 무작정 테이프에 담는 것으로 유명했다. 그러나 1970년대가 끝나갈 무렵 무작위로 녹음하는 일에 싫증을 느꼈던지 특별한 목적, 다시 말하면 연극이나 영화 시나리오로 쓸 수 있겠다 싶을 때만 녹음했다.) 그런 다음 밤 시간을 위해 집을 나섰다. 어떤 날은 저녁 모임과 파티가 있었고, 또 어떤 날은 영화와 간단한 저녁 약속이 있었다. 아무리 늦게까지 있어도 앤디는 다음 날 아침이면 언제나 일기를 쓸 준비가 되어 있었다.[2]

앤디 워홀 1928~1987. 미국의 미술가·영화제작자. 시각주의 예술 운동의 선구자로, 1960년대 팝 아트 운동의 창시자이기도 하다. 대중적이고 일상적인 것들을 순수 예술의 영역으로 끌어들여, 끊임없이 복제하고 반복적으로 사용함으로써 예술 자체의 정의를 재고하게 만들었다.

물구나무와
집중력

솔 벨로
Saul Bellow[1]

솔 벨로는 1964년의 인터뷰에서 "언젠가 누군가 나를 관료주의자라고 평가했습니다. 내 자제력이 지나치다고 말입니다. 내가 생각해도 지나친 면이 있는 것 같습니다"[2]라고 말했다. 벨로는 매일 이른 아침부터 글을 쓰기 시작해 점심때에야 중단했다. 제임스 애틀러스(James Atlas)는 2000년에 발표한 전기에서, 벨로의 1970년대 작업 습관을 자세히 소개했다. 벨로가 시카고에 살면서《홈볼트의 선물》을 집필할 때였다.

아침 6시에 벌떡 일어난 벨로는 냄비에 데운 진한 커피 두 잔으로 기운을 차리고, 곧바로 작업을 시작했다. 가끔 창문으로 대학교 운동장을 쳐다보거나, 멀리 떨어진 록펠러 센터의 첨탑을 바라보기도 했다. 타이피스트가 도착한 후에도 여전히 누더기가 된 줄무늬 목욕 가운을 입은 채 그녀 옆에 의자를 끌어다 놓고 앉아, 전날 밤 작성한 공책에서 글을 읽어주었다. 그렇게 하루에 20페이지까지 써내려갔다. 거실에서 동료들과 어울리며 글을 썼던 디킨스처럼, 벨로는 혼란스러운 상황에서도 너끈히 글을 썼다. 예를 들면 글을 쓰다가도 편집자와 여행사, 친구들과 학생들의 전화를 받았고, 집중력을 회복하겠다며 물구나무를 서기도 했다. 아들 대니얼이 집에 있으면 정감 어린 농담을 주고받았다. 정오가 되면 벨로는 작업을 중단하고 푸시업을 서른 개까지 하고 나서 참치 샐러드나 훈제한 흰 살 생선으로 가볍게 점심 식사를 했다. 작업이 순조롭게 진행되는 경우에는 포도주나 진 한 잔을 곁들이기도 했다.[3]

1968년의 편지에서도 벨로는 자신의 일과를 "아침에 일어나서 글을 쓰고 밤에는 책을 읽습니다. 에이브러햄 링컨처럼"[4]이라고 간략하게 밝힌 적이 있다.

솔 벨로 1915~2005. 현대 미국 문학의 지적 경향을 대표하는 소설가로, 유대인의 숙명을 통해 사회에서 소외되었지만 영혼은 파괴되지 않은 현대의 도시인을 그린 작품들을 썼다. 1976년 노벨 문학상을 받았다. 대표작으로 《허조그》, 《오기 마치의 모험》, 《비의 왕 헨더슨》, 《클라라의 반지》 등이 있다.

삶과 연주는
하나다

글렌 굴드
Glenn Gould[1]

글렌 굴드는 자신을 "가장 경험 많은 은둔자"[2]라고 자처했다. 물론 토론토의 아파트에서 하워드 휴스(Howard Hughes, 1905~1976, 미국의 실업가·비행사·영화제작자로 말년에 은둔의 삶을 살았다 - 옮긴이)처럼 은둔의 삶을 살고 있는 천재 기인이란 평가를 듣는 걸 좋아했던 피아노의 거장답게 약간은 농담처럼 한 말이었지만, 이 말에도 진실된 면은 있었다. 굴드는 지독한 건강염려증 환자로, 실제로 앓는 질병뿐만 아니라 상상의 질병과 병원균에 대한 두려움에 시달렸다(예를 들어 전화로 통화하던 사람이 재채기를 하면 굴드는 깜짝 놀라 전화를 끊어버렸다). 또한 굴드는 지독히 개인적이어서, 감정이입을 멀리하고 감정이입이 깊어지면 관계 자체를 끊어버리는 경향이 있었다. 서른한 살이던 1963년 대중 공연에서 은퇴한 때부터, 굴드는 철저히 자기만의 작업에 빠져들어, 대부분의 시간을 집에서 음악에 대해 생각하거나, 스튜디오에서 음악을 녹음하는 데 보냈다. 그에게는 어떤 취미도 없었고, 소수의 절친한 친구들이나 협연자들하고만 대화를 나누었는데, 그것도 대부분 전화 통화였다. 1980년의 한 인터뷰에서 굴드는 "내가 살아가는 방식이 많은 사람들과 비슷하다고는 생각하지 않지만, 나는 그런 삶이 더 좋습니다. 나에게는 생활 방식과 작업이 언젠가부터 하나가 됐습니다. 이런 것이 기행이라면 나는 기인입니다"[3]라고 말했다.

또 다른 인터뷰에서, 굴드는 자신의 일상적인 시간표를 다음과 같이 밝혔다.

나는 주로 밤에 활동합니다. 햇빛을 별로 좋아하지 않아서요. 어떤 것이든 밝은 색을 보면 울적해집니다. 어떤 날이든 맑은 하늘을 보면 이상하게도 내 기분은 어두워집니다. 어렸을 때부터 개인적으로 신봉하는 좌우명도, 밝은 빛 뒤에는 구름이 있다는 것이었습니다. 따라서 가능하면 늦은 시간에 약속을 잡습니다. 그러니까 나는 박쥐와 너구리처럼 황혼 녘부터 활동하는 편입니다.[4]

간혹 약속 때문에 굴드는 더 일찍 집을 나서기도 했지만, 대체로 오후 늦게까지 잠을 잤고, 가끔은 곳곳에 전화를 해대며 잠기운을 떨쳐냈다. 그렇게 느지막이 일어난 뒤에는 캐나다 공영방송 센터에 가서 우편물을 받고 최근의 풍문을 들었다. 녹음할 때에는 저녁 7시경 스튜디오에 도착해서 새벽 1시나 2시까지 작업을 계속했다. 녹음은 일정한 의식(儀式)에 따라 진행됐다. 컬럼비아 레코드사(社)에서 굴드와 오랫동안 작업한 프로듀서의 증언에 따르면, "굴드는 모든 경우에 똑같은 행동을 반복했다. 어떤 의식들을 항상 똑같이 반복해야 마음의 위안을 얻는 듯했다."[5] 예를 들면 펄펄 끓는 물에 두 손을 주기적으로 20분 동안 담갔고, 때때로 신경안정제를 복용했으며, 굴드에게는 밤의 필수품이던 '더블 더블'(설탕과 크림을 각각 두 스푼씩 넣은 커피)을 사러 피아노 조율사를 보냈다.

녹음이 없을 때는 아파트에서 두문불출하며 책을 읽거나, 끊임없이 할 일을 작성했고, 악보를 연구하거나 음악을 들었다. 그 자신의 추정에 따르면, 하루에 최소한 예닐곱 시간 동안 레코드나 라디오를 들었다. 게다가 두 대의 라디오와 텔레비전을 각각 다른 방에 동시에 켜두었다. 재밌게도 굴드는 "나는 텔레비전을 시청하는 사람들을 달갑게 생각하지 않지만, 나 자신이 그런 사람 중 하나다"[6]라고 실토했다. 굴드의 독서 습관은 무서울 정도여서, 하루에 서너 개의 신문을 탐독했고, 일주일에 적잖은 책들을 읽어냈다. 놀랍게도 굴드는 피아노 앞에서 많은 시간을 보내지 않았다. 하루에 한 시간 정도 연습했고, 그보다 더 적은 시간을 연습할 때도 있었지만 "한 달 동안 피아노 건반을 만지지 않았을 때 최고의 연주를 해낸다!"[7]라고 호언했다.

밤 11시가 되면 굴드는 곳곳에 전화를 해대는데, 새벽 1시나 2시까지 이어지는 경우가 다반사였다. 많은 친구가 굴드의 전화를 받은 경험을 이렇게 설명했다. 너무 늦게 전화한 것이 아니냐고 묻지도 않고 잠깐 이야기를 나눌 수 있겠냐는 식의 서론도 없이, 굴드는 자신의 머릿속에 있는 생각을 다짜고짜 풀어놓으며 자기가 원하는 만큼, 때로는 몇 시간씩 노닥거려서, 전화를 받은 사람은 굴드의 두서없는 독백을 들어주는 것 말고 다른 도리가 없었다. 케빈 바자나(Kevin Bazzana)는 2004년에 발표한 전기《경이로운 이방인: 글렌 굴드의 삶과 예술》에서 "그는 전화로 수필이나 책 한 권을 통째로 읽어주고, 서너 편의 곡을 흥얼거렸던 것으로 유명했다. 그와 녹음을 함께한 몇몇 협연자들은 굴드가 연습까지 전화로 하는 것을 좋아해 자신이 맡은 피아노 부분을 흥얼거렸다고 증언하기도 했다"면서 "그 때문에 굴드의 전화는 네 자릿수인 경우가 많았다"라고 덧붙였다.[8] 전화를 떼어놓고 굴드의 삶을 생각한다는 건 거의 불가능하지만, 굴드의 전화를 받으면서 잠을 잤더라도 그는 눈치채지 못했을 것이다.

전화 통화가 끝나면, 밤새 문을 여는 동네 식당을 찾아가 그날의 유일한 식사를 했다. 스크램블드에그와 샐러드, 토스트와 주스, 셔벗과 카페인 없는 커피가 전부였다. 굴드는 그 이상을 먹으면 양심의 가책을 느낀다고 말했지만, 잠에서 깨어 있는 시간에 갈분 비스킷과 리츠 크래커를 간식으로 먹고 차와 물, 오렌지 주스와 커피를 자주 마셨다. 하지만 금식이 머리를 맑게 해준다는 이유로 녹음하는 날에는 아무것도 먹지 않았다.[9] 그리고 새벽 5시나 6시, 즉 해가 떠오르기 시작하면 굴드는 진정제를 복용하고 잠자리에 들었다.

글렌 굴드 1932~1982. 캐나다의 피아니스트. 바흐에 대한 독창적인 해석을 담은 음반 《바흐: 골드베르크 변주곡》으로 명성을 얻었으며, 이후 미국과 유럽, 소련 등에서 많은 연주회를 가졌으나 서른한 살 때 무대에서 내려와 캐나다에 은거하며 레코딩 활동에 전념했다. 피아노의 천재이자 기인으로 불렸다.

목적을 위한
의도적 수면

버크민스터 풀러
Buckminster Fuller[1]

"포괄적으로 앞질러 생각하는 설계 과학자"를 자처했던 미국의 건축가이자 발명가인 버크민스터 풀러는 스스로를 기니피그 B라 칭하며, 자신을 연구 대상으로 삼기도 했다. 인간이 받아들인 거주 방식과 이동 수단에 의문을 품고 미래의 발명품으로 지오데직 돔(Geodesic dome)을 세상에 내놓았고, 세 바퀴로 굴러가는 다이맥시언(Dymaxion) 자동차를 개발했듯이, 전통적인 행동 방식도 순순히 받아들이지 않았다. 1930년대 초, 풀러는 인간의 몸에 밴 수면 형태가 현대인의 생활 방식에는 더 이상 현실적이지 않을 수 있다는 생각에, 잠을 덜 자는 훈련을 계속하면 더 많은 시간을 일할 수 있을 거라는 결론에 이르렀다. 그런 생각에서 비롯된 '분할 수면'이란 실험을 그의 제자 제이 볼드윈(Jay Baldwin)은 다음과 같이 설명해주었다.

1932년과 1933년에 시도한 일련의 실험을 통해, 버크민스터 풀러는 피로감을 느끼거나 졸음이 오면 몸과 정신을 혹사했기 때문에 휴식을 통해 회복해야 하는 징조라는 걸 알게 되었다. 풀러는 그런 상태가 닥치기 전에 의도적으로 수면을 취하기로 결정했다. 피로감이 밀려오기 전에 수면을 취하면 회복 과정이 필요하지 않을 것이기 때문이었다. 수면이 휴식을 위해서만 필요한 것이라면, 수면 시간이 길어야 할 이유가 없었다. 따라서 그의 생각에 어떤 일정한 습관을 따른다면 결코 피로감을 느끼지 않을 것만 같았다.

수많은 방법을 시도한 끝에, 버크민스터 풀러는 자신에게 맞는 방법을 찾아냈다. 여섯 시간을 일하고 30분가량 토막잠을 자는 방법이었다. 하지만 그가 '집중력의 분산'이라고 칭한 현상이 일어나면 여섯 시간이란 원칙을 지킬 필요 없이 즉시 수면을 취했다. 이 방법은 적어도 그에게는 효과가 있었다. 그러나 내 눈으로 확인한 바에 따르면, 젊은 제자들과 동료들은 그처럼 해내지 못했다. 풀러는 전혀 피곤하지 않은 듯 보였다. 열 시간, 때로는 그 이상의 시간을 강의하기도 했다. 끊임없이 뭔가를 끄적거렸고, 책을 읽었으며, 모형을 제작하고, 어딘가를 돌아다녔다. 이런 식으로 살아가는 능력은 70대 이후에도 전혀 줄어들지 않았다.[2]

볼드윈의 기록에 따르면, "풀러는 머릿속에 수면 스위치를 끊어놓은 것처럼 수면에 들어간 지 30초 만에 깨어나 주변 사람들을 당혹스럽게 만들기도 했다. 순식간에 일어나는 일이라, 풀러가 발작이라도 일으킨 것 같았다".[3] 분할 수면 실험은 성공적으로 보였지만 풀러는 분할 수면을 고수하지는 않았다. 아내가 그의 불규칙한 수면에 대해 불평하자, 버크민스터 풀러는 정상적인 생활로 되돌아갔고 낮 시간에는 필요할 때마다 토막잠을 잤다.

버크민스터 풀러 1895~1983. 미국의 건축가·발명가. 돔 형태를 띤 크로마뇽인의 움막에서 영감을 받아 지오데직 돔을 개발했으며, 시인이자 철학자로서 전 세계적 문제에 대해 이단적 사상을 지닌 인물로도 유명하다. 멘사의 2대 회장을 지내기도 했다.

영혼이 나를 감동시킬 때
나는 글을 쓴다

윌리엄 포크너
William Faulkner[1]

포크너는 주로 아침에 글을 썼지만, 필요할 때마다 시간표를 적절히 조정하는 능력이 뛰어났다. 《내가 죽어 누워 있을 때》는 대학 발전소의 야간 관리원으로 근무하러 나가기 전, 오후 시간에 쓰였다. 야간에 근무해야 시간을 관리하기 쉽다고 생각해서였다. 그래서 포크너는 아침에 서너 시간을 자고 오후 내내 글을 쓴 뒤, 출근하러 가는 도중에 어머니 집에 들러 커피를 마셨다. 야간 근무는 일거리가 많지 않아 토막잠으로 부족한 수면을 보충할 수 있었다.

그때가 1929년이었다. 1930년 여름, 포크너 가족은 허름하지만 커다란 집을 구입했다. 포크너는 집과 마당을 수리하기 위해 일을 그만두었다. 그때부터 포크너는 일찍 일어나 아침 식사를 하고, 오전 내내 책상 앞에 앉아 집필에 몰두했다. 정오에 점심 식사를 마친 포크너는 집을 수리했고, 오랫동안 산책하거나 말을 타고 나갔다. 저녁에는 아내와 함께 현관 앞에 앉아 위스키를 마시며 휴식을 취했다.

포크너가 집필하는 동안에도 술을 마셨다는 항간의 소문이 사실인지 아닌지는 분명하지 않다. 그런 습관에 대해 언급하는 몇몇 친구와 지인이 있지만, 포크너의 딸은 그런 사실을 완강히 부인했다. "아버지는 항상 맑은 정신에서 글을 썼고, 술은 나중에 마셨다."[2] 어쨌거나 포크너는 창작력을 북돋우기 위한 자극제가 필요하지 않았던 것으로 보인다. 1920년대 말부터 1940년대 초까지 가장 왕성하게 활동하던 시기에, 포크너는 놀라운 속도로 글을 썼는데 하루에 3,000단어, 때로는 그 두 배를 써내기도 했다. (포크너는 아침 10시부터 자정까지 작업해서 하루 만에 1만 단어를 썼다는 내용의 편지를 어머니에게 보낸 적이 있었다.) 포크너는 "영혼이 나를 감동시킬 때 나는 글을 쓴다. 영혼은 매일 나를 감동시킨다"[3]라고 말했다.

윌리엄 포크너 1897~1962. 미국의 소설가. 실험적 기법을 통해 미국 남부 농원 사회의 비참한 생활을 어디에나 존재하는 인간 운명에 대한 이야기로 발전시킨 작품으로 유명하며, 1949년에 노벨 문학상을 받았다. 대표작으로 《내가 죽어 누워 있을 때》, 《소리와 분노》, 《성역》, 《압살롬, 압살롬》 등이 있다.

글을 써야 한다는
정신병적 강박관념

사뮈엘 베케트
Samuel Beckett[1]

1946년 베케트는 훗날 스스로 '방의 유폐(siege in the room)'라 칭한 시기, 즉 뜨겁게 창작에 몰두하던 시기를 시작했다. 그 후 수년 동안 최고의 걸작들, 즉 소설 《몰로이》와 《말론 죽다》, 또 그를 유명하게 만들어준 희곡 〈고도를 기다리며〉를 발표했다. 폴 스트레턴(Paul Strathern)은 그 시기 베케트의 삶을 다음과 같이 설명했다.

그는 바깥세상과 담을 쌓은 채 방에서 대부분의 시간을 보내며, 자신이 창조한 악마들과 맞닥뜨렸고 자신의 정신 작용을 탐구하려 애썼다. 그의 일상은 단순하기 이를 데 없었다. 오후가 되어서야 일어나 스크램블드에그를 직접 만들어 먹고, 방에 들어가 견딜 수 있을 때까지 최대한 오랜 시간을 보냈다. 그리고 밤늦게 집을 나와 몽파르나스의 술집들을 돌아다니며 싸구려 적포도주를 무지막지하게 마셔대다가, 동이 트기 전에 돌아와 힘겹게 잠자리에 들었다. 그의 삶은 글을 써야 한다는 정신병적인 강박관념을 중심으로 돌아갔다.[2]

이런 유폐 생활은 일종의 직관적 통찰로 시작되었다. 겨울 폭풍이 휘몰아치던 어느 날 밤늦게 더블린 항구 근처를 산책하던 베케트는 우연히 방파제 끄트머리에 서 있었다. 매서운 바람을 맞으며 용솟음치는 파도를 바라보던 베케트는 자기 삶에서, 또 그때까지 관객의 마음을 사로잡지 못하고 자신의 열망도 충족시키지 못했던 글쓰기에서 "억누르려 애쓰던 어둠"[3]이 실제로는 창작을 위한 영감이어야 한다는 사실을 문득 깨닫고, "나는 항상 암울한 기분에 사로잡혀 지내지만, 이런 어두운 면이 내 개성을 결정하는 면이란 사실을 깨닫고 나니 마음이 한결 편안해진다. 그 어두운 면을 인정하고 그 개성을 글로 표현해내리라!"[4]고 다짐했다.

사뮈엘 베케트 1906~1989. 아일랜드 태생의 프랑스 극작가. 주로 인간 존재의 절망적인 면을 다루었고, 1969년 노벨 문학상을 받게 되었을 때도 수상식에서 대중 연설을 하지 않으려고 스톡홀름에 가지 않았다. 대표작으로 1953년에 초연된 부조리극 〈고도를 기다리며〉 외에 소설 《몰로이》, 단편집 《첫사랑》 등이 있다.

일요일에도 작업을
멈추지 않는다

앙리 마티스
Henri Matisse[1]

"기본적으로 나는 무엇이든 즐겁게 합니다. 그 때문인지 지루하다는 생각을 해본 적이 한 번도 없습니다."[2] 1941년 마티스는 남프랑스에 있는 작업장을 둘러보던 한 방문객에게 자신의 작업 공간, 이국적인 새들로 가득한 새장, 열대 식물들과 커다란 호박들이 자라는 온실 그리고 중국 조각상들을 차례로 보여준 후, 자신의 작업 습관에 대해 이렇게 말했다.

내가 한 번도 지루하다는 생각을 해본 적이 없는 이유를 이제 이해하시겠습니까? 50년 이상 동안, 나는 한순간도 작업을 중단한 적이 없습니다. 9시부터 정오까지 작업을 하고, 점심 식사를 합니다. 잠깐 낮잠을 자고 일어나, 오후 2시에 다시 붓을 잡고 저녁까지 계속 작업합니다. 내 말이 믿기지 않겠지만, 일요일에도 나는 모델들을 온갖 감언이설로 불러들입니다. 일요일에 그들에게 포즈를 취해달라고 부탁하는 건 이번이 마지막일 거라고 약속합니다. 물론 그들에게는 보수를 두 배로 지급합니다. 모델들이 내 말에 미심쩍어 하는 기색을 보이면, 주중에 하루를 쉬겠다고 약속합니다. 언젠가 한 모델이 "하지만 마티스 씨, 이번이 마지막이란 말이 수개월째 계속되고 있어요. 그동안 하루도 쉰 적이 없어요"라고 투덜대더군요. 불쌍한 것들! 그들은 내 뜻을 이해하지 못합니다. 그들에게 남자 친구가 있다는 이유만으로 내가 일요일에 작업을 멈출 수는 없지 않습니까![3]

앙리 마티스 1869~1954. 프랑스의 화가. 원색으로 감정을 표현하던 야수파의 대표적 작가로, 대상을 대담하게 단순화하고 장식화한 화풍을 확립했다. 대표작으로 〈오달리스크〉, 〈장식적 무늬가 있는 인물화〉, 〈춤〉 등이 있다.

영감이라는
지름길과의 작별

한 페이지씩 쌓이는 것이
중요하다

조이스 캐럴 오츠
Joyce Carol Oates[1]

조이스 캐럴 오츠는 지금까지 50여 편의 장편소설과 36편의 단편집, 수십여 권의 시집과 수필집 및 희곡을 발표한 다작의 작가로 유명하다. 오츠는 대체로 아침 8시나 8시 30분부터 오후 1시까지 글을 쓴다. 점심 식사를 하고 휴식을 취한 후에 오후 4시부터 저녁 식사를 하기 전, 7시까지 다시 작업에 열중한다. 때로는 저녁 식사 후에도 작업하는 경우가 있지만, 대부분의 경우 책을 읽는 데 저녁 시간을 할애한다. 오츠의 지적대로, 그녀가 책상 앞에서 보내는 시간을 고려하면 다작은 그다지 놀라운 일이 아니다. 한 인터뷰에서 밝혔듯이, "나는 글을 쓰고 또 쓰고, 틈만 나면 쓴다. 하루 종일 작업해서 겨우 한 페이지를 완성하더라도 그 한 페이지가 중요하다. 그 한 페이지들이 차곡차곡 쌓여가기 때문이다. 결과적으로 나는 다작의 작가라는 평판을 얻었지만, 엄밀히 말하면 나만큼 열심히 일하지도 않고 오랫동안 일하지도 않는 작가들을 기준으로 한 평가에 불과하다"[2] 그렇다고 오츠가 항상 재밌고 쉽게 글을 쓴다는 뜻은 아니다. 새로운 소설을 시작할 때마다 처음 몇 주는 무척 힘들고 좌절감까지 맛본다며 "초고 작업은 더러운 바닥에 떨어진 땅콩을 코로 밀어내는 것과 같다"[3]라고 말했다.

조이스 캐럴 오츠 1938~ , 미국의 소설가. 소설·시·산문·비평·희곡 등 여러 분야를 넘나들며 왕성하게 활동하고 작품성과 대중성을 두루 갖춰 평단과 일반 독자들의 사랑을 받고 있다. 대표작으로 《멀베이니 가족》, 《좀비》, 《블론드》 등이 있다.

영감은 아마추어에게나
필요한 것이다

척 클로스
Chuck Close [1]

"이상적인 세계라면, 나는 하루에 여섯 시간, 아침에 세 시간, 오후에 세 시간을 작업할 것이다." 척 클로스는 최근에 이렇게 말했다.

나는 항상 그런 식으로 작업하고 싶었습니다. 아이들이 태어난 후로는 더욱더 그랬습니다. 그전까지는 주로 밤에 작업했습니다. 하지만 아이들이 태어나면서부터 밤에 작업하고 낮에 잠을 잘 수가 없더군요. 그래서 월급쟁이처럼 9시부터 5시까지 짜여진 시간표에 따라 작업했습니다. 그런데 나는 한번에 세 시간 이상을 일하면 모든 게 꼬이기 시작합니다. 그래서 세 시간을 작업하고, 점심 식사를 겸한 휴식 시간을 가진 후에 다시 작업실로 돌아가 세 시간을 일합니다. 그리고 다시 휴식을 취합니다. 때로는 다시 작업실에 돌아가 저녁에도 일했지만 생산성도 떨어지고 역효과만 나더군요.

실수를 저지르는 바람에, 다음 날 그 실수를 수정하려고 더 많은 시간을 보내야 했으니까요.

클로스의 고백에 따르면, 안타깝게도 그는 삶에서 떠맡은 책임이 너무 많아 이런 원칙을 지키지 못할 때가 적지 않다. (가령 그는 모든 모임과 전화 통화를 오후 4시 이후로 미루려고 애쓰지만, 뜻대로 되지 않은 경우가 많다.) 하지만 작업실에 들어가 일하기 시작하면 아이디어가 넘쳐흐르고 "영감은 아마추어에게나 필요한 것이다. 우리는 그저 작업실에 들어가 작업을 시작하면 된다"라고 자신만만하게 말한다. 클로스는 작업하는 동안 텔레비전이나 라디오를 켜놓는다. 특히 정치 스캔들에 관련된 사건이 있을 때는 반드시 텔레비전을 켜놓는다며 "워터게이트 사건, 이란 콘트라 사건 등으로 대통령 탄핵 등이 거론되던 때가 내게는 최고의 시간이었다"라고 말했다. 클로스는 텔레비전과 라디오에서 흘러나오는 소리에 정신이 산만해질 수 있음을 인정하면서도, "그 정도의 방해는 상관없다. 오히려 내가 긴장하고 불안해지는 걸 막아주고, 사물을 냉정한 시각에서 관찰하도록 도와준다"라며 약간의 방해는 좋은 것이라고 주장한다.

척 클로스 1940~ . 미국의 화가·사진작가. 포토리얼리즘(photorealism)을 추구하며, 자신의 주관을 배제하고 주변 인물의 초상을 극히 사실적으로 세밀하게 그린 초상화로 유명하다.

영감을 위한 법칙은 없다

스티브 라이시
Steve Reich[1]

스티브 라이시는 최근의 인터뷰에서 "나는 아침형 인간이 아닙니다"라며 "내가 지금까지 작곡한 곡들을 보면, 95퍼센트가 정오에서 자정 사이에 쓴 것입니다"라고 말했다. 라이시는 오전 시간에는 운동하고 기도한 후에 아침 식사를 하고, 런던에 있는 유럽 대리인에게 전화를 걸어 공연 스케줄을 상의한다. 정오가 되어야 피아노나 컴퓨터 앞에 자리 잡고 앉으며, 앞으로 열두 시간 동안 가끔 휴식을 취하며 집중해서 일하겠다고 다짐한다. "두 시간가량 일하고 나면 차 한 잔을 마시거나 허드렛일을 하면서 잠깐 동안 쉬어야 합니다. 그 후에 다시 일을 시작합니다. 그런 잠깐의 휴식이 매우 유익할 수 있습니다. 특히 작은 문제에 부딪쳤을 때 상당히 효과가 있습니다. 문제를 해결하는 가장 좋은 방법은 그 문제를 잠시 잊고 딴 생각을 하는 겁니다. 항상 그렇지는 않지만, 그러다 보면 문제를 해결할 방법이 자연스레 떠오를 때가 적지 않습니다. 여하튼 문제 해결을 위해 시도해볼 만한 방법이 떠오릅니다. 맞을 때도 있고, 그렇지 않을 때도 있지만." 라이시는 영감이 떠오를 때까지 기다려야 한다는 말을 믿지 않지만, 작품이나 악절마다 영감을 받은 정도가 다르다는 말은 인정한다. 또 라이시는 작업을 할 때 작곡가가 순간적으로 영감이 떠오르기를 기대할 수는 있다면서, "일정한 법칙은 없습니다. 다음 악절이나 작품이 청중을 놀라게 할 수 있다는 가능성을 순순히 받아들여야 합니다. 정말 경이로운 가능성이지 않습니까!"라고 말했다.

스티브 라이시 1936~ . 미국의 작곡가. 단순한 모티프와 화음의 반복과 조합을 바탕으로 하는 미니멀리즘 양식의 작곡가이다. 대표작으로 네 대의 전자 오르간과 마라카스를 위한 〈네 대의 오르간〉, 두 사람의 박수로 연주하는 〈박수 음악〉, 윌리엄 C. 윌리엄스의 시에 곡을 붙인 〈사막의 음악〉 등이 있다.

다리미질하면서
대부분의 일을 해낸다

게오르게 발란친
George Balanchine[1]

발란친은 자신의 세탁물을 직접 빨래하는 걸 좋아했다. 실제로 그는 "나는 다리미질하면서 대부분의 일을 해낸다"[2]라고 말한 적도 있다. 안무가 발란친은 일찍, 정확히 말하면 6시 전에 일어나 차를 끓였고, 책을 읽거나 혼자 카드놀이를 하면서 생각을 정리했다. 그 후 그날 입을 옷을 직접 다리미질했다(앞에서도 말했듯이 그는 맨해튼의 아파트에서 세탁기로 직접 빨래하기도 했다). 7시 30분과 8시 사이에, 그를 오랫동안 보좌한 조수에게 전화를 걸어 그날의 스케줄을 물었다.

평일에는 아파트에서, 오페라 발레단 사무실이 있는 링컨 센터까지 걸어갔다. 5분밖에 걸리지 않는 짧은 거리였다. 11시에 그곳에서 강의를 했고, 오후에는 최근에 구상한 발레를 안무하며 많은 시간을 연습실에서 보냈다. 연습은 무척 느리게 진행되었다. 두 시간의 연습이 무대에서 실제공연할 때는 고작해야 2분에 불과한 경우도 있었다. 그러나 발란친은 영감이 부족한 적이 없었다며 "내 뮤즈의 여신은 제때에 어김없이 나를 찾아왔다"[3]라고 덧붙였다.

게오르게 발란친 1904~1983. 러시아 태생의 미국 무용가 겸 안무가. 1933년 미국에 건너가 발레 학교를 세우고 발레 협회를 창립하는 등 미국 근대 발레의 발전과 육성에 힘썼다. 20세기 미국에서 가장 영향력 있는 고전 발레 안무가였다.

격리된 서재에서의
글쓰기

레프 니콜라예비치 톨스토이
Lev Nikolayevich Tolstoy[1]

"나는 하루도 빠짐없이 글을 써야 한다. 성공적인 작품을 쓰기 위해서가 아니라 일상의 습관을 버리지 않기 위해서이다."[2] 톨스토이는《전쟁과 평화》를 한창 집필하던 1860년대 중반, 가끔 쓰던 일기에서 이렇게 적었다. 톨스토이가 일기에서 하루의 시간표를 정확히 기술하지는 않았지만, 그의 장남 세르게이는 러시아 툴라 지역에 있던 가문의 영지 야스나야폴랴나에서 톨스토이가 보내던 하루 일과를 다음과 같이 기록했다.

9월부터 5월까지, 우리 아이들과 우리 선생들은 8시와 9시 사이에 일어나 식당에 가서 아침 식사를 했다. 아버지는 9시 후에야 침대에서 일어나 잠옷 바람으로 식당 아래에 있는 세면실로 씻으러 갔다. 따라서 씻지도 않고 수염도 다듬지 않아 약간은 헝클어진 모습이었다. 세면실에 가던 길에 우리와 마주치면 아버지는 마지못해 서둘러 아침 인사를 건넸고, 우리는 "아빠가 아직 씻지 않아서 기분이 안 좋은 거야"라고 우리끼리 말하곤 했다. 아버지는 씻은 후에 아침 식사를 했지만 언제나 삶은 달걀 두 개로 만족했다.

아버지는 그 후 오후 5시까지 아무것도 먹지 않았다. (1880년이 끝날 무렵부터는 2시나 3시경에 가볍게 점심 식사를 했다.) 아버지는 묵묵히 아침 식사를 끝내면, 곧장 차 한 잔을 들고 서재로 향했다. 그리고 저녁 식사를 할 때까지 서재에서 나오지 않았다.[3]

세르게이의 증언에 따르면, 톨스토이는 완전히 격리된 상태에서 작업했다. 서재에 들어오는 것은 누구에게도 허용되지 않았고, 작업에 방해받지 않으려고 서재와 붙은 방들도 잠갔다. 하지만 톨스토이의 딸 타티야나의 설명은 다르다. 타티야나의 기억에 따르면, 어머니는 언제든 서재에 들어갈 수 있었고, 톨스토이가 글을 쓰는 동안 소파에 앉아 조용히 바느질하곤 했다.[4] 저녁 식사 전에 톨스토이는 산책을 나가거나 말을 타고 나가 영지를 관리하는 감독 역할을 하기도 했다. 그 후에는 화기애애한 분위기 속에 가족들과 어울렸다. 세르게이의 기록에는 이렇게 묘사되어 있다.

5시에 우리는 다 함께 저녁 식사를 했는데 아버지는 종종 늦게 참석하곤 했다. 아버지는 식사를 하며 그날 인상 깊게 보았던 것을 말해주었다. 저녁 식사를 끝낸 후에는 책을 읽거나, 손님이 있을 때는 손님과 이야기를 나누었다. 때때로 아버지는 우리에게 소리 내어 책을 읽어주었고, 우리 공부를 돌봐주었다. 10시경, 야스나야의 모든 거주자가 다시 모여 차를 마셨다. 아버지는 잠자리에 들기 전에 다시 책을 읽었고, 때로는 피아노를 연주하기도 했다. 그 후, 새벽 1시쯤에야 잠자리에 들었다.[5]

레프 니콜라예비치 톨스토이 1828∼1910. 러시아의 작가·사상가. 귀족 출신이었지만 여유로운 생활을 부정하며, 구도적인 내면세계를 추구했다. 사랑과 믿음으로 가득한 삶에 대한 신념을 주장하고 인간이 만들어낸 정부, 교회 등의 제도와 재산을 부정하는 견해를 피력하는 글을 썼다. 대표작으로 《안나 카레니나》, 《부활》, 《전쟁과 평화》, 《인생이란 무엇인가》 등이 있다.

글을 쓰지 않는
즐거움으로부터의 도피

존 업다이크
John Updike[1]

존 업다이크는 1967년의 〈파리 리뷰〉 인터뷰에서 "탈취제 광고문이나 케첩 병 상표에 쓰일 광고문을 써야 한다면 그렇게 할 겁니다. 어렴풋한 아이디어를 구체적인 생각으로 바꾸고, 그 생각을 글로, 글을 다시 잉크가 묻은 인쇄물로 바꾸는 경이로운 작업은 언제나 내 가슴을 설레게 합니다"[2]라고 말했다. 업다이크는 전업 작가로 첫발을 내디딘 후, 매사추세츠의 입스위치에 있는 식당 위의 작은 사무실을 빌렸다. 그곳에서 매일 아침 서너 시간 동안 글쓰기에 몰두하여 하루 평균 세 장의 종이를 채웠다. 훗날 업다이크는 그 시절을 회상하며 "정오경에는 아래층에서 음식 냄새가 올라오기 시작했지만, 한 시간을 버텨내며 더 작업한 후에야 아래층으로 내려가 샌드위치를 주문했다"[3]라고 말했다. 또 1978년의 인터뷰에서는 하루 일과를 더 자세히 소개했다.

아침에, 또 오후에도 글을 써보려고 애쓰는 편입니다. 나는 늦잠꾸러기이지만, 다행히 집사람도 늦잠꾸러기입니다. 우리는 약속이라도 한 듯 느지막이 일어나서 30분가량 신문을 서로 먼저 보려고 싸웁니다. 9시 30분경에 사무실로 달려가 그날의 작업을 시작합니다. 늦은 점심을 먹고 나면, 그 이후의 시간은 이런저런 일로 헛되이 보냅니다. 교수가 그렇듯이, 작가도 제때에 하지 않으면 서류가 산더미처럼 쌓인다는 점에서 중요한 일들, 쉽게 말하면 바쁘기만 하고 보람 없는 일을 많이 처리해야 합니다. 답장해야 할 편지도 많고, 강연도 많지만 나는 그런 일거리를 최소한으로 유지하려고 애씁니다. 하지만 나는 일부 작가들과는 달리 밤을 새워가며 글을 쓴 적이 없습니다. 또 영감이 떠오를 때까지 기다려야 한다고 생각해본 적도 없습니다. 글을 쓰지 않는 즐거움도 상당해서, 그런 즐거움을 만끽하기 시작하면 다시는 글을 쓸 수 없을 거라는 두려움이 있기 때문입니다. 그래서 나는 시간표에 맞추어 규칙적으로 글을 씁니다. 단, 일요일은 예외입니다. 일요일에는 마찬가지입니다. 물론 휴가 중에도 일하지 않습니다.[4]

또 업다이크는 어떤 작품을 집필할 때는 하루에 적어도 세 시간을 할애한다고 말했다. 그렇지 않으면, 어떤 글을 쓰는지 잊어버릴 수 있다면서 "규칙적으로 글을 쓸 때 포기하고 싶은 유혹에서 벗어날 수 있다"[5]라고 덧붙였다.

존 업다이크 1932~2009. 미국의 작가. 장편과 단편 및 시를 썼으며, 미국 소도시의 개신교 중산층 생활을 사실적이면서도 섬세하게 묘사한 걸로 잘 알려져 있다. 대표작으로 《달려라 토끼》, 《테러리스트》, 《빌리지스》, 《내 얼굴을 찾으라》 등이 있다.

내가 해야 할 것,
내가 좋아하는 것

스티븐 제이 굴드
Stephen Jay Gould[1]

진화생물학자이자 과학 저술가인 스티븐 제이 굴드는 1991년의 인터뷰에서 "나는 항상 일합니다"라며 다음과 같이 덧붙였다.

나는 하루도 빼놓지 않고 일합니다. 주말에도 일하고 밤에도 일합니다. ……사람들이 내가 일하는 모습을 보았다면 나를 '일중독자'라고, 혹은 강박관념에 사로잡혔다거나 자기 파괴적이라고 말할지도 모르겠습니다. 하지만 연구는 나에게 일이 아닙니다. 내가 할 일을 하는 것일 뿐이고, 연구는 내 삶 자체입니다. 가족들과도 많은 시간을 함께 보냅니다. 노래도 하고, 야구장에도 갑니다. 내가 펜웨이파크(보스턴 레드삭스의 홈구장 – 옮긴이)의 정기권석에 앉아 있는 걸 본 사람도 많을 겁니다. 다시 말하면 나는 일차원적인 삶을 살지 않습니다. 하지만 기본적으로는 항상 일합니다. 텔레비전은 보지 않습니다. 하지만 연구와 집필 활동은 내게 일이 아니라 내 삶 자체입니다. 연구는 내가 해야 할 일이고, 내가 좋아하는 것입니다.

그의 엄격한 직업윤리에 대해 설명해달라는 질문을 받았을 때 굴드는 직업윤리를 궁극적으로는 기질 — "탄생과 유전 및 유리한 환경 등의 객관적으로 설명하기 힘든 불가분한 결합체" — 의 문제라고 생각한다면서 다음과 같이 덧붙였다.

당신은 튼튼한 몸을 가졌지만 모두가 당신처럼 육체적으로 건강하지는 않습니다. 나는 육체적으로 건강하진 않지만 지적으로는 누구에게도 뒤지지 않는 에너지를 가졌습니다. 그래서 하루 종일이라도 일할 수 있습니다. 나는 텔레비전을 30분 이상 시청하지 못하지만, 일단 연구나 글쓰기를 시작하면 하루 종일 앉아서 작업할 수 있습니다. 그러나 모두가 그렇게 할 수 있는 건 아닙니다. 따라서 일을 어떻게 하느냐는 윤리적 문제가 아닙니다. 물론 윤리적 문제로 생각하는 사람도 있겠지만, 내 생각은 그렇지 않습니다. 그것은 체형과 기질 및 체력의 문제입니다. 우리가 어떻게 지금의 우리가 되었는지는 나도 모르겠습니다.

스티븐 제이 굴드 1941~2002. 미국의 고생물학자·진화생물학자. 단속평형설(斷續平衡説)을 주장하여 현대 진화 이론의 발달에 큰 영향을 끼쳤으며 과학의 대중화에도 크게 기여했다. 대표적인 저서로 《풀 하우스》, 《인간에 대한 오해》, 《다윈 이후》, 《여덟 마리 새끼 돼지》 등이 있다.

습관 자체를
의식하지 않는다

게르하르트 리히터
Gerhard Richter[1)]

게르하르트 리히터는 매일 6시 15분에 일어나 가족들을 위해 아침 식사를 준비했고, 7시 20분에 딸을 학교에 데려다 주었다. 8시쯤엔 뒷마당에 마련한 작업실에 있었다. 그리고 오후 1시까지 작업한 후 가정부가 식당에 준비해둔 점심 식사를 했다. 요구르트와 토마토, 빵과 올리브유, 캐머마일 차로 점심 식사를 끝낸 후, 리히터는 다시 작업실로 돌아가 저녁까지 계속 작업했다. 그렇다고 그가 작업에만 집중한 것은 아니었다. 그는 2002년의 인터뷰에서 이렇게 말했다.

내가 직접 만든 건축 모형들을 갖고 노는 걸 좋아합니다. 이런저런 계획을 세우는 것도 좋아합니다. 물건들을 정리하면서 시간을 보내기도 합니다. 그렇게 몇 주를 보내면서, 더 이상 그림을 그리지 않고는 견딜 수 없을 때까지 그림을 그리지 않습니다. 이런 얘기를 하는 것도 이제는 지겨워서 더 이상은 하고 싶지 않습니다. 그런 습관 자체를 의식하고 싶지 않거든요. 하지만 그런 작은 위기들은 나 자신을 채찍질하기 위한 일종의 비밀 전략으로, 내가 개발한 겁니다. 어떤 아이디어가 떠오르기를 마냥 기다린다는 건 어리석은 짓입니다. 아이디어를 찾아 나서야 합니다.

게르하르트 리히터 1932~ , 전후 독일을 대표하는 화가이자 회화의 새로운 획을 그은 현대 미술의 거장. 사진과 회화, 추상과 구상, 채색화와 단색화의 경계를 넘나들며 회화라는 매체를 재해석하고 그 영역을 확장시켰다. 2002년 뉴욕 현대미술관에서 회고전을 가졌다.

권투 선수처럼
끊임없이 훈련할 뿐

조지 거슈윈
George Gershwin[1]

아이라 거슈윈은 동생 조지 거슈윈에 대해 "조지는 일해야 한다는 강박 관념에 사로잡혀 있어 내게는 항상 적잖이 슬퍼 보였다"[2]라고 말했다. 조지 거슈윈이 하루에 평균 열두 시간 이상을 일했다는 건 사실이다. 그는 아침 늦게 작업을 시작해 자정 넘어서까지 계속했다. 달걀과 토스트, 커피와 오렌지 주스로 아침 식사를 끝내면 파자마에 목욕 가운을 걸친 채 슬리퍼 차림으로 피아노 앞에 앉아 곧바로 작곡을 시작했다. 오후 중간 쯤 점심 식사를 위해 잠시 쉬었다가, 오후 늦게 산책을 다녀와서는 8시경에 저녁 식사를 했다. 저녁에 파티에 참석하게 되면, 자정 넘어 귀가해서도 새벽까지 작업에 몰두하는 경우가 다반사였다. 거슈윈은 영감이란 것을 중요하게 생각하지 않으며, 뮤즈의 여신을 기다렸다면 1년에 기껏해야 세 곡 정도 작곡했을 거라고 말했다. 그는 매일 작곡에 매진하는 게 훨

씬 낫다면서 "작곡가는 권투 선수처럼 끊임없이 훈련을 해야 한다"[3]라고
덧붙였다.

조지 거슈윈 1898~1937. 미국의 작곡가·피아니스트. 대중적인 경음악을 작곡하면서 재즈 기법으로 관현악곡
과 오페라도 창작했으며, 20세기 전반에 현대 음악에서 미국적인 성격과 기법을 가장 잘 발휘한 것으로 평가받
았다. 오페라 〈포기와 베스〉의 작곡가로 널리 알려져 있다.

하루 세 시간의
글쓰기 습관

앤서니 트롤럽
Anthony Trollope[1]

트롤럽은 이른 아침에 글을 쓰는 변함없는 습관 덕분에 47편의 장편과 16권의 다양한 책을 써낼 수 있었다. 트롤럽은 12년간 살았던 잉글랜드의 월섬에서 행한 집필 방법을 《자서전》에 비교적 자세히 소개했다. 당시 그는 중앙우체국의 공무원으로 근무하고 있었다. 정확히 말하면, 트롤럽은 1834년에 우체국 공무원 생활을 시작해 33년 뒤에 퇴직했다. 그때 그는 12편이 넘는 소설을 발표한 뒤였다.

나는 기계처럼 매일 아침 5시 30분에 책상 앞에 앉았다. 나 자신에게 엄격한 것도 내 습관이었다. 나를 잠에서 깨우고, 그 역할로 연간 5파운드를 더 받은 늙은 하인도 자신에게 무척 엄격했다. 월섬 크로스에서 보낸 기간 내내, 그는 내게 커피를 가져오는 의무에 단 한 번도 늦은 적이 없었다. 따라서 내가 지금까지 이룬 성공에 어느 누구보다 그에게 많은 빚을 진 기분인 건 당연하다. 이른 시간에 시작한 덕분에 나는 아침 식사를 위해 옷을 갖춰 입기 전에 제대로 작품을 완성할 수 있었다.

내 생각이지만 문학인으로 사는 사람, 즉 문학 노동자로 매일 일하는 사람이라면, 누구라도 하루 세 시간의 글쓰기로 많은 작품을 써낼 수 있다는 내 주장에 동의할 것이다. 하지만 그러려면, 그 세 시간 동안 끊임없이 작업할 수 있을 정도로 완벽하게 몸닦달돼 있어야 한다. 달리 말하면, 자신의 생각을 표현하기에 적합한 단어를 찾아낼 때까지 멍하니 앉아 펜을 물어뜯고 눈앞의 벽을 쳐다볼 필요가 없을 정도로 정신 훈련이 돼 있어야 한다. 당시 나는 앞에 손목시계를 놓아두고 글을 쓰며 15분에 250단어를 쓰려고 애썼고, 그것을 습관으로 발전시켰다 — 이 방법은 지금도 여전히 나를 옭아매는 습관이지만, 얼마 전부터 나 자신에게 조금 관대해졌다. 시간이 흐르면서 손목시계의 바늘이 어김없이 규칙적으로 움직이듯 15분에 250단어를 쓰는 것도 그리 어렵지 않았다. 그러나 세 시간을 글쓰기에만 온전히 투자한 것은 아니었다. 일을 시작하기 전에 전날 쓴 작품을 다시 읽었다. 대략 30분쯤 걸렸는데, 단어와 구절의 소리를 귀로 평가하는 시간이었다. (……)

시간을 이렇게 분할함으로써 나는 하루에 10페이지의 글을 쓸 수 있었다. 이런 식으로 10개월을 꾸준히 작업했다면 1년에 세 권으로 이루어진 소설 세 편을 완성할 수 있었을 것이다. 아무튼 패터노스터 거리에 있는 출판사를 당혹스럽게 만들고, 세상의 소설 독자들이 한 작가에게 기대하기 힘들다고 생각할 수밖에 없는 엄청난 양이었다.[2]

트롤럽은 세 시간이 되기 전에 작품이 마무리되면, 깨끗한 종이를 꺼내 곧바로 다른 소설을 쓰기 시작했다. 이런 근면한 습관은 상당한 명성을 누렸던 그의 어머니 프랜시스 트롤럽(Frances Trollope)에게 영향을 받은 듯했다. 프랜시스 트롤럽은 쉰세 살 때부터 글을 쓰기 시작했다. 그것도 여섯 자녀와 병든 남편을 부양하느라 돈이 절실해서 시작한 것이었다. 가족을 부양하는 가장으로 생활하면서도 글을 쓰는 데 필요한 시간을 어떻게든 짜내기 위해, 트롤럽 부인은 매일 새벽 4시에 일어나 책상 앞에 앉았고, 아침 식사를 준비하기 전까지 글을 쓰는 데 열중했다.[3]

앤서니 트롤럽 1815~1882. 영국의 소설가. 대중적인 성공의 그늘에 가려 사후에도 오랫동안 문학성을 제대로 평가받지 못했지만, 정확하고 냉정한 묘사와 평이한 문체로 대중의 사랑을 받았다. 정치소설이나 상당한 심리적 통찰이 필요한 소설에도 재능을 보였다. 대표작으로 《구빈원장》, 《바체스터 교회》 등이 있다.

하루도 빠짐없이
30분씩 써보라

거트루드 스타인
Gertrude Stein[1]

제2차 세계대전이 발발하자, 스타인과 그녀의 오랜 동반자인 앨리스 B. 토클러스(Alice B. Toklas)는 파리를 떠나, 프랑스 동부 끝자락에 있는 앵으로 피신했다. 스타인은 그전부터 오랫동안 토클러스에게 의지해 살았던 까닭에, 재닛 맬컴(Janet Malcolm)의 《두 여인의 삶: 거트루드와 앨리스》에 따르면, 앵에서도 토클러스는 "놀림감이 될 정도로 스타인의 삶에서 사소한 부분까지 관리했다".[2] 한편 재닛 플래너와 제임스 서버와 해럴드 로스는 〈뉴요커〉에 공동으로 기고한 글에서 두 여인의 생활 방식을 이렇게 소개했다.

스타인은 매일 아침 10시경에 일어나, 자기 의지와는 상관없이 커피를 마셔야 한다. 스타인은 마음이 불안해질까 봐 항상 불안해하며, 커피 때문에 불안한 마음이 밀려오는 것이라 생각했지만, 커피는 주치의가 처방해준 것이었다. 한편 스타인의 동반자 토클러스는 6시에 일어나 집 안을 청소하며 법석을 떤다. ……매일 아침 토클러스는 프렌치 푸들 배스킷을 목욕시키고 빗질해주며, 이까지 닦아준다. 배스킷은 전용 칫솔까지 가진 반려견이다.

스타인에게는 그녀만을 위해 특별히 제작된 대형 욕조가 있다. 그 욕조를 설치하려고 계단까지 뜯어내야 했을 정도였다. 스타인은 목욕한 후에 헐렁한 목욕용 모직 가운을 입은 채 글을 쓰기도 하지만, 옷을 갖춰 입고 야외에서 글 쓰는 걸 더 좋아했다. 바위와 젖소가 곳곳에서 눈에 띄는 시골 앵에서는 특히! 스타인은 글을 쓰는 중간중간 바위와 젖소를 물끄러미 바라보는 걸 좋아한다. 그래서 두 여인은 포드를 몰고 나가 전망이 좋은 곳을 찾아간다. 스타인이 자동차에서 나와 연필과 종이를 쥐고 접의자에 앉으면, 토클러스는 겁도 없이 젖소 한 마리를 스타인의 시선이 닿는 곳으로 끌고 온다. 젖소가 스타인의 마음에 들지 않으면, 두 여인은 미련 없이 다시 자동차에 올라타고 다른 젖소를 찾아간다. 그 위대한 여인은 젖소를 보고 영감을 얻으면 15분 정도 쉬지 않고 글을 써내려간다. 그러나 스타인이 핸들을 쥔 채 젖소들을 바라보며 멍하니 자동차 안에 앉아 있는 경우도 적지 않다.[3]

앨리스 토클러스의 이름으로《자서전》을 발표하고 4년 뒤 속편 격으로 내놓은《우리 모두의 자서전(Everybody's Autobiography)》에서, 스타인은 하루에 30분 이상은 글을 쓸 수 없었다고 인정했지만, "하루에 30분만 글을 써도 해가 거듭되면 많은 양이 된다. 하루도 빠짐없이 매일 하루에 30분씩 글을 써보라"[4]고 덧붙였다. 스타인과 토클러스는 정오경에 점심 식사를 했고, 저녁 식사는 이른 시간에 가볍게 가졌다. 토클러스는 일찍 잠자리에 들었지만, 스타인은 앵까지 찾아온 친구들과 늦게까지 논쟁하거나 세상 이야기 나누는 걸 좋아해서 "나는 잠자리에 든다고 자러 가는 게 아니었다. 저녁에는 항상 노닥거리며 보냈다"[5]라고 말했다. 손님들이 모두 떠나면 스타인은 토클러스를 깨워 그날 있었던 이야기를 나누었고, 그 후에야 두 여인은 함께 꿈나라로 향했다.

거트루드 스타인 1874~1946. 미국의 시인·소설가. 대담한 언어상의 실험을 시도했고, 새로운 예술 운동의 후원자였다. 제1차 세계대전 전후에 모더니스트로 활약했으며, '로스트 제너레이션'이란 말을 처음 사용했다. 대표작으로 《세 사람의 생애》, 《피카소》 그리고 자서전 《길 잃은 세대를 위하여》가 있다.

일하지 않는 것의
따분함

마거릿 미드
Margaret Mead[1]

저명한 문화인류학자 마거릿 미드는 잠시도 쉬지 않고 일했다. 일을 하지 않으면 초조하고 불안하다고 푸념할 정도였다. 언젠가 보름간의 심포지엄에 참석했을 때 미드는 아침 프로그램이 뒤로 미루어진 걸 알고 불같이 화를 내며 "어떻게 그럴 수 있지? 내가 아침 시간을 어떻게 사용하는지 알기나 하는 건가? 내가 매일 아침 5시에 일어나 아침 식사를 하기 전에 수천 단어를 쓴다는 걸 알고나 있을까? 이 회의 시간표가 재조정되었다는 걸 나한테 미리 말해줄 예의조차 없는 건가?"[2]라고 말했다. 또 미드는 조찬 모임을 새벽 5시에 정한 적도 있었고, "빈 시간이 계속되면 나는 따분해서 견디지 못한다"[3]라고 말하기도 했다.

마거릿 미드 1901~1978, 미국의 인류학자. 과학적 연구 활동과 독특한 개성으로 명성을 얻었다. 대표적인 저서로 《루스 베네딕트》, 《사모아의 청소년》, 《세 부족 사회에서의 성과 기질》, 《남성과 여성》 등이 있다.

소설의 소재는
어디에나 있다

헨리 제임스
Henry James[1]

잠시도 가만히 있지 못하고 충동적이던 형과 달리, 헨리 제임스는 항상
규칙적인 작업 습관을 유지했다. 헨리 제임스는 매일 아침에 글을 쓰기
시작해서 보통 점심시간에 끝냈다. 말년에는 극심한 손목 통증 때문에 직
접 쓰기를 포기하고, 매일 아침 9시 30분에 출근한 비서에게 받아쓰게 했
다. 아침 내내 비서에게 구술한 뒤 오후에는 차를 마시며 책을 읽었고 산
책을 나갔다. 저녁 식사 후에는 이튿날 작업할 것을 간략하게 정리하며
저녁 시간을 보냈다. (한동안 헨리 제임스는 비서에게 저녁에도 와줄 것을 부탁
했고, 비서가 초롱초롱한 정신을 유지하도록 타이프라이터 옆에 초콜릿 바를 놓아
두었다.)

앤서니 트롤럽처럼, 헨리 제임스도 한 작품이 마무리되면 곧바로 새로
운 작품을 시작했다. 새로운 소설에 언제 구상하느냐는 질문을 받았을 때

제임스는 질문자의 무릎을 툭툭 치며 "소설에 쓸 소재는 어디에나 있습니다. 공중에 떠다닙니다. 말하자면 소설의 소재들이 나를 쫓아다닙니다. 귀찮을 정도로 따라다닙니다"[2]라고 대답했다.

헨리 제임스 1843~1916. 미국의 소설가. 1915년 영국으로 귀화했다. '의식의 흐름' 기법의 선구자로 소설의 형식을 확대하고 독창적인 문체를 완성한 산문소설의 대가이다. 심리학자 윌리엄 제임스의 동생이다. 대표작으로 《여인의 초상》, 《워싱턴 스퀘어》, 《나사의 회전》, 《데이지 밀러》 등이 있다.

악마에게 내준
재능

윌리엄 버틀러 예이츠
William Butler Yeats[1]

1912년 예이츠는 동료 시인 에드윈 엘리스(Edwin Ellis)에게 보낸 편지에서 자신의 일상을 다음과 같이 설명했다. "10시부터 11시까지 책을 읽고, 11시부터 오후 2시까지는 글을 씁니다. 점심 식사를 하고 나서 다시 3시 30분까지 책을 읽습니다. 그 후에는 5시까지 숲을 산책하거나 호수에서 낚시를 합니다. 그리고 7시까지 편지를 쓰거나 잠깐 작업한 후에 저녁 식사를 위해 외출합니다."[2] 또 다른 문학 친구의 증언에 따르면, 예이츠는 글을 쓰고 싶든 않든 간에 매일 적어도 두 시간을 글쓰기에 할애했다.[3] 이런 엄격한 습관은 두 가지 이유에서 예이츠에게 중요했다. 첫째는 규칙적인 습관에 따르지 않으면 집중력이 흐트러지기 때문이었다 — "약간의 변화만 있어도 결코 굳건하지 못한 제 작업 습관이 흔들립니다."[4] 둘째는 예이츠가 무척 느리게 글을 쓰기 때문이었다. 실제로 예이츠는 1899년의 편지에서 "나는 무척 굼뜬 작가입니다. 하루 대여섯 줄 이상을 쓴 적이 없습니다"[5]라고 말했다. 달리 말하면, 80행 이상의 서정시를 짓는 데 3개월가량의 중노동이 필요했다는 뜻이었다. 다행히 예이츠는 가욋돈을 벌기위해 틈틈이 썼던 문학평론과 같은 글을 쓸 때는 그다지 용의주도하지 않았던지 "먹고살기 위해서는 악마에게 자신의 일부를 내주어야 합니다. 내경우는 평론을 넘겨주었습니다"[6]라고 말했다.

윌리엄 버틀러 예이츠 1865~1939, 아일랜드의 시인·극작가. 아일랜드 민족주의 정치가로도 활약했으며 1923년 노벨 문학상을 받았다. 대표작으로 《켈트의 여명》, 《비전》 등이 있다.

글쓰기는
시간제 일자리와 같다

마틴 에이미스
Martin Amis[1]

마틴 에이미스는 아버지 킹즐리 에이미스와 달리 글쓰기를 두려워하지 않는다. 1998년의 한 인터뷰에서 "나는 글쓰기를 까다롭다고 생각해본 적이 없다"고 말했을 정도였다.

마틴 에이미스는 주말을 제외한 평일에 런던의 집에서 약 1.5킬로미터 떨어진 사무실에 출퇴근하며 글을 쓴다. 직장인처럼 출퇴근 시간을 지키지만 대부분의 경우 그 시간의 일부에만 글을 쓴다.

내가 규칙적으로 생활하고, 쉬지 않고 죽어라 일하는 사람이라고 생각하는 사람들이 많지만, 나에게 글쓰기는 시간제 일자리와 같은 것이다. 11시부터 1시까지 글을 쓰면 그것으로 충분하기 때문이다. 그 후에는 독서도 하고, 테니스를 치거나 당구를 즐긴다. 두 시간의 작업! 이 말이 맞을지는 모

르지만, 대부분의 작가가 하루에 두 시간을 집중해서 작업하면 충분히 만

족할 거라고 나는 생각한다.

마틴 에이미스 1949~ , 영국의 소설가. 스물네 살 때 첫 번째 장편소설 《레이첼 페이퍼스》로 서머싯몸상을 받
으며 화려한 데뷔를 하였고, '영국 문단의 록 스타'라는 별명을 얻은 적도 있을 만큼 세간의 관심을 받으며 아버
지보다 더 유명한 소설가가 되었다. 대표작으로 《머니: 한 남자의 자살 노트》, 《런던 필즈》 등이 있다.

내겐 늘
작곡할 시간이 부족하다

세르게이 라흐마니노프
Sergei Rakhmaninov[1]

1933년 세르게이 라흐마니노프는 한 기자에게 "나를 피아노의 노예라고 말하는 피아니스트들이 있습니다. 내가 피아노의 노예라면 내 주인은 무척 친절하신 분이라고 말할 수밖에 없습니다"[2]라고 말했다.

그는 하루에 두 시간씩 연습하면서 최고의 피아니스트라는 지위를 유지했다. 하지만 작곡은 달랐다. 라흐마니노프는 작곡하기에 충분한 시간을 확보하지 못한 듯하다. 1907년 한 친구에게 보낸 편지에서 라흐마니노프는 이렇게 한탄했다.

오늘은 아침 9시부터 12시 30분까지 일한 게 전부군. 점심 식사를 한 후에도 작곡에 열중하지 못하고 이렇게 자네에게 편지를 쓰고 있으니 말일세. 앞으로 한 시간의 여유가 있고, 그 후에는 한 시간 정도 산책해야 하네.

산책을 다녀오면 일찍 잠자리에 들어야 하고. 따라서 하루에 작곡에 투자
하는 시간이 겨우 네 시간 남짓에 불과하네. 너무 적어!³⁾

세르게이 라흐마니노프 1873~1943. 러시아의 작곡가·피아니스트·지휘자. 20세기 초 가장 탁월한 피아니스트 중 한 사람으로 낭만파의 마지막 작곡가이다. 1917년 러시아 혁명이 일어나자 미국으로 망명. 연주 활동과 작곡에 전념했지만. 제2차 세계대전 때 소련의 패색이 짙어지자 모금 연주회를 개최하며 구국 운동에 앞장서기도 했다.

40년간의
수면-각성 사이클

올리버 색스
Oliver Sacks[1]

올리버 색스는 런던 태생이지만 뉴욕에서 활동하며, 신경학과 정신의학을 가르치는 교수이다. 또한 《깨어남》, 《아내를 모자로 착각한 남자》, 《뮤지코필리아》, 《환각》 등을 발표한 베스트셀러 작가이기도 하다.

나는 5시경에 일어납니다. 부지런해서가 아니라, 내가 평생 해온 수면-각성 사이클(sleep-wake cycle)이 그렇기 때문입니다. 40년 전부터 해오던 대로 일주일에 두 번씩 아침 6시에 분석가를 만나고, 그 후에는 수영장에 갑니다. 수영은 다른 어느 것보다 힘을 북돋워주기 때문에, 적어도 나에게는 하루를 시작하기에 수영만큼 좋은 게 없습니다. 수영조차 하지 않으면 분주한 생활에 쫓겨서, 또 워낙 게으른 사람이라 운동과 담을 쌓고 지낼 겁니다. 수영을 하고 나면 배가 고파서 커다란 그릇에 오트밀을 먹고, 차와 뜨거운 코코아나 커피를 마십니다. 차는 자주 마시지만 커피는 아침에 마시는 게 전부입니다. 글을 쓸 때는 너무 몰두한 나머지 불 끄는 걸 잊을까 봐 전기 주전자를 사용합니다.

사무실과 집이 바로 옆 건물에 있어 출근하는 데 2분밖에 걸리지 않지만, 사무실에 도착하면 우편물을 훑어보고 답장해야 할 편지들에 답장을 합니다. 요즘에는 우편물, 특히 이메일이 폭주하지만, 나는 컴퓨터를 거의 사용하지 않고 손 편지나 타이프라이터로 답장을 씁니다. 그러고 나서 가끔 환자들을 진료하지만 대부분의 경우에는 글을 쓰면서 아침 시간을 보냅니다. 타이프라이터로 이런저런 생각들을 작성할 때도 있지만 일반적으로는 펜과 종이, 특히 워터먼 만년필과 노란 종이를 더 좋아합니다. 너무 오랫동안 앉아 있으면 허리에 좋지 않기 때문에 주로 서서 글을 쓰는데, 때로는 책상에 걸터앉아 쓰기도 합니다.

점심 식사를 하기 전에 사무실 부근을 가볍게 산책하고 잠시 피아노를 연주한 뒤 청어와 흑빵으로 점심 식사를 합니다. 써야 할 글이 많으면 오후에도 글을 씁니다. 때로는 소파에 누워 잠을 청하고, 깊은 꿈에 빠져들기도 합니다. 깊은 잠은 내 뇌를 '무부하' 상태, 즉 '디폴트' 상태에 놓습니다. 그래서 온갖 이미지와 생각이 머릿속에 떠오릅니다. 운이 좋으면 이런 상태에서 나는 새로운 힘을 얻고, 혼란스러운 생각들이 말끔히 정리됩니다.

저녁 식사는 이른 시간에 합니다. 타불리(중동식 채소 샐러드 - 옮긴이)와 정어리를 주로 먹고 친구와 함께할 때는 생선초밥을 먹기도 합니다. 그후에 피아노로 바흐를 연주하거나 CD로 음악을 듣습니다. 그리고 순전히 '즐거움'을 위한 독서를 시작합니다. 전기물과 역사서, 때로는 소설을 읽습니다. 나는 텔레비전을 좋아하지 않고 시청하지도 않습니다. 일찍 잠자리에 드는 편이고, 꿈을 생생하게 꾸기 때문인지, 꿈을 재구성하고 분석할 때까지 뚜렷이 기억할 수 있습니다. 또 꿈이나 밤중에 떠오른 생각을 기억하려고 침대 옆에 공책을 놓아둡니다. 뜻밖의 생각이 한밤중에 떠오르는 경우가 많지 않습니까. 드문 경우이지만 글을 쓸 때는 일반적인 시간표를 완전히 무시합니다. 영감이 소진될 때까지 논스톱으로 글을 씁니다. 한번은 36시간을 쉬지 않고 쓴 적도 있습니다.

올리버 색스 1933~ . 영국 태생의 미국 신경학자. 〈뉴욕타임스〉가 '의학계의 계관시인'이라고 부를 만큼 의사로서뿐 아니라 문필가로도 유명하다. 대표적인 저서로 《아내를 모자로 착각한 남자》, 《화성의 인류학자》, 《이상하거나 멍청하거나 천재이거나》, 《깨어남》 등이 있다.

자신의 작업 습관을 경계한 습관의 동물

버나드 맬러머드
Bernard Malamud[1]

전기 작가 필립 데이비스의 표현에 따르면, 장편과 단편을 가리지 않았던 소설가 버나드 맬러머드는 "시간에 사로잡힌 사람"[2]이었다. 맬러머드의 딸은 아버지를 평생 "철저하게 강박적으로 시간을 지키던 분"[3]으로 기억했다. 이 같은 강박적인 시간관념은 작가로 일하는 데 유리하게 작용했다. 더구나 생계를 유지하기 위해 평생 교사로 일했기 때문에 시간을 철저히 관리하지 않았다면 글을 쓸 시간도 내지 못했을 것이다. 또한 맬러머드는 자제력을 중요하게 생각하며, "자제력은 자아를 성취하기 위한 이상적인 수단이다. 예술에서 뭔가를 이루어내고 싶다면 자신부터 단련하라!"[4]고 말했다.

맬러머드는 1940년, 다시 말해 스물여섯 살이 된 해부터 진지하게 글을 쓰기 시작했지만, 그 직후 브루클린의 야간학교에서 교사로 일하게 되었다. 야간학교 수업은 저녁 6시에 시작해 10시에 끝났다. 따라서 맬러머드는 낮에 다섯 시간 동안 글을 쓸 수 있었다. 정확히 말하면 아침 10시부터 오후 5시까지 글을 썼지만, 12시 30분에 점심 식사를 위해 중단했고 그 후에는 면도하고 독서하며 한 시간을 보냈다. 그는 꼬박 8년 동안 이 시간표를 따랐다. 1949년 맬러머드는 오리건 주립대학교의 교수직 제안을 받아들여 아내와 어린 아들을 데리고 그곳으로 이주했다. 당시까지 맬러머드는 단 한 편의 소설도 발표하지 않았으나, 그 후 10여 년 동안 네 편의 소설을 발표했다. 한층 여유로워진 시간표 덕분이었다. 월요일과 수요일과 금요일은 강의와 채점과 학교 업무에 충실했고, 화요일과 목요일과 토요일에는 장편과 단편을 집필하는 데 집중할 수 있었다. 또 그의 표현을 그대로 옮기면 "일요일에도 잠깐잠깐 글을 썼다".[5]

오리건에서 지낼 때 글을 쓰는 날이면 맬러머드는 아침 7시 30분에 일어나 10분 동안 운동한 후, 서둘러 아침 식사를 끝내고 학교 연구실에 9시까지 도착했다. 그러나 아침 내내 작업해도 겨우 한 페이지, 잘해야 두 페이지를 채울 뿐이었다. 점심 식사 후에는 아침에 작업한 글을 수정하고, 4시쯤 집으로 돌아갔다. 집에 도착해서 잠깐 낮잠을 잔 뒤 집안일을 처리했다. 6시 15분에 저녁 식사를 끝내면 가족들과 대화를 나누었고, 때로는 아이들의 숙제를 도와주었다. 아이들이 잠든 후에 맬러머드는 세 시간가량 책을 읽었다. 절반의 시간은 소설을 읽었고, 나머지 절반은 그가 집필하던 소설과 관련된 논픽션을 읽는 데 할애했다. 그리고 자정쯤에야 잠자리에 들었다.

맬러머드는 습관의 동물이었지만 자신의 작업 습관을 지나치게 중시하는 걸 경계하는 태도를 보였다. 그래서 1975년의 인터뷰에서는 이렇게 말했다.

한 가지 방법만 있는 게 아니라 수많은 방법이 있습니다. 나는 나일 뿐, 피츠제럴드도 아니고 토머스 울프도 아닙니다. 글을 쓰려면 그냥 앉아서 쓰면 됩니다. 특별한 시간이나 장소가 필요한 게 아닙니다. 자신의 기질이나 성격에 맞는 방법을 택하면 됩니다. 어떤 작가가 철저히 시간을 지키며 작업한다고, 그 사람이 어떻게 작업하느냐는 중요하지 않습니다. 자제력이 없는 사람에게는 그 방법이 전혀 도움이 되지 않을 테니까요. 비결이 있다면, 어떻게든 시간을 만들어 소설을 쓰는 겁니다. 시간은 훔칠 수 있는 게 아니니까요. 그리고 아이디어가 떠오르면 그것을 글로 표현하면 됩니다. 그렇게 하면 올바른 방향으로 가는 겁니다. 결국 누구나 자기에게 맞는 최선의 방법을 찾아내야 합니다. 한마디로, 깨야 할 진짜 미스터리는 바로 당신 자신입니다.[6]

버나드 맬러머드 1914~1986. 미국의 소설가. 러시아계 유대인의 아들로 태어나 유대계의 미국 이민 생활을 우화적으로 다룬 작품들을 썼다. 대표작으로 《수선공》, 《내추럴》, 단편집으로 《마법의 통》, 《렘브란트의 모자》 등이 있다.

감사의 글

먼저 이 책을 꾸미기 위해 내가 참조했던 수많은 작가와 편집자에게 감사의 뜻을 전하고 싶다. 그들이 이루어놓은 업적이 없었다면 이 책은 나오지 못했을 것이다. 또 몇몇 예술가는 바쁜 와중에도 짬을 내어 자신들의 일상과 작업 습관에 관련한 내 질문에 답해주었다. 그들의 대답 전부를 여기에 싣지는 못했지만 그들의 너그러움에 깊이 감사하고 싶다.

나의 대리인 메건 톰슨이 없었다면 이 책은 빛을 보지 못했을 것이다. 그녀는 난데없이 나에게 이메일을 보내, 내가 운영하는 '일상의 습관'이란 블로그가 괜찮은 책이 될 것 같다고 제안하며 크노프 출판사를 소개해주었다. 그녀의 동료 샌디 호지먼과 몰리 리스도 그 과정에서 많은 도움을 주었다. 물론 로런스 커시바움에게도 고맙다는 말을 전하고 싶다.

크노프 출판사에서 빅토리아 윌슨을 편집자로 정해준 것도 내게는 행

412

운이었다. 그녀는 내가 원하는 대로 이 책을 쓰도록 허용해주었지만, 자신의 높은 기준까지 포기하지는 않았다. 결과적으로 그녀의 적절한 판단 덕분에 책의 품격이 크게 향상되었다. 그녀의 동료 카르멘 존슨과 대니얼 슈워츠는 끈기 있고 침착하게 세세한 부분들까지 점검해주었다. 표지 디자이너 제이슨 부허, 본문 디자이너 매기 힌더스, 제작 담당자 빅토리아 피어슨에게도 고맙다는 말을 전하고 싶다.

마틴 페더슨에게도 많은 빚을 졌다. 그의 친절한 배려 덕분에 나는 본업을 유지하면서 이 책을 쓸 수 있었다. 벌린다 랭크스, 제임스 라이어슨, 마이클 실버버그는 블로그 '일상의 습관'을 가장 먼저 방문한 사람들이었고, 그들의 뜨거운 격려가 없었다면 그 블로그는 성공할 수 없었을 것이다. 블로그를 방문한 많은 독자가 앞장서서 글을 올려주었고, 그중 적잖은 글이 소중한 자료가 되었다. 이처럼 적극적이고 지적인 독자를 확보할 수 있었던 것도 내게는 행운이었다. 린디 헤스는 출판업에 대한 조언을 해주었다.

이 책을 쓰는 과정에서 친구들과 가족들의 격려도 큰 힘이 되었다. 무엇보다 어머니에게 감사하고 싶다. 또 아버지와 새어머니 그리고 동생 앤드루는 한결같은 마음으로 나를 지지해주었다. 끝으로, 마르지 않는 즐거움과 영감의 원천인 아내 레베카가 없었다면 나의 일상은 따분하기 그지없었을 것이다.

후주

각 항목마다 참고한 자료들의 출처를 밝혔다. 자료가 여럿인 경우에는 중요도를 기준으로 순서대로 나열했다. 다시 말하면, 참고한 정도에 따라 순서대로 소개했다. 그 후에는 인용된 구절의 정확한 위치를 제시했다. 참고 문헌을 통해 독자가 특정한 예술가의 일상과 습관, 기벽과 약점에 대한 더 많은 정보를 쉽게 구할 수 있기를 바란다.

서문

1) Thomas Mann, *Death in Venice*, trans. Michael Henry Heim(New York: Ecco, 2005), p. 88.

2) Jean Anthelme Brillat-Savarin, *The Physiology of Taste: Or, Meditations on Transcendental Gastronomy*, trans. M. F. K. Fisher(1949 repr. Washington, D. C.: Counterpoint, 1999), p. 3.

3) Robert D. Richardson, *William James: In the Maelstrom of American Modernism*(Boston: Houghton Mifflin, 2006), p. 121.

4) V. S. Pritchett, "Gibbon and the Home Guard", in *Complete Collected Essays*(New York: Random House, 1991), p. 4.

5) 프란츠 카프카가 펠리체 바우어에게 1912년 11월 1일에 보낸 편지, *Letters to Felice*, ed. Erich Heller and Jürgen Born, trans. James Stern and Elisabeth Duckworth(New York: Schocken Books, 1973), pp. 21~22.

햇빛과 달빛에서 떠올린 영감

위스턴 휴 오든

1) Humphrey Carpenter, *W. H. Auden: A Biography*(Boston: Houghton Mifflin, 1981); Richard Davenport-Hines, *Auden*(New York: Pantheon Books, 1995); Stephen Spender, ed., *W. H. Auden: A Tribute*(New York: Macmillan, 1975).

2) Davenport-Hines, p. 298.

3) Carpenter, p. 391.

4) Davenport-Hines, p. 298.

5) Spender, p. 173.

6) Carpenter, p. 265.

7) Davenport-Hines, p. 186.

권터 그라스

1) Elizabeth Gaffney와의 인터뷰, "The Art of Fiction No. 124: Günter Grass", *Paris Review*, Summer 1991, http://www.theparisreview.org/interviews/2191/the-art-of-fiction-no-124-gunter-grass.

조너선 에드워즈

1) George M. Marsden, *Jonathan Edwards: A Life*(New Haven: Yale University Press, 2003).
2) Ibid., p. 133.
3) Ibid., p. 136.

펠럼 그렌빌 우드하우스

1) Herbert Warren Wind, "Chap with a Good Story to Tell", *New Yorker*, May 15, 1971, pp. 43~101; Robert McCrum, *Wodehouse: A Life*(New York: W. W. Norton, 2004).
2) Wind, p. 45.
3) Wind, p. 89.
4) McCrum, p. 405.

발튀스

1) Balthus with Alain Vircondelet, *Vanished Splendors: A Memoir*, trans. Benjamin Ivry(New York: Ecco, 2002); Nicholas Fox Weber, *Balthus: A Biography*(New York: Alfred A. Knopf, 1999).
2) Balthus with Vircondelet, p. 3.
3) Ibid., p. 147.

루이즈 부르주아

1) Marie-Laure Bernadac and Hans-Ulrich Obrist, eds., *Louise Bourgeois: Destruction of the Father/ Reconstruction of the Father: Writings and Interviews 1923~1997*(Cambridge, MA: MIT Press, 1998).
2) Douglas Maxwell과의 인터뷰, *Modern Painters*, Summer 1993, in ibid., p. 239.
3) Louis Bourgeois, "Tender Compulsions", *World Art*, February 1995, in Bernadac and Obrist, p. 306.
4) Louise Bourgeois, "Sixty-one Questions", 1971, in Bernadac and Obrist, p. 96.

조르주 상드

1) George Sand, *Story of My Life: The Autobiography of George Sand: A Group Translation*, ed. Thelma Jurgrau(Albany: State University of New York Press, 1991).
2) Ibid., p. 927.
3) Ibid., p. 928.

마크 트웨인

1) Albert Bigelow Paine, *Mark Twain*, vol. 1(1912 repr. New York: Chelsea House, 1997); William Dean Howells, My *Mark Twain*, rev. ed.(New York: Harper and Brothers, 1910 Mineola, NY: Dover Publications, 1997).

2) Paine, p. 509.

3) Howells, p. 45.

4) Ibid., pp. 38~39.

크누트 함순

1) Ingar Sletten Kolloen, *Knut Hamsun: Dreamer and Dissenter*, trans. Deborah Dawkin and Erik Skuggevik(New Haven, CT: Yale University Press, 2009).

2) Ibid., pp. 127~128.

빌럼 데 쿠닝

1) Mark Stevens and Annalyn Swan, *De Kooning: An American Master*(New York: Alfred A. Knopf, 2005).

2) Ibid., pp. 197~198.

메릴린 로빈슨

1) Sarah Fay와의 인터뷰, "The Art of Fiction No. 198: Marilynne Robinson", *Paris Review*, Fall 2008, http://www.theparisreview.org/interviews/5863/the-art-of-fiction-no-198-marilynne-robinson.

윌라 캐더

1) L. Brent Bohlke, ed., *Willa Cather in Person*(Lincoln: University of Nebraska Press, 1986).

2) Latrobe Carroll, "Miss Cather" in Bohlke, pp. 23~24.

르코르뷔지에

1) Nicholas Fox Weber, *Le Corbusier: A Life*(New York: Alfred A. Knopf, 2008); Jerzy Soltan, "Working with Le Corbusier", http://www.archsociety.com/e107_plugins/content/content.php?content.24.

2) Soltan.

절제된 일상에서 얻은 상상력

토마스 만

1) Anthony Heilbut, *Thomas Mann: Eros and Literature*(1995 repr. Berkeley and Los Angeles:

University of California Press, 1997); Ronald Hayman, *Thomas Mann: A Biography*(New York: Scribner, 1995).

2) Heilbut, p. 207.

3) Ibid.

어니스트 헤밍웨이

1) George Plimpton과의 인터뷰, "The Art of Fiction No. 21: Ernest Hemingway", *Paris Review*, 1958, http://www.theparisreview.org/interviews/4825/the-art-of-fiction-no-21-ernest-hemingway; Gregory H. Hemingway, M.D., Papa: A Personal Memoir(Boston: Houghton Mifflin, 1976).

2) Hemingway, p. 49.

3) Plimpton과의 인터뷰.

4) Ibid.

5) Ibid.

6) Hemingway, p. 49.

무라카미 하루키

1) John Wray와의 인터뷰, "The Art of Fiction No. 182: Haruki Murakami", *Paris Review*, Summer 2004, http://www.theparisreview.org/interviews/2/the-art-of-fiction-no-182-haruki-murakami; Haruki Murakami, "The Running Novelist", *New Yorker*, June 9 & 16, 2008, 75.

2) Wray와의 인터뷰.

3) Ibid.

4) Murakami, p. 75.

토니 모리슨

1) Claudia Brodsky Lacour와 Elissa Schappell과의 인터뷰, "The Art of Fiction No. 134: Toni Morrison", *Paris Review*, Fall 1993, http://www.theparisreview.org/interviews/1888/the-art-of-fiction-no-134-toni-morrison; Danille Taylor-Guthrie, ed., *Conversations with Toni Morrison*(Jackson: University Press of Mississippi, 2004).

2) Lacour and Schappell과의 인터뷰.

3) Mel Watkins와의 인터뷰, "Talk with Toni Morrison", *New York Times Book Review*, September 11, 1977, in Taylor-Guthrie, p. 43.

4) Lacour and Schappell과의 인터뷰.

5) Ibid.

이마누엘 칸트

1) Manfred Kuehn, *Kant: A Biography*(Cambridge, U.K.: Cambridge University Press, 2001).

2) Ibid., p. 14.

3) Ibid., p. 153.

4) Ibid., p. 222.

리처드 라이트

1) Hazel Rowley, *Richard Wright: The Life and Times*(New York: Henry Holt, 2001).

2) Ibid., pp. 153~155.

3) Ibid., p. 162.

플래너리 오코너

1) Brad Gooch, *Flannery: A Life of Flannery O'Connor*(New York: Little, Brown, 2009).

2) Ibid., p. 222.

3) Ibid., p. 225.

4) Ibid., p. 228.

5) Ibid.

잉마르 베리만

1) Raphael Shargel, ed., *Ingmar Bergman: Interviews*(Jackson: University Press of Mississippi, 2007); Michiko Kakutani, "Ingmar Bergman: Summing Up a Life in Film", *New York Times Magazine*, June 6, 1983, http://www.nytimes.com/1983/06/06/magazine/26kaku.html.

2) Cynthia Grenier와의 인터뷰, *Playboy*, June 1964, in Shargel, p. 38.

3) Richard Meryman과의 인터뷰, "I Live at the Edge of a Very Strange Country", *Life*, October 15, 1971, in Shargel, p. 107.

4) Ibid., p. 103.

5) Kakutani.

마리나 아브라모비치

1) 2010년 8월 12일 저자와의 인터뷰.

찰스 디킨스

1) Peter Ackroyd, *Dickens*(New York: HarperCollins, 1990); Jane Smiley, *Charles Dickens*(New York: Viking Penguin, 2002).

2) Ackroyd, p. 503, pp. 561~562.

3) Ibid., p. 561.

4) Ibid.

5) Ibid., p. 563.

6) Smiley, p. 23.

너새니얼 호손

1) Malcolm Cowley, ed., *The Portable Hawthorne*, rev. ed.(New York: Penguin Books, 1969); Randall Stewart, *Nathaniel Hawthorne: A Biography*(1948 repr. North Haven, CT: Archon Books, 1970).
2) Cowley, p. 2.
3) Stewart, p. 112.

카를 융

1) Ronald Hayman, *A Life of Jung*(1999 repr. New York: W. W. Norton, 2001); Carl Jung, *Memories, Dreams, Reflections*, ed. Aniela Jaffé, trans. Richard and Clara Winston, rev. ed.(1961 repr. New York: Vintage Books, 1989).
2) Hayman, p. 250.
3) Ibid., p. 310.
4) Ibid., p. 251.
5) Jung, pp. 225~226.

벤저민 프랭클린

1) Benjamin Franklin, *The Autobiography and Other Writings*, ed. Peter Shaw(New York: Bantam Books, 1982); H. W. Brands, *The First American: The Life and Times of Benjamin Franklin*, 2nd ed.(New York: Anchor Books, 2002).
2) Franklin, p. 75.
3) Ibid., p. 76.
4) Brands, p. 411.

빅터 소든 프리쳇

1) Jeremy Treglown, *V. S. Pritchett: A Working Life*(New York: Random House, 2004); *Complete Collected Essays*(New York: Random House, 1991).
2) Treglown, p. 3.
3) Ibid., p. 203.

볼테르

1) Roger Pearson, *Voltaire Almighty: A Life in Pursuit of Freedom*(New York and London: Bloomsbury, 2005); Haydn Mason, *Voltaire: A Biography*(Baltimore: Johns Hopkins University Press, 1981).
2) Pearson, p. 355.
3) Mason, p. 134.
4) Ibid.

귀스타브 플로베르

1) Francis Steegmuller, *Flaubert and Madame Bovary: A Double Portrait*(1939 repr. New York: New York Review of Books, 2005); Frederick Brown, *Flaubert: A Biography*(New York: Little, Brown, 2006); Henry Troyat, *Flaubert*, trans. Joan Pinkham(New York: Viking, 1992).
2) Steegmuller, p. 216.
3) Troyat, p. 111.
4) Brown, p. 293; Steegmuller, pp. 239~241.
5) Troyat, p. 117.
6) Ibid., p. 126.
7) Steegmuller, p. 241.
8) Troyat, p. 173.

벤저민 브리튼

1) Christopher Headington, *Britten*(London: Omnibus Press, 1996); Alan Blyth, *Remembering Britten*(London: Hutchinson, 1981).
2) Headington, pp. 87~88.
3) Blyth, p. 22.
4) Ibid., p. 132.

버러스 프레더릭 스키너

1) B. F. Skinner, "My Day", August 9, 1963, B. F. Skinner Basement Archives; Daniel W. Bjork, *B. F. Skinner: A Life*(New York: Basic Books, 1993).
2) Skinner, "My Day".
3) Bjork, p. 217.

니콜라 테슬라

1) Margaret Cheney, *Tesla: Man Out of Time*(New York: Touchstone, 2001).
2) Ibid., p. 54.

표트르 일리치 차이콥스키

1) David Brown, Tchaikovsky: *The Man and His Music*(New York: Pegasus Books, 2007); David Brown, Tchaikovsky: *The Final Years: 1855-1893*, (vol. 4) (New York: W. W. Norton, 1991).
2) *The Man and His Music*, p. 284.
3) *The Final Years*, p. 19.
4) Ibid., p. 21.
5) Ibid.

6)   *The Man and His Music*, p. 207.

7)   *The Final Years*, p. 22.

헨리 밀러

1)   Frank L. Kersnowski and Alice Hughes, eds., *Conversations with Henry Miller*(Jackson: University Press of Mississippi, 1994).

2)   Audrey June Booth, "An Interview with Henry Miller", 1962, in ibid., pp. 41~42.

3)   Lionel Olay, "Meeting with Henry", *Cavalier*, July 1963, in Kersnowski and Hughes, p. 70.

즉흥적이고 규칙 없는 삶

프랭크 로이드 라이트

1)   Bruce Brooks Pfeiffer, ed., *Frank Lloyd Wright: The Crowning Decade, 1949~1959*(Fresno: California State University, 1989); David V. Mollenhoff and Mary Jane Hamilton, *Frank Lloyd Wright's Monona Terrace: The Enduring Power of a Civic Vision*(Madison: University of Wisconsin Press, 1999).

2)   Mollenhoff and Hamilton, p. 113.

3)   "Olgivanna Lloyd Wright on Her Husband", in Pfeiffer, p. 122.

4)   Ibid.

존 밀턴

1)   John Aubrey, *Aubrey's Brief Lives*, ed. Oliver Lawson Dick(1949 repr. Ann Arbor: University of Michigan Press, 1957); Helen Darbishire, ed., *The Early Lives of Milton*(1932 repr. New York: Barnes and Noble, 1965).

2)   John Phillips, "The Life of Mr. John Milton", in Darbishire, p. 33.

프레데리크 쇼팽

1)   Jim Samson, *Chopin*(New York: Schirmer Books, 1996); Frederick Niecks, *Frederick Chopin As a Man and Musician*, vol. 2(1888 repr. Neptune City, NJ: Paganiniana, 1980).

2)   Niecks, p. 132.

3)   Ibid.

애거서 크리스티

1)   Agatha Christie, *An Autobiography*(New York: HarperCollins, 1977).

2)   Ibid., p. 431.

3)   Ibid., p. 432.

4)   Ibid.

아서 밀러

1) Christopher Bigby와의 인터뷰, "The Art of Theater No. 2, Part 2: Arthur Miller", *Paris Review*, Fall 1999, http://www.theparisreview.org/interviews/895/the-art-of-theater-no-2-part-2-arthur-miller.

존 애덤스

1) 저자와의 인터뷰, 2010년 5월 20일.

니컬슨 베이커

1) 저자와의 인터뷰, 2010년 8월 6일.

그레이엄 그린

1) Norman Sherry, *The Life of Graham Greene, Volume Two: 1939~1955*(New York, Viking: 1994); Henry J. Donaghy, ed., *Conversations with Graham Greene*(Jackson: University Press of Mississippi, 1992).

2) Christopher Burstall, "Graham Greene Takes the Orient Express", *The Listener*, November 21, 1969, in Donaghy, pp. 60~61.

움베르토 에코

1) Lila Azam Zanganeh와의 인터뷰, "The Art of Fiction No. 197: Umberto Eco," *Paris Review*, Summer 2008, http://www.theparisreview.org/interviews/5856/the-art-of-fiction-no-197-umberto-eco.

필립 로스

1) David Remnick, "Into the Clear", *New Yorker*, May 8, 2000, pp. 76~89; George J. Searles, ed., *Conversations with Philip Roth*(Jackson: University Press of Mississippi, 1992).

2) Katharine Weber, "Life, Counterlife", *Connecticut*, February 1987, in Searles, p. 218.

3) Ronald Hayman, "Philip Roth: Should Sane Women Shy Away from Him at Parties?", *London Sunday Times Magazine*, March 22, 1981, in Searles, p. 118.

4) Remnick, p. 79.

저지 코진스키

1) Rocco Landesman과의 인터뷰, "The Art of Fiction No. 46: Jerzy Kosinski", *Paris Review*, Summer 1972, http://www.theparisreview.org/interviews/4036/the-art-of-fiction-no-46-jerzy-kosinski; Jerzy Kosinski, *Blind Date*(New York: Grove Press, 1977).

2) Kosinski, p. 1.

3) Landesman과의 인터뷰.

앤 라이스

1) 저자와의 인터뷰, 2011년 1월 27일.

데이비드 포스터 월리스

1) David Lipsky, *Although of Course You End Up Becoming Yourself: A Road Trip with David Foster Wallace*(New York: Broadway Books, 2010); Lewis Frumkes와의 인터뷰, 1999, http://lewisfrumkes.com/radioshow/david-foster-wallace-interview.
2) Lipsky, p. 135. Commas added for consistency.
3) Frumkes와의 인터뷰.

톰 스토파드

1) Ira Nadel, *Tom Stoppard: A Life*(New York: Palgrave, 2002).
2) Ibid., p. 93.
3) Ibid., p. 436.
4) Ibid., p. 114.
5) Ibid., p. 484.

윌리엄 제임스

1) Robert D. Richardson, *William James: In the Maelstrom of American Modernism*(Boston: Houghton Mifflin, 2006); William James, *Habit*(New York: Henry Holt, 1914).
2) Richardson, p. 121.
3) James, p. 54.
4) Richardson, p. 240.
5) Ibid., p. 238.

프랜시스 스콧 피츠제럴드

1) Matthew J. Bruccoli, *Some Sort of Epic Grandeur: The Life of F. Scott Fitzgerald*, 2nd rev. ed.(Columbia: University of South Carolina Press, 2002); Jeffrey Meyers, *Scott Fitzgerald: A Biography*(New York: HarperCollins, 1994).
2) Bruccoli, p. 109.
3) Ibid., p. 341.

혼자만의 시간과 공간

프랜시스 베이컨

1) Michael Peppiatt, *Francis Bacon: Anatomy of an Enigma*(New York: Farrar, Straus and Giroux, 1996).

2) Ibid., p. 101.

3) Ibid., p. 161.

앤 비티

1) Dawn Trouard, ed., *Conversations with Ann Beattie*(Jackson: University Press of Mississippi, 2007).

2) Fred Sokol과의 인터뷰, *Connecticut Quarterly* 2, Summer 1980, in ibid., p. 24.

3) Ibid., p. 25.

4) Margaria Fichtner, "Author Ann Beattie Lives in the Sunshine, but Writes in, and from, the Dark", *Miami Herald*, May 17, 1998, in Trouard, p. 171.

데이비드 린치

1) Richard A. Barney, ed., *David Lynch: Interviews*(Jackson: University Press of Mississippi, 2009); David Lynch, *Catching the Big Fish: Meditation, Consciousness, and Creativity*(2006 repr. New York: Jeremy P. Tarcher/ Penguin, 2007).

2) Richard B. Woodward에서 인용, "A Dark Lens on America", *New York Times Magazine*, January 14, 1990, in Barney, 50.

3) Lynch, p. 5.

4) Ibid., p. 55.

시몬 드 보부아르

1) Bernard Frechtman과 Madeleine Gobeil과의 인터뷰, "The Art of Fiction No. 35: Simone de Beauvoir", *Paris Review*, Spring-Summer 1965, http://www.theparisreview. org/interviews/4444/the-art-of-fiction-no-35-simone-de-beauvoir; Deirdre Bair, *Simone de Beauvoir: A Biography*(New York: Touchstone, 1990); Louis Menand, "Stand By Your Man", *New Yorker*, September 26, 2005, http://www.newyorker.com/archive/ 2005/09/26/050926crbo_books.

2) Frechtman과 Gobeil과의 인터뷰.

3) Bair, pp. 359~360.

4) Ibid., p. 444.

프랜신 프로즈

1) 저자의 대리인 Megan Thompson에게 보낸 이메일, 2009년 4월 20일.

카를 마르크스

1) Isaiah Berlin, *Karl Marx: His Life and Environment*, 4th ed.(New York: Oxford University Press, 1996); Francis Wheen, *Karl Marx: A Life*(New York: W. W. Norton, 2000); Michael Evans, *Karl Marx*(Bloomington and London: Indiana University Press, 1975);

Werner Blumenberg, *Karl Marx: An Illustrated Biography*, trans. Douglas Scott(1972 repr. London: Verso, 1998).

2) Berlin, p. 143.

3) Evans, p. 32.

4) Ibid.

5) Wheen, 160.

6) Ibid., p. 234.

7) Blumenberg, p. 100.

8) Evans, p. 33.

파블로 피카소

1) John Richardson, *A Life of Picasso: The Cubist Rebel, 1907~1916*(New York: Alfred A. Knopf, 2007); Francoise Gilo and Carlton Lake, *Life with Picasso*(New York: McGraw Hill, 1964).

2) Richardson, p. 43.

3) Ibid., p. 147.

4) Ibid., p. 146.

5) Gilo and Lake, p. 116.

알렉산더 그레이엄 벨

1) Charlotte Gray, *Reluctant Genius: Alexander Graham Bell and the Passion for Invention*(New York: Arcade Publishing, 2006).

2) Ibid., p. 177.

3) Ibid., p. 204.

4) Ibid., p. 265.

에드워드 애비

1) David Petersen, ed., *Postcards from Ed: The Collected Correspondence of Edward Abbey, 1949~1989*(Minneapolis, Milkweed Editions, 2006).

2) 1981년 12월 14일 Edward Abbey가 Morton Kamins에게 보낸 편지, in ibid., pp. 107~108.

3) 1988년 7월 25일 Edward Abbey가 David Petersen에게 보낸 편지, in Petersen, p. 152.

카슨 매컬러스

1) Josyane Savigneau, *Carson McCullers: A Life*, trans. Joan E. Howard(1995 repr. New York: Houghton Mifflin, 2001); Virginia Spencer Carr, *The Lonely Hunter: A Biography of Carson McCullers*(Garden City, NY: Doubleday, 1975); Carson McCullers, *Illumination and Night Glare: The Unfinished Autobiography of Carson McCullers*, ed. Carlos L. Dews(Madison:

University of Wisconsin Press, 1999).
2)   Savigneau, p. 56.
3)   Carr, pp. 78~79.
4)   McCullers, p. 18.

진 스태퍼드

1)   Fern Marja Eckman, "Adding a Pulitzer to the Collection", *New York Post*, May 9, 1970, p. 21; David Roberts, *Jean Stafford: A Biography*(Boston: Little, Brown, 1988).
2)   Eckman.
3)   Ibid.
4)   Ibid.
5)   Roberts, p. 384.

도널드 바셀미

1)   Helen Moore Barthelme, *Donald Barthelme: The Genesis of a Cool Sound*(College Station: Texas A&M University Press, 2001).
2)   Ibid., p. xiv.
3)   Ibid., p. 94.

조너선 프랜즌

1)   Emily Eakin, "Into the Dazzling Light", *Observer*, November 11, 2001, http://www. guardian.co.uk/books/2001/nov/11/fiction.features; Nina Willdorf, "An Author's Story", *Boston Phoenix*, November 8~15, 2001, http://www.bostonphoenix.com/boston/news_ features/other_stories/multi-page/documents/01997111.htm.
2)   Willdorf.
3)   Eakin.

윌리엄 스타이런

1)   Peter Matthiessen and George Plimpton과의 인터뷰, "The Art of Fiction No. 5: William Styron", *Paris Review*, Spring 1954, http://www.theparisreview.org/interviews/5114/the-art-of-fiction-no-5-william-styron; James L. W. West III, ed., *Conversations with William Styron*(Jackson: University Press of Mississippi, 1985).
2)   Matthiessen and Plimpton와의 인터뷰.
3)   James L. W. West III와의 인터뷰, "A Bibliographer's Interview with William Styron", *Costerus*, 1975, in West, p. 204.
4)   Hilary Mills와의 인터뷰, "Creators on Creating: William Styron", *Saturday Review*, September 1980, in West, p. 241.
5)   Ibid., p. 240.

찰스 슐츠

1) David Michaelis, *Schulz and Peanuts: A Biography*(New York: Harper, 2007).
2) Ibid., p. 370.
3) Ibid., p. 363.

이고르 스트라빈스키

1) Stephen Walsh, *Stravinsky: A Creative Spring: Russia and France, 1882~1934*(New York: Alfred A. Knopf, 1999); Vera Stravinsky and Robert Craft, *Stravinsky in Pictures and Documents*(New York: Simon and Schuster, 1978).
2) Walsh, p. 419.
3) Ibid., p. 115.
4) Stravinsky and Craft, p. 298.

서머싯 몸

1) Jeffrey Meyers, *Somerset Maugham: A Life*(New York: Alfred A. Knopf, 2004).
2) Ibid., p. 37.
3) Ibid., pp. 37~38.

치명적 중독에서 만난 길

앙리 드 툴루즈 로트레크

1) Julia Frey, *Toulouse-Lautrec: A Life*(New York: Viking, 1994); Jad Adams, *Hideous Absinthe: A History of the Devil in a Bottle*(London: I. B. Tauris, 2004).
2) Adams, p. 132.
3) Ibid.
4) Frey, p. 242.

루트비히 판 베토벤

1) Anton Felix Schindler, *Beethoven As I Knew Him*, ed. Donald W. MacArdle, trans. Constance S. Jolly(1860 repr. Mineola, NY: Dover, 1996); Maynard Solomon, *Beethoven*, 2nd rev. ed.(New York: Schirmer Books, 1998).
2) Schindler, p. 386.

쇠렌 키르케고르

1) Joakim Garff, *Søren Kierkegaard: A Biography*, trans. Bruce H. Kirmmse(Princeton, NJ: Princeton University Press, 2005).
2) Ibid., p. 290.

3) Ibid., p. 291.

마르셀 프루스트

1) Celeste Albaret and Georges Belmont, *Monsieur Proust,* trans. Barbara Bray (1973 repr. New York: New York Review Books, 2001); Ronald Hayman, *Proust: A Biography* (New York: HarperCollins, 1990); Marcel Proust, *In Search of Lost Time, Volume VI: Time Regained*, trans. Andreas Mayor, Terence Kilmartin, D. J. Enright (New York: Modern Library, 1993).
2) Hayman, p. 346.
3) Albaret and Belmont, p. 70.
4) Hayman, p. 251.
5) Ibid., p. 331.
6) Proust, p. 318.

오노레 드 발자크

1) Herbert J. Hunt, *Honoré de Balzac: A Biography* (London: University of London, 1957); Graham Robb, *Balzac: A Life* (New York: W. W. Norton, 1994).
2) Hunt, p. 65.
3) Robb, p. 164.

장 폴 사르트르

1) Annie Cohen-Solal, *Jean-Paul Sartre: A Life*, trans. Anna Cancogni, ed. Norman Macafee (1985 repr. New York: Dial Press, 2005); Deirdre Bair, *Simone de Beauvoir: A Biography* (New York: Touchstone, 1990).
2) Cohen-Solal, p. 286.
3) Ibid., p. 374.
4) Ibid., pp. 374~375.

실비아 플라스

1) *The Unabridged Journals of Sylvia Plath, 1950~1962*, ed. Karen V. Kukil (New York: Anchor Books, 2000); Janet Malcolm, *The Silent Woman: Sylvia Plath and Ted Hughes* (1993 repr. New York: Vintage Books, 1995).
2) Sylvia Plath, December 7, 1959, in *Journals*, p. 457.
3) Malcolm, p. 61.
4) Ibid., pp. 61~62.

루이 암스트롱

1) Terry Teachout, *Pops: A Life of Louis Armstrong* (Boston: Houghton Mifflin Harcourt,

2009).

2) Ibid., pp. 288~293.

3) Ibid., p. 371.

에르되시 팔

1) Paul Hoffman, *The Man Who Loved Only Numbers: The Story of Paul Erdös and the Search for Mathematical Truth*(New York: Hyperion, 1998).

2) Ibid., p. 256.

3) Ibid., p. 16.

4) Ibid., p. 7.

아인 랜드

1) Anne C. Heller, *Ayn Rand and the World She Made*(New York: Nan A. Talese, 2009); Mary Ann Sures, "Working for Ayn Rand" in Mary Ann Sures and Charles Sures, *Facets of Ayn Rand*, Ayn Rand Institute, http://facetsofaynrand.com/book/chap1-working_for_ayn_rand. html.

2) Heller, p. 147.

3) Sures.

제임스 T. 패럴

1) Robert K. Landers, *An Honest Writer: The Life and Times of James T. Farrell*(San Francisco: Encounter Books, 2004).

2) Ibid., p. 405.

퍼트리샤 하이스미스

1) Andrew Wilson, *Beautiful Shadow: A Life of Patricia Highsmith*(London: Bloomsbury, 2003).

2) Ibid., p. 324.

3) Ibid., p. 8.

4) Ibid., p. 123.

5) Ibid., p. 141.

6) Ibid., p. 323.

7) Ibid., p. 135.

제임스 조이스

1) Richard Ellmann, *James Joyce*(1959 repr. Oxford: Oxford University Press, 1982); John McCourt, *James Joyce: A Passionate Exile*(London: Orion, 2000).

2) Ellmann, p. 6.

3) Ibid., p. 308.

4) Ibid.
5) McCourt, p. 73.
6) Ibid., p. 91.
7) Ellmann, p. 510.

프란츠 리스트

1) Adrian Williams, *Portrait of Liszt: By Himself and His Contemporaries*(Oxford: Clarendon Press, 1990).
2) Ibid., p. 484.
3) Ibid., p. 482.

에드먼드 윌슨

1) Lewis M. Dabney, *Edmund Wilson: A Life in Literature*(Baltimore: Johns Hopkins University Press, 2005); Jeffrey Meyers, *Edmund Wilson: A Biography*(Boston: Houghton Mifflin, 1995); Louis Menand, "Missionary", *New Yorker*, August 8, 2005, http://www.newyorker.com/archive/2005/08/08/050808crat_atlarge.
2) Dabney, p. 4.
3) Meyers, pp. 48~49.
4) Ibid., p. 77.
5) Menand.

잭슨 폴록

1) Deborah Solomon, *Jackson Pollock: A Biography*(New York: Simon and Schuster, 1987); "Unframed Space", The Talk of the Town, *New Yorker*, August 5, 1950, p. 16.
2) "Unframed Space".

토머스 울프

1) David Herbert Donald, *Look Homeward: A Life of Thomas Wolfe*(Boston: Little, Brown, 1987).
2) Ibid., p. 237.
3) Ibid.
4) Ibid.
5) Ibid., p. 246.

존 치버

1) Blake Bailey, *Cheever: A Life*(New York: Alfred A. Knopf, 2009); John Cheever, *The Journals of John Cheever*(New York: Alfred A. Knopf, 1991).
2) Bailey, pp. 92~93.

3) Ibid., p. 137.
4) Cheever, pp. 22~23.
5) Ibid., pp. 277~278.
6) Bailey, p. 422.
7) Ibid., p. 433.
8) Ibid., p. 568.
9) Cheever, p. 255.

조르주 심농

1) Pierre Assouline, *Simenon: A Biography,* trans. Jon Rothschild(New York: Alfred A. Knopf, 1997); Patrick Marnham, *The Man Who Wasn't Maigret: A Portrait of Georges Simenon*(New York: Farrar, Straus and Giroux, 1992); Carvel Collins와의 인터뷰, "The Art of Fiction No. 9: Georges Simenon", *Paris Review*, Summer 1955, http://www.theparisreview.org/interviews/5020/the-art-of-fiction-no-9-georges-simenon.
2) Assouline, p. 326.
3) Marnham, p. 163.
4) Collins와의 인터뷰.

킹즐리 에이미스

1) Michael Barber와의 인터뷰, "The Art of Fiction No. 59: Kingsley Amis", *Paris Review*, Winter 1975, http://www.theparisreview.org/interviews/3772/the-art-of-fiction-no-59-kingsley-amis; Eric Jacobs, *Kingsley Amis: A Biography*(New York: St. Martin's Press, 1995).
2) Barber와의 인터뷰.
3) Jacobs, pp. 1~18.

직업의 시간과 작업의 시간

프란츠 카프카

1) Franz Kafka, *Letters to Felice*, ed. Erich Heller and Jürgen Born, trans. James Stern and Elisabeth Duckworth(New York: Schocken Books, 1973); Louis Begley, *The Tremendous World I Have Inside My Head: Franz Kafka: A Biographical Essay*(New York: Atlas & Co., 2008).
2) Begley, p. 29.
3) Franz Kafka to Felice Bauer, 1912년 11월 1일, in *Letters to Felice*, pp. 21~22.

찰스 다윈

1) Francis Darwin, ed., *The Life and Letters of Charles Darwin*, vol. 1(New York: Basic Books,

1959); "Charles Darwin", *Encyclopædia Britannica*, 2009, http://www.britannica.com/EBchecked/topic/151902/Charles-Darwin.

2) *Encyclopaedia Britannica*.

3) Ibid.

4) Darwin, pp. 87~136.

5) Ibid., p. 91.

6) Ibid., p. 101.

7) Ibid., p. 121.

조지 오웰

1) D. J. Taylor, *Orwell: The Life*(New York: Henry Holt and Company, 2003).

2) Ibid., p. 148.

3) Ibid., p. 155.

제인 오스틴

1) Park Honan, *Jane Austen: Her Life*(New York: Fawcett Columbine, 1987); James Edward Austen-Leigh, *Memoir of Jane Austen*(1926 repr. Oxford: Oxford University Press, 1967); Carol Shields, *Jane Austen*(New York: Viking Penguin, 2001).

2) Austen-Leigh, p. 102.

3) Honan, p. 264.

4) Shields, p. 123.

지그문트 프로이트

1) Peter Gay, *Freud: A Life for Our Time*(1988 repr. New York: W. W. Norton, 1998); Martin Freud, *Sigmund Freud: Man and Father*(New York: Vanguard Press, 1958); Louis Breger, *Freud: Darkness in the Midst of Vision*(New York: Wiley, 2000).

2) Gay, p. 157.

3) Freud, p. 27.

4) Gay, p. 170.

토머스 스턴스 엘리엇

1) James E. Miller Jr., *T. S. Eliot: The Making of an American Poet, 1888~1922*(University Park: Pennsylvania State University Press, 2005); Allen Tate, ed., *T. S. Eliot: The Man and His Work*(New York: Delacorte Press, 1966); Lyndall Gordon, *T. S. Eliot: An Imperfect Life*(New York: W. W. Norton, 1999).

2) Miller, p. 325.

3) Tate, pp. 3~4.

4) Miller, p. 278.

5) Gordon, p. 197.

헨리 그린

1) Jeremy Treglown, *Romancing: The Life and Work of Henry Green*(New York: Random House, 2000); Terry Southern과의 인터뷰, "The Art of Fiction No. 22: Henry Green", *Paris Review*, Summer 1958, http://www.theparisreview.org/interviews/4800/the-art-of-fiction-no-22-henry-green.
2) Treglown, p. 95.
3) Southern과의 인터뷰.

조지프 코넬

1) Deborah Solomon, *Utopia Parkway: The Life and Work of Joseph Cornell*(New York: Farrar, Straus and Giroux, 1997).

월리스 스티븐스

1) Peter Brazeau, *Parts of a World: Wallace Stevens Remembered*(New York: Random House, 1983); Milton J. Bates, *Wallace Stevens: A Mythology of Self*(Berkeley and Los Angeles: University of California Press, 1985).
2) Bates, p. 157.

필립 라킨

1) Robert Phillips와의 인터뷰, "The Art of Poetry No. 30: Philip Larkin", *Paris Review*, Summer 1982, http://www.theparisreview.org/interviews/3153/the-art-of-poetry-no-30-philip-larkin; Philip Larkin, "Aubade", in *Collected Poems*, ed. Anthony Thwaite(1988 repr. New York: Farrar, Straus and Giroux, 1989).
2) Larkin, p. 208.
3) Phillips와의 인터뷰.
4) Ibid.
5) Ibid.

루이스 칸

1) Carter Wiseman, *Louis I. Kahn: Beyond Time and Style: A Life in Architecture*(New York: W. W. Norton, 2007).
2) Ibid., p. 87.

제임스 디키

1) Henry Hart, *James Dickey: The World as a Lie*(New York: Picador USA, 2000).
2) Ibid., pp. 214~215.

3) Ibid., pp. 215~216.

4) Ibid., p. 262.

앨리스 먼로

1) Robert Thacker, *Alice Munro: Writing Her Lives: A Biography*(Toronto: Douglas Gibson, 2005).

2) Ibid., p. 130.

아이작 아시모프

1) Isaac Asimov, *I. Asimov: A Memoir*(New York: Doubleday, 1994).

2) Ibid., p. 36.

3) Ibid., p. 38.

윌리엄 개스

1) Theodore G. Ammon, ed., *Conversations with William H. Gass*(Jackson: University Press of Mississippi, 2003); Diane Ackerman, "O Muse! You Do Make Things Difficult!", *New York Times*, November 12, 1989, http://www.nytimes.com/books/97/03/02/reviews/ackerman-poets.html; Thomas LeClair와의 인터뷰, "William Gass: The Art of Fiction No. 65", *Paris Review*, Summer 1977, http://www.theparisreview.org/interviews/3576/the-art-of-fiction-no-65-william-gass.

2) Richard Abowitz와의 인터뷰, "Still Digging: A William Gass Interview", *Gadfly*, December 1998, in Ammon, p. 146.

3) Ackerman.

4) LeClair와의 인터뷰.

볼프강 아마데우스 모차르트

1) Emily Anderson, trans. and ed., *The Letters of Mozart and His Family*, 3rd ed.(New York: W. W. Norton, 1985); Peter Gay, *Mozart*(New York: Viking Penguin, 1999).

2) 1782년 2월 17일 모차르트가 누이에게 보낸 편지, Anderson, p. 797.

3) 1782년 12월 28일 모차르트가 아버지에게 보낸 편지, Anderson, p. 833.

4) 1785년 3월 12일 레오폴트 모차르트르가 딸에게 보낸 편지, Anderson, p. 888.

창작의 고통을 줄여주는 소소한 행복

조지아 오키프

1) John Loengard, *Georgia O'Keeffe at Ghost Ranch: A Photo Essay*(New York: Steward, Tabori and Chang, 1995); Lisa Mintz Messinger, *Georgia O'Keeffe*(London: Thames and Hudson,

2001); C. S. Merrill, *O'Keeffe: Days in a Life*(New Mexico: La Alameda Press, 1995).

2) Loengard, p. 8.

3) Merrill, p. 23.

4) Messinger, p. 182.

5) Ibid.

구스타프 말러

1) Alma Mahler, *Gustav Mahler: Memories and Letters*, ed. Donald Mitchell, trans. Basil Creighton(1946 repr. New York: Viking Press, 1969); Henry-Louis De La Grange, *Gustav Mahler*, vol. 2(Oxford: Oxford University Press, 1995).

2) Mahler, p. 47.

3) Ibid., p. 45.

4) Ibid., p. 46.

5) Ibid.

6) Ibid., p. 47.

7) De La Grange, p. 536.

8) Ibid., p. 534.

토머스 홉스

1) John Aubrey, *Aubrey's Brief Lives*, ed. Oliver Lawson Dick(1949 repr. Ann Arbor: University of Michigan Press, 1957); Simon Critchley, *The Book of Dead Philosophers*(New York: Vintage Books, 2009).

2) Aubrey, p. 155.

3) Ibid.

마이라 칼만

1) 2010년 3월 24일 저자에게 보낸 이메일.

모턴 펠드먼

1) Chris Villars, ed. and trans., *Morton Feldman Says: Selected Interviews and Lectures 1964~1987*(London: Hyphen, 2006); B. H. Friedman, ed., *Give My Regards to Eighth Street: Collected Writings of Morton Feldman*(Cambridge, MA: Exact Change, 2000).

2) Martine Cadieu와의 인터뷰, Villars, p. 39.

3) Morton Feldman, "Darmstadt Lecture", 1984년 7월 26일, Villars, p. 204.

4) Morton Feldman, "The Anxiety of Art", *Art in America*, September/October 1973, Friedman, 30.

허먼 멜빌

1) Herman Melville, *Correspondence: The Writings of Herman Melville*, vol. 14, ed. Lynn Horth(Evanston and Chicago: Northwestern University Press and the Newberry Library, 1993).

2) 1850년 12월 13일 Herman Melville이 Evert Duyckinck에게 보낸 편지, *Correspondence*, p. 174.

3) Ibid., p. 173.

뉴웰 컨버스 와이어스

1) David Michaelis, *N. C. Wyeth: A Biography*(New York: Alfred A. Knopf, 1998).

2) Ibid., p. 293.

3) Ibid., p. 294.

라이먼 프랭크 바움

1) Katharine M. Rogers, *L. Frank Baum: Creator of Oz*(Cambridge, MA: Da Capo Press, 2002).

2) Ibid., p. 179.

리하르트 슈트라우스

1) Norman Del Mar, *Richard Strauss: A Critical Commentary on His Life and Works*, vol. 1(1962 repr. London: Barrie and Jenkins, 1978).

2) Ibid., p. 91.

호안 미로

1) Lluis Permanyer, *Miró: The Life of a Passion,* trans. Paul Martin(Barcelona: Edicions de 1984, 2003).

2) Ibid., p. 105.

3) Ibid., p. 107.

알베르트 아인슈타인

1) Ronald W. Clark, *Einstein: His Life and Times*(1971 repr. New York: Harper Perennial, 2007).

2) Ibid., p. 746.

트와일라 타프

1) Twyla Tharp with Mark Reiter, *The Creative Habit: Learn It and Use It for Life*(2003 repr. New York: Simon and Schuster Paperbacks, 2006).

2) Ibid., p. 14.

3) Ibid., p. 15.
4) Ibid.
5) Ibid., p. 56.
6) Ibid., p. 237.

스티븐 킹

1) Stephen King, *On Writing*(2000 repr. New York: Pocket Books, 2002).
2) Ibid., pp. 152~153.

게으름과 나태함이 주는 기쁨

페데리코 펠리니

1) Hollis Alpert, *Fellini: A Life*(1986 repr. New York: Paragon House, 1988); Bert Cardullo, ed., *Federico Fellini: Interviews*(Jackson: University Press of Mississippi, 2006).
2) Alpert, p. 264.
3) Gideon Bachmann과의 인터뷰, *Film Book I*, ed. Robert Hughes(New York: Grove, 1959), in Cardullo, p. 16.

새뮤얼 존슨

1) James Boswell, *Life of Johnson*(1791 repr. Oxford: Oxford University Press, 1998); Peter Martin, *Samuel Johnson: A Biography*(Cambridge, MA: Harvard University Press, 2008).
2) Boswell, p. 282.
3) Ibid., p. 437.
4) Martin, pp. 458~459.
5) Boswell, p. 437.

제임스 보즈웰

1) James Boswell, *Boswell in Holland, 1763~1764*, ed. Frederick A. Pottle(1928 repr. New York: McGraw Hill, 1952); James Boswell, *Boswell's London Journal, 1762~1763*, ed. Frederick A. Pottle(New York: McGraw Hill, 1950).
2) *Boswell in Holland*, p. 37.
3) Ibid.
4) Ibid., p. 198.
5) *Boswell's London Journal*, pp. 183~184.
6) *Boswell in Holland*, p. 210.
7) Ibid., p. 197.
8) Ibid., p. 45.

9) *Boswell's London Journal*, p. 189.

10) *Boswell in Holland*, p. 388.

11) Ibid., p. 389.

헨리 루이스 멩켄

1) Fred Hobson, *Mencken: A Life*(New York: Random House, 1994); Carl Bode, ed., *The New Mencken Letters*(New York: Dial Press, 1977).

2) 1932년 4월 12일 H. L. Mencken이 A. O. Bowden에게 보낸 편지.

3) Hobson, pp. xvi~xvii.

조지프 헬러

1) Adam J. Sorkin, ed., *Conversations with Joseph Heller*(Jackson: University Press of Mississippi, 1993).

2) Sam Merrill과의 인터뷰, *Playboy*, June 1975, in ibid., p. 163.

3) Ann Waldron, "Writing Technique, Say Joseph Heller", *Houston Chronicle*, March 2, 1975, in Sorkin, p. 135.

4) Sam Merrill과의 인터뷰, *Playboy*, June 1975, in Sorkin, p. 165.

5) Ibid., p. 161.

6) Creath Thorne과의 인터뷰, *Chicago Literary Review: Book Supplement to the Chicago Maroon*, December 3, 1974, in Sorkin, p. 128.

7) Curt Suplee, "Catching Up with Joseph Heller", *Washington Post*, October 8, 1984, in Sorkin, p. 239.

이디스 시트웰

1) Elizabeth Salter, *Edith Sitwell*(1979 repr. London: Bloomsbury Books, 1988); Victoria Glendinning, *Edith Sitwell: A Unicorn Among Lions*(New York: Alfred A. Knopf, 1981).

2) Salter, p. 16.

3) Ibid., p. 17.

4) Glendinning, p. 204.

르네 데카르트

1) Jack Rochford Vrooman, *René Descartes: A Biography*(New York: G. P. Putnam's Sons, 1970).

2) Ibid., p. 76.

요한 볼프강 폰 괴테

1) David Luke and Robert Pick, eds., *Goethe: Conversations and Encounters*(London: Oswald Wolff, 1966).

2) Ibid., p. 177.
3) Ibid., p. 178.

프란츠 슈베르트

1) Otto Erich Deutsch, ed., *Schubert: Memoirs by His Friends*, trans. Rosamond Ley and John Nowell(London: Adam & Charles Black, 1958).
2) Anselm Hüttenbrenner, "Fragments from the Life of the Song Composer Franz Schubert", 1854, in ibid., p. 182.
3) Ibid., p. 183.
4) Leopold von Sonnleithner, November 1, 1857, in Deutsch, p. 109.

심신의 평화를 주는 독특한 취향

에리크 사티

1) Robert Orledge, *Satie Remembered*(Portland, OR: Amadeus Press, 1995).
2) Ibid., p. 69.
3) Ibid.

드미트리 쇼스타코비치

1) Laurel E. Fay, *Shostakovich: A Life*(Oxford: Oxford University Press, 2000); Elizabeth Wilson, *Shostakovich: A Life Remembered*(Princeton, NJ: Princeton University Press, 1994).
2) Fay, p. 46.
3) Wilson, p. 194.
4) Ibid., p. 197.
5) Ibid.
6) Ibid., p. 196.

우디 앨런

1) Eric Lax, *Conversations with Woody Allen: His Films, the Movies, and Moviemaking*(New York: Alfred A. Knopf, 2007).
2) Ibid., p. 119.
3) Ibid., p. 78.
4) Ibid., p. 117.

마야 안젤루

1) Jeffrey M. Elliot, ed., *Conversations with Maya Angelou*(Jackson: University Press of Mississippi, 1989).

2) Walter Blum과의 인터뷰, "Listening to Maya Angelou", *California Living*, December 14, 1975, in Elliot, p. 153.

3) Claudia Tate와의 인터뷰, *Black Women Writers at Work*(New York: Continuum, 1983), in Elliot, p. 40.

4) Judith Rich, "Life Is for Living", *Westways*, September 1987, in Elliot, p. 79.

앨 허시펠드

1) Al Hirschfeld, *Hirschfeld On Line*(New York: Applause Books, 1999).

2) Mel Gussow, introduction to ibid., p. 18.

3) Louise Kerz Hirschfeld, "Looking Over His Shoulder", in Hirschfeld, p. 24.

트루먼 커포티

1) Pati Hill과의 인터뷰, "The Art of Fiction No. 17: Truman Capote", *Paris Review*, Spring-Summer 1957, http://www.theparisreview.org/interviews/4867/the-art-of-fiction-no-17-truman-capote.

체스터 하임스

1) Michel Fabre and Robert E. Skinner, eds., *Conversations with Chester Himes*(Jackson: University Press of Mississippi, 1995).

2) Michel Fabre, "Chester Himes Direct", *Hard-Boiled Dicks*, December 1983, in Fabre and Skinner, p. 130.

프리드리히 실러

1) Heinrich Doering, *Friedrich von Schillers Leben*, in *Thomas Carlyle's Life of Friedrich Schiller*, facsimile ed.(Columbia, SC: Camden House, 1992); Bernt Von Heiseler, *Schiller*, trans. John Bednall(London: Eyre and Spottiswoode, 1962).

2) Doering, p. 111.

3) Von Heiseler, p. 103.

빅토르 위고

1) Graham Robb, *Victor Hugo*(New York: W. W. Norton, 1997).

2) Ibid., pp. 404~405.

3) Ibid., p. 406.

빈센트 반 고흐

1) Vincent van Gogh, *The Complete Letters of Vincent van Gogh*, 3rd ed., vol. 3(Boston: Bulfinch Press, 2000).

2) Ibid., p. 48.

3) Ibid., p. 203.
4) Ibid., p. 101.

블라디미르 나보코프

1) Vladimir Nabokov, *Strong Opinions*(1973 repr. New York: Vintage International, 1990); Vladimir Nabokov, "Nabokov on Nabokov and Things", *New York Times*, May 12, 1968, http://www.nytimes.com/books/97/03/02/lifetimes/nab-v-things.html.
2) Alvin Toffler와의 인터뷰, *Playboy*, 1963, in *Strong Opinions*, p. 29.
3) Ibid., pp. 28~29.
4) Allene Talmey와의 인터뷰, Vogue, 1969, in *Strong Opinions*, p. 157.
5) Kurt Hoffman과의 인터뷰, *Strong Opinions*, p. 191.
6) "Nabokov on Nabokov and Things".

앤디 워홀

1) Pat Hackett, introduction to *The Andy Warhol Diaries*(New York: Warner Books, 1989).
2) Hackett, pp. xv~vi.

솔 벨로

1) James Atlas, *Bellow: A Biography*(New York: Random House, 2000); Gloria L. Cronin and Ben Siegel, eds., *Conversations with Saul Bellow*(Jackson: University Press of Mississippi 1994); Saul Bellow, *Saul Bellow: Letters*, ed. Benjamin Taylor(New York: Viking, 2010). Kindle edition.
2) Nina Steers, "Successor to Faulkner", *Show*, September 1964, in Cronin and Siegel, p. 31.
3) Atlas, p. 427.
4) 1968년 1월 20일 Saul Bellow가 Edward Shils에게 보낸 편지, in *Letters*.

글렌 굴드

1) Kevin Bazzana, *Wondrous Strange: The Life and Art of Glenn Gould*(Oxford: Oxford University Press, 2004); Andrew Kazdin, *Glenn Gould at Work: Creative Lying*(New York: E. P. Dutton, 1989); Glenn Gould in *The Life and Times of Glenn Gould*, CBC Television, March 13, 1998, http://www.youtube.com/watch?v=j1Mm_b5lHvU&feature=related, 2010년 4월 2일 현재.
2) Bazzana, p. 320.
3) Ibid., p. 318,
4) Gould, CBC Television.
5) Kazdkin, p. 25.
6) Bazzana, p. 322.
7) Ibid., p. 326.

8) Ibid., p. 321.

9) Kazdin, p. 64.

버크민스터 풀러

1) J. Baldwin, *BuckyWorks: Buckminster Fuller's Ideas for Today*(New York: Wiley, 1996); Elizabeth Kolbert, "Dymaxion Man", *New Yorker*, June 9, 2008, http://www.newyorker. com/reporting/2008/06/09/080609fa_fact_kolbert.

2) Baldwin, p. 66.

3) Ibid.

윌리엄 포크너

1) Jay Parini, *One Matchless Time: A Life of William Faulkner*(New York: HarperCollins, 2004); Stephen B. Oates, *William Faulkner: The Man and the Artist*(New York: Harper and Row, 1987); David Minter, *William Faulkner: His Life and Work*(Baltimore: Johns Hopkins University Press, 1980).

2) Parini, p. 217.

3) Oates, p. 96.

사뮈엘 베케트

1) Paul Strathern, *Beckett in 90 Minutes*(Chicago: Ivan R. Dee, 2005); Deirdre Bair, *Samuel Beckett: A Biography*(New York: Harcourt Brace Jovanovich, 1978).

2) Strathern, pp. 45~46.

3) Bair, p. 351에서 Ludovic Janvier를 인용.

4) Bair, p. 352.

앙리 마티스

1) Francis Carco와의 인터뷰, "Conversations with Matisse", *Die Kunst-Zeitung*, August 8, 1943, trans. and repr. in *Matisse on Art*, Jack D. Flam(1973 repr. New York: E. P. Dutton, 1978), pp. 82~90.

2) Ibid., p. 85.

3) Ibid.

영감이라는 지름길과의 작별

조이스 캐럴 오츠

1) Lee Milazzo, ed., *Conversations with Joyce Carol Oates*(Jackson: University Press of Mississippi, 1989).

2) Leif Sjoberg와의 인터뷰, "An Interview with Joyce Carol Oates", *Contemporary Literature*, Summer 1982, in ibid., p. 105.

3) Robert Compton과의 인터뷰, "Joyce Carol Oates Keeps Punching", *Dallas Morning News*, November 17, 1987, in Milazzo, p. 166.

척 클로스

1) 저자와의 인터뷰, 2010년 8월 10일.

스티브 라이시

1) 저자와의 인터뷰, 2010년 1월 25일.

게오르게 발란친

1) Mason Francis, ed., *I Remember Balanchine: Recollections of the Ballet Master by Those Who Knew Him*(New York: Doubleday, 1991); Bernard Taper, *Balanchine: A Biography*(1984 repr. Berkeley and Los Angeles: University of California Press, 1996).

2) Francis, p. 418.

3) Taper, p. 13.

레프 니콜라예비치 톨스토이

1) Leo Tolstoy, *Tolstoy's Diaries*, ed. and trans. R. F. Christian(London: Flamingo, 1994); Sergei Tolstoy, *Tolstoy Remembered by His Son*, trans. Moura Budberg(New York: Atheneum, 1962); Tatyana Tolstoy, *Tolstoy Remembered*, trans. Derek Coltman(New York: McGraw-Hill, 1977).

2) *Diaries*, p. 166.

3) Sergei Tolstoy, pp. 53~54.

4) Tatyana Tolstoy, p. 20.

5) Sergei Tolstoy, p. 55.

존 업다이크

1) Zvonimir Radeljković and Omer Hadžiselimović와의 인터뷰. *Knjižvna Smotra*, 1979, at http://www..newyorker.com/online/blogs/books/2009/10/american-centaur-an-interview-with-john-updike.html; Charles Thomas Samuels와의 인터뷰, "The Art of Fiction No. 43: John Updike", *Paris Review*, Winter 1968, http://www.theparisreview.org/interviews/4219/the-art-of-fiction-no-43-john-updike; John Updike, introduction to *The Early Stories: 1953~1975*(2003 repr. New York: Ballantine Books, 2004); interview with the Academy of Achievement, June 12, 2004, http://www.achievement.org/autodoc/page/updoint-1.

2) Samuels와의 인터뷰.

3) Updike, p. xvii.

4) Radeljković and Hadžiselimović와의 인터뷰.

5) Academy of Achievement와의 인터뷰.

스티븐 제이 굴드

1) 1991년 6월 28일 Academy of Achievement와의 인터뷰, June 28, 1991, http://www.achievement.org/autodoc/page/gouoint-1.

게르하르트 리히터

1) Michael Kimmelman, "An Artist Beyond Isms", *New York Times*, January 27, 2002, http://www.nytimes.com/2002/01/27/magazine/an-artist-beyond-isms.html.

조지 거슈윈

1) Howard Pollack, *George Gershwin: His Life and Work*(Berkeley: University of California Press, 2006).

2) Ibid., p. 175.

3) Ibid.

앤서니 트롤럽

1) Anthony Trollope, *An Autobiography*(1883 repr. New York: Dodd, Mead and Company, 1922); Pamela Neville-Sington, *Fanny Trollope: The Life and Adventures of a Clever Woman*(New York: Viking, 1997).

2) Trollope, pp. 236~237.

3) Neville-Sington, p. 255.

거트루드 스타인

1) Janet Flanner, James Thurber, and Harold Ross, "Tender Buttons", The Talk of the Town, *New Yorker*, October, 13, 1934, http://www.newyorker.com/archive/1934/10/13/1934_10_13_022_TNY_CARDS_000238137; Gertrude Stein, *Everybody's Autobiography*(1937 repr. Cambridge, MA: Exact Change, 1993); Janet Malcolm, *Two Lives: Gertrude and Alice*(New Haven, CT: Yale University Press, 2007).

2) Malcolm, p. 28.

3) Flanner et al.

4) Stein, p. 70.

5) Ibid., p. 134.

마거릿 미드

1) Jane Howard, *Margaret Mead: A Life*(New York: Simon and Schuster, 1984).

2) Ibid., p. 287.

3) Ibid., p. 393.

헨리 제임스

1) H. Montgomery Hyde, *Henry James at Home*(New York: Farrar, Straus and Giroux, 1969).

2) Ibid., p. 152.

윌리엄 버틀러 예이츠

1) Warwick Gould, John Kelly, and Deirdre Toomey, eds., *The Collected Letters of W. B. Yeats, Volume 2, 1896~1900*(Oxford: Clarendon Press, 1997); R. F. Foster, *W. B. Yeats: A Life, I: The Apprentice Mage, 1865~1914*(Oxford: Oxford University Press, 1997); Peter Kuch, *Yeats and A.E.: "The Antagonism That Unites Dear Friends"*(Totawa, NJ: Barnes and Noble Books, 1986).

2) 1912년 8월 16일 W. B. Yeats가 Edwin Ellis에게 보낸 편지, Foster, p. 468.

3) Kuch, p. 14.

4) 1898년 11월 1일 W. B. Yeats가 J. B. Yeats에게 보낸 편지, Gould et al., p. 282.

5) 1899년 8월 19일 W. B. Yeats가 William D. Fitts에게 보낸 편지, Gould et al., p. 439.

6) 1897년 6월 6일 W. B. Yeats가 Robert Bridges에게 보낸 편지, Gould et al., p. 111.

마틴 에이미스

1) Francesca Riviere와의 인터뷰. "The Art of Fiction No. 151: Martin Amis", *Paris Review*, Spring 1998, http://www.theparisreview.org/interviews/1156/the-art-of-fiction-no-151-martin-amis.

세르게이 라흐마니노프

1) Sergei Bertensson and Jay Leyda, *Sergei Rachmaninoff: A Lifetime in Music*(New York: New York University Press, 1956).

2) Ibid., p. 295.

3) Ibid., p. 136.

올리버 색스

1) 저자가 2010년 3월 17일에 받은 이메일.

버나드 맬러머드

1) Philip Davis, *Bernard Malamud: A Writer's Life*(Oxford: Oxford University Press, 2007); Lawrence Lasher, ed., *Conversations with Bernard Malamud*(Jackson: University Press of Mississippi, 1991); Janna Malamud Smith, *My Father Is a Book: A Memoir of Bernard Malamud*(New York: Houghton Mifflin, 2006); Daniel Stern과의 인터뷰. "The Art of

Fiction No. 52: Bernard Malamud", *Paris Review*, Spring 1975, http://www.theparisreview.org/interviews/3869/the-art-of-fiction-no-52-bernard-malamud.

2) Davis, p. 6.

3) Malamud Smith, p. 36.

4) Jack Rosenthal, "Author Finds Room to Breathe in Corvallis", *Oregonian*, April 12, 1959, in Lasher, pp. 9~10.

5) Joseph Wershba, "Not Horror but Sadness", *New York Post*, September 14, 1958, in Lasher, p. 6.

6) Daniel Stern과의 인터뷰.

옮긴이 · 강주헌

한국외국어대학교 프랑스어과를 졸업하고, 같은 학교에서 석사 및 박사 학위를 받았다. 프랑스 브장송 대학교에서 수학한 후 한국외국어대학교와 건국대학교 등에서 언어학을 강의했으며, 2003년 '올해의 출판인 특별상'을 수상했다. 지은 책으로『기획에는 국경도 없다』가 있고, 옮긴 책으로는『촘스키처럼 생각하는 법』『촘스키, 누가 무엇으로 세상을 지배하는가』등 노엄 촘스키의 저서들과『퓰리처상 문장 수업』『군중심리』『대변동: 위기, 선택, 변화』『혼돈의 시대 리더의 탄생』『습관의 힘』등 다수가 있다.

세상의 방해로부터 나를 지키는 혼자만의 의식

리추얼

초판 1쇄 발행 | 2014년 1월 26일
초판 16쇄 발행 | 2022년 11월 30일

지은이 | 메이슨 커리
옮긴이 | 강주헌
발행인 | 고석현

주소 | 경기도 파주시 심학산로 12, 4층
전화 | 031-839-6805(마케팅), 031-839-6814(편집)
팩스 | 031-839-6828

발행처 | ㈜한올엠앤씨
등록 | 2011년 5월 14일
이메일 | booksonwed@gmail.com

* 책읽는수요일, 라이프맵, 비즈니스맵, 생각연구소,
  지식갤러리, 스타일북스는 ㈜한올엠앤씨의 브랜드입니다.